新版

学校心理学が変える新しい生徒指導

一人ひとりの援助ニーズに応じたサポートをめざして

山口豊一・石隈利紀 編

学事出版

はじめに
―みんなが資源　みんなで支援―

●

現在、学校教育においては、社会の中で自立し、他者と連携・協働しながら、社会を生き抜く力や地域の課題解決を社会の構成員の一人として主体的に担うことができる力など、主権者として求められる資質・能力を育むことが求められています。また、いじめや不登校等の生徒指導上の課題や特別支援教育など、学校が抱える課題は複雑・困難化し、教師だけで対応するには量的にも質的にも困難な状況となっております。そのため、心理や福祉などの専門家や関係機関、地域社会と連携が重要視されてきています（文部科学省，2015；山口，2020）。

2015年９月には公認心理師法が成立しました。第42条第１項では「公認心理師は、その業務を行うに当たっては、その担当する者に対し、保健医療、福祉、教育等が密接な連携の下で総合的かつ適切に提供されるよう、これらを提供する者その他の関係者等の連携を保たなければならない。」としており、法律において連携（＝チーム援助）が義務付けられました（石隈，2019a）。そして12月には文部科学省が「チームとしての学校の在り方と今後の改善方策について（答申）」を発表しました。その中で、より困難度を増している生徒指導上の課題に、学校が対応していくためには、教職員が心理や福祉等の専門家や関係機関、地域社会との連携の下、チームとして課題解決に取り組むことが求められています。

そのような教育改革の中、子どもをめぐって様々な問題が起き、子どもたちは苦戦しています。不登校、いじめ、暴力行為、発達障害、学級崩壊などの問題状況の増加や深刻化は、学校が子どもにとって楽しい場所でなくなっていることを示唆しています（石隈ら，2016）。また、子どもたちに現在の学校システムが合わなくなっているのではないか（文部科学省，2015）との指摘もあります。さらに、子どもの自殺や殺傷事件は、子どもの生命が、危機にさらされていることを警告しています。学校は安全で安心できる場所であるという暗黙裡の約束が崩壊しつつあります。

学校の教師も苦戦しています。不登校や反社会的な行動をとる子どもを受けもつ担任の負担は、とても大きいものです。電話連絡、家庭訪問、保護者への対応、学年による話し合い等、様々な対応をしています。また小学校でも、授業が成り立たない状況が増えているといわれています。さらに、SLD（限局性学習症）やADHD（注意欠如・多動症）などの発達障害のある子どもが、普通学級に増えてきています（文部科学省，2012）。このような状況の中で、前述のように教師たちも苦戦しています。ある調査では、生徒指導上の問題行動対応で困難を感じていると答えた教師が多数おり、特に中学校で多いという結果が明らかされています（山口ら，2015）。

一方、保護者にとっても子育てが困難な時代です。スマートフォン、パソコンなどの情報通信機器が急速に普及していることを背景に、大人たちは自分たちが経験してこなかった状況の中で、今何が起こっていて、これから何が起こるのか予測できにくいのです。その中で、自分の子どもを教育しなければなりません。このような社会環境の中、子どもをどのように教育していったらよいか、特に思春期の子どもにどのように向き合っていったらよいかわからないで悩んでいる保護者も多いようです（諸富，2011）。子どものことで、スクールカウンセラー、スクールソーシャルワーカーに相談したい親はたくさんいます。

このように、子どもも大人も苦戦している時代、みんなが協働（コラボレーション）しながら、子どもをサポートすることが必要です。つまり、学校・家庭・地域・関係機関等が一体となって取り組むことが求められています（文部科学省，2015）。その際、①子どもはトータルな存在である（学習面、心理・社会面、進路面、健康面の四つの側面をもっている）②チームで援助する、という学校心理学が提唱する、考えが役に立ちます。教師・スクールカウンセラー・スクールソーシャルワーカー・保護者らによるチームで、総合的に子どもをサポートしていけたらと思います。

本書は、学校心理学の観点から生徒指導を見直し、現代の子どもたちをサポートする（当然、子どもをサポートする教師や保護者もサポートする）新しい生徒指導のパラダイムを提供できればと考えています。苦戦している子ども、教師、保護者にいくらかでもお役に立てれば幸いです。

令和2年5月

聖徳大学　山口豊一

（注）本書において「子ども」と「児童生徒」の用語の使用については原則的に学校教育の中での援助が強調される場面（例：授業）では「児童生徒」を用い、保護者や地域を交えた援助が強調される場面（例：チーム援助）では「子ども」を用いている。

もくじ

Ⅲ 学校心理学が提案する新しい生徒指導 95

序章

学校教育サービスと学校心理学

[石隈利紀]

1　はじめに

不登校、いじめ、非行、障害など様々な問題状況に関連して、子どもは苦戦している。子どもを援助する教師、保護者、スクールカウンセラーらもまた、苦戦している。

なぜ子どもの苦戦が続き、大人の苦戦が成果につながりにくいのだろうか。それは、一人ひとりの子どもの苦戦の中心にある教育上のニーズに、大人の援助がうまく応じてこなかったからではないだろうか。今日、学校教育の改革が、始まっている。「学校」が議論の的になっている今こそ、教育改革のチャンスである。

さて本書では、学校教育の中心的な働きである生徒指導について、学校心理学の立場から考える。ここで生徒指導については「一人一人の児童生徒の人格を尊重し、個性の伸長を図りながら、社会的資質や行動力を高めることを目指して行われる教育活動のことである。」（文部科学省，「生徒指導提要」，2010）という定義から出発する。

2　ヒューマン・サービスとしての学校教育

学校教育は子どもの成長を支援するヒューマン・サービスとしてとらえることができる。ヒューマン・サービスとは、「自らの教育と経験から獲得した専門性に基づき、サービスの受け手の人生の一こまを豊かにすることを目ざした活動」（石隈，1999）である。そしてすべての子どもは学校教育というヒューマン・サービスを活用する権利をもっている。

学校は子どもに学校教育というサービスを行うことを、子ども、保護者および社会と契約しているといえる（半田，1996)。それでは、不登校の児童生徒が増えていることは何を意味するか。それは、学校教育というヒューマン・サービスを活用する権利を活用していない子どもが増えているという事実を意味する。

学校教育はいくつかの機能を果たしている。例えば、初等教育では子どもに社会で求められている知識や技術を教え、文化を伝達することにより、国の生産力を向上し、また社会的な団結を維持することがめざされる。これは学校教育の経済的・社会的機能である。学校教育を論じるとき「将来を支える人材の育成」という表現がされるのは、教育の経済的・社会的機能を指しているのである。現在の日本の学校教育においても、人材の育成という視点は重要であろう。しかし同時に、成長の途上である一人ひとりの子どもへのヒューマン・サービス、つまり子どもの学習面、心理・社会面、進路面、健康面における成長を援助する機能が学校教育に強く求められているのである。学校教育は、児童生徒が「学ぶ」、「自分を理解し、人と関わる」、「好きなことやできることを伸ばしながら、生き方を選ぶ」、「社会的生活や積極的な行動に耐え得るよう、こころや体を育てる」ことを支援する。

まさに学校教育サービスの目標は、子どもが一人の人間として、社会で生きる力を育てることにある。

3　生徒指導と学校心理学

「学校心理学」という学問は、欧米をはじめほとんどの先進国で盛んであるが、日本ではまだ比較的新しい。筆者らは、日本の学校教育風土にあった学校心理学の構築を目指している（石隈，2004)。ここで学校心理学を定義する。

学校教育において一人ひとりの子どもが学習面、心理・社会面、進路面、健康面における課題への取り組みの過程で出会う問題状況の解決を援助し、子どもが成長することを促進する心理教育的援助サービスは、教師やスクールカウンセラーなど学校教育に関わる専門家が保護者と連携して行う。心理教育的援助サービスには、すべての子どもを対象とする活

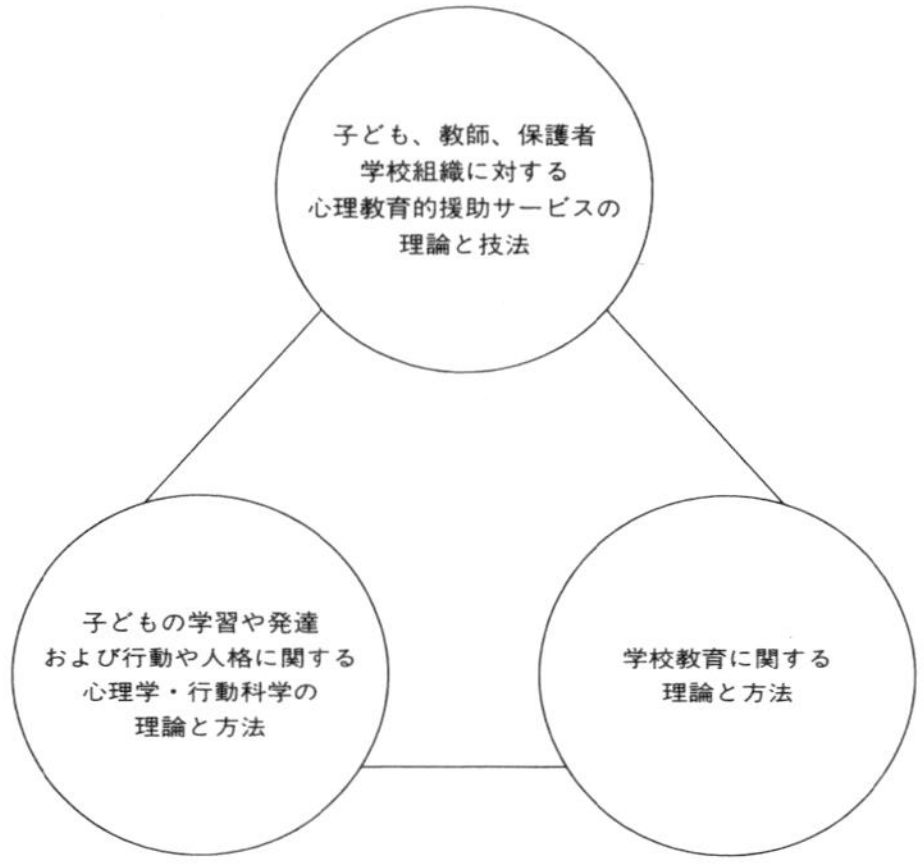

図Ⅰ　学校心理学を支える３つの柱
（石隈利紀，1999『学校心理学』誠信書房，p.39を一部改訂）

動から、特別な援助ニーズをもつ子どもを対象とする活動までが含まれる（石隈，1999）。

不登校、いじめ、発達障害など、子どもをめぐる問題状況は、生徒指導・教育相談、カウンセリング、特別支援教育、学習支援など、様々な領域で議論され、知見が蓄積されてきた。しかし、領域間での意見交換はまだ不十分である。学校心理学は、子どもの学校生活での苦戦について議論し、研究する共通の枠組みを提供し、子どもの学校生活を援助する知見を総合的に論じながら、援助サービスの向上をめざす。つまり学校心理学が大切にするのは、子どもの成長を促進する学校生活の質（Quality of School Life）である。

そして学校心理学は、心理学と学校教育を統合した学問体系であり、双方の領域に関する多くの分野の理論や方法によって構築される。そして学校心理学は次の三つの柱からなっている（図Ⅰ参照；石隈，1999）。

①子どもの学習や発達および行動や人格に関する心理学および行動科学の理論と方法（発達心理学、教授・学習心理学、認知心理学、人格心理学、社会心理学など）

②子ども、教師、保護者、学校組織に対する心理教育的援助サービスの理論

と技法（心理教育的アセスメント、カウンセリング、コンサルテーション、コーディネーションなどのサービスの理論と技法）
③学校教育に関する理論と方法（教育社会学、教育制度、学校組織、学校・学級運営、特別支援教育、教育哲学など）

本書では、学校心理学の枠組みから次の点に焦点をあて、一人ひとりの子どもの成長をサポートする生徒指導について考える。
①子どもの学習面、心理・社会面、進路面、健康面でのサポート
②子どもとの直接的な生徒指導場面としての授業
③教師、保護者、スクールカウンセラーらのチームによる生徒指導、そしてそのコーディネーターとしての生徒指導主事の役割
④生徒指導のシステム

生徒指導の鍵を握るのが、一人ひとりの子どもの援助ニーズに応じるサポート（援助）である。サポート上手な先生は、子どもを元気にし、チームを組む仲間（保護者、先生、スクールカウンセラーなど）を元気にすると思う。

また、子どもとの環境の折り合いを促進したい。そのためにも、先生、保護者、スクールカウンセラーらのチームサポートが生かされるシステムが、必要である。生徒指導の達人を探すのではなく、子どもも援助者も生かされる学校を作るのである。

子どもも援助者も元気の出る本にしたい。子どもと大人が自分らしく生活し、成長する学校づくりに、少しでも参考になる本になればありがたい。最後までおつきあいいただけるよう願いながら……。

I

生徒指導の基本

第1章　生徒指導の意義と課題

生徒指導は、学校教育の重要な機能である。一人ひとりの児童生徒の教育課題と発達課題への取り組みのサポートをする。ここでは、児童生徒の現状に触れながら、生徒指導の本来的意義や課題について、一人ひとりの援助ニーズに応じる学校心理学の視点から論述する。

1　児童生徒の現状

今日、生徒指導の諸課題には、不登校、いじめ、発達障害、非行や校内暴力、学級崩壊など様々な問題状況がある。今やこれらの問題状況は、どの児童生徒や学校にも起こり得るものと思われる。その中でも、特に不登校の問題状況は深刻である。平成30年度の不登校児童生徒数は、16万4528人であり（文部科学省，2019a）、平成25年度から6年続けて増加している。

これらの諸問題状況の原因や背景は、個々の事例により様々なものがある。

①家庭における幼児期からのしつけの問題、②児童生徒の多様な能力・適正などに十分に対応できていない学校のあり方、③生活体験の不足、物質的な豊かさの中での他人への思いやりや人間相互の連帯感の希薄化など、社会状況や青少年を取り巻く環境の悪化等の要因が複雑に絡み合って発生していると考えられる（文部科学省，2005）。

つまり、児童生徒を取り巻く環境について、核家族化や少子高齢化の進行、高度情報化社会への変化に伴う人間関係の希薄化など、現代の社会は様々な問題を抱えている。それらが、社会的弱者である児童生徒に影響を及ぼしているのである。また、児童生徒についてみると、人間関係づくりの未熟さ、生活習慣の乱れによる学習意欲や体力・気力の低下等、様々な問題が懸念されている。環境や児童生徒自身の問題が複雑に絡み合っていることが考えられる。

このような現状において、児童生徒の問題行動に対する適切な指導・援助をはじめ、一人ひとりの児童生徒および保護者への望ましい対応のあり方を見出すための生徒指導の充実が叫ばれている（山口，2001a）。

2　生徒指導の定義と意義

（１）生徒指導の定義

生徒指導とは、「一人一人の児童生徒の個性の伸長を図りながら、同時に社会的な資質や能力・態度を育成し、さらに将来において社会的に自己実現ができるような資質・態度を形成していくための指導・援助であり、個々の児童生徒の自己指導能力の育成をめざすものである」（文部科学省，2010, p.5）。

この定義によると、生徒指導には子どもの「一人の人間としての発達課題」と「児童生徒として教育を受ける上での課題」への取り組みへの援助が含まれている。発達課題と教育課題におけるサポート（援助）という、学校心理学の視点は生徒指導の見直しに有用だと思える。

（２）生徒指導の機能

「生徒指導は、学校がその教育目標を達成するための重要な機能の一つである」（文部科学省，2010, p.4）。

教師が学校の中で日々行う教育活動は、教育課程に基づくものと基づかないものとがある（髙橋，2002）。教育課程に基づかない教育活動とは、学習指導要領において指導内容や到達目標のガイドラインが示されていないものである。生徒指導は教育課程に基づかない教育活動になる。

さて、生徒指導は、学校における教育活動のすべての場に作用する。具体的にいえば、各教科や領域、「総合的な学習の時間」、運動会や遠足などの学校行事、クラブ活動などにも作用するのである（坂本，2002）。教育課程と生徒指導との相互関係を理解しておくことは、それぞれの教育活動を一層効果的にするためにも大切であるといえる（文部科学省，2010, p.8）。

（3）生徒指導の二つの側面

今まで述べてきたように、現在学校教育において、生徒指導の充実・強化が強く要請されている根拠として、児童生徒の不登校、いじめ、暴力行為等の問題行動の増加現象とそれに対する対応策の必要性があげられている。

しかし、生徒指導の本来の意義は、不登校、いじめ、暴力行為等の諸問題の解決という「消極的」な面にだけあるのではなく、「積極的」にすべての児童生徒のそれぞれのよりよき発達をめざすものである。さらに生徒指導は、学校生活が、児童生徒一人ひとりにとっても（学級、学年、学校全体にとっても）、有意義かつ充実したものになるようにすることをめざすものである（文部科学省，2010, p.6；文部省，1981）。

だが、残念ながら、現実の学校における生徒指導においては、問題行動に対応する後追い型の「消極的生徒指導」が、主な流れとなっている。児童生徒一人ひとりの学校生活が有意義かつ充実したものになるよう指導・援助する「積極的生徒指導」が、十分機能していないのである（山口，2004a）。

生徒指導がどのような教育活動として認知されているか、高橋（2000）の興味ある調査結果をまとめて紹介しよう。高橋が、「生徒指導とは何か」について小・中・高の教師各40人、教員養成系学部の学生210名に自由記述で回答を求めた調査によると、①校内暴力等を予防する活動、②生徒に校則を守らせる活動、③校内暴力等の問題行動が起こらなければ生徒指導は不要、④生徒を管理する手段、⑤中学校や高等学校では必要だが小学校では不要、⑥生徒指導主任（主事）教師の活動、であるという結果であった。また。東平（2019）による教育実習に参加する大学４年生30名の調査によると、生徒指導について教育実習前は「間違いを正す」「ルールを教える」といったイメージをもっていた、とされている。これらの調査からもわかるように、学校において生徒指導とは、校内暴力等の問題行動に対する指導という消極的生徒指導のイメージだけがあるようだ。

ここまでをまとめると、生徒指導には、大きく二つの側面がある。一つは、積極的な側面であり、児童生徒の人格あるいは精神をより望ましい方向に推し進めようとする指導であって、すべての児童生徒を対象に、あらゆる教育活動を通して行われるものである。もう一つは、消極的な側面での指導で、適応上の問題や心理面の問題などをもつ児童生徒に対する指導である。しかし、現在の学校においては、積極的側面の指導が、十分機能しているとはいえない状況である。

（４）生徒指導のねらいと留意点

生徒指導の重要なねらいは、一人ひとりの児童生徒の人格を尊重し、個性の伸長を図りながら、同時に社会的な資質や行動を高め、一人ひとりの児童生徒の自己指導能力を育成することなのである（文部科学省，2010, p.5；坂本，2002）。以下、この自己指導能力を育成するための指導上の留意点について、文部科学省（2010）よりまとめて述べてみよう。

①ー児童生徒に自己存在感を与えること

人間は社会的存在である（I.Kant, 1793）。人間は、他者との関わりの中で生きている。その関わりの中で自己の存在感を見いだせるよう配慮することが大切である。

②ー共感的人間関係を育成すること

教師と児童生徒が互いに一人の人間として尊重し合う態度で接することが大切である。素直に自分を語り、共感的に理解し合えるような人間関係を育てるのである。

③ー児童生徒にできるだけ自己決定の場を与えること

自ら決断し、実行し、責任をもつ経験を何度も積み重ねることによって自己指導能力が育成される。したがって、児童生徒に自己決定の場をできるだけ多く用意し、児童生徒が自ら判断・決定できる能力を身につけるよう援助することが必要である。

３　生徒指導の課題

生徒指導には、児童生徒の健全な育成をめざす積極的な側面と、児童生徒の問題状況の解決をめざす消極的な側面とがあることは、前にも述べた。

この生徒指導の二つの側面と今日の児童生徒の現状を考えると、生徒指導には次のような課題がある（文部科学省，2010, pp.2- 3 ）。

①児童期・青年期における発達課題を達成するための指導・援助の充実

②学校生活への適応という教育課題に関する指導・援助の充実
③学校生活や社会生活においてよりよい人間関係をつくるための指導・援助の充実
④将来の展望における不確実さや不安の軽減を図るための指導・援助の充実
⑤児童生徒の自然体験や生活体験を補うような望ましい習慣形成のための指導・援助の充実

現在の児童生徒は、人間関係能力の弱さ、生活習慣の乱れによる体力・気力の低下などが指摘されている。そのような中で、上記五つの生徒指導の課題があげられると考えられる。

4　生徒指導と教育相談

学校心理学に基づいて、生徒指導と教育相談の関係を考える。

大野（1997a）は、学校教育相談（教育相談）の理論化の中で、「現実の教育および生活指導（生徒指導）を直視しながら、……それらとの異同や包摂関係などを明確にしなければならないのである」（p.38）とし、その研究・実践が三つの方向で発展・深化してきたとしている。それは、第一に、ミニ・クリニック・モデル、第二に、生徒指導機能論（これは、①狭義の生徒指導と相談的アプローチを統合しようとする両輪論、②指導の三角形論、③相談的機能を生徒指導の中核とする中核論に分類されるとしている）、第三にカウンセリング・マインド論であるとしている、

さらに大野（1997b）は、学校教育相談の具体化の中で、「かつての両輪論や『指導の三角形論』、教育相談・生徒指導中核論等は、一定の実践的な役割を担えたが、翻って考えてみると、これらは、教師サイドからの指導論（教師中心のアプローチ）であり、いじめや不登校等の複雑化した問題状況の下では、生徒サイドからの視野も入れて、もう一歩具体化する必要がある」（p.62）としている。さらに、「生徒指導と教育面接（教育相談）のかかわりについて今必要なことは、教師中心のアプローチ（両輪論や中核論）ではなく、個を尊重した教育を前提とする限り、生徒一人ひとりの具体的なニーズへの適切な対応の具体化なのである」（p.63）とし、教師中心のアプローチから子ども中心のアプローチへの転換が必要であるとしているのであ

る。そして、学校心理学からの「ニーズ」「アセスメント」「サポート」という「生徒中心の援助体系が、私には大きなヒントになる」（p.62）とし、学校心理学に大きな期待を寄せている。つまり、今までの学校教育相談（教育相談）の研究・実践における指導論は、教師中心のものであり、一定の役割は担えたが、これからは「子ども中心のアプローチ論」からの理論化・具現化をする必要があるとしている。

また、八並（2016）は、「生徒指導とは、子ども一人ひとりのよさや違いを大切にしながら、彼らの発達に伴う学習面、心理・社会面、進路面、健康面などの悩みの解決と夢や希望の実現を目指す総合的な個別発達援助である」（p.48）ととらえ、生徒指導を、子どもの学習面、心理・社会面、進路面、健康面への総合的かつ発達的な援助サービスととらえている。

このように、「生徒指導と教育相談」というテーマには、様々なとらえ方があり、ここまで研究・実践が深化してきている。そして、今後さらに深化・発展していくと考えられる。その際、大野（1997a, 1997b）、八並（2008, 2016）は、一人ひとりの教育的ニーズに応じるサポートの理論を提供する学校心理学に大きな期待を寄せているのである。

ところで、先述のように、文部科学省（2010）は、生徒指導は学校の教育目標を達成するための重要な機能であり、すべての児童生徒を対象に、学校教育のあらゆる場で行われるべきものであるととらえている。そして、この生徒指導の深化を図るためには、全ての教師が教育相談の基本的な考え方について共通理解を図り、誰もが必要に応じてこの仕事にあたれるようにするとともに、学校教育活動のすべてにこの考え方を取り入れていくように努めることが大切であるとしている。

本書は、生徒指導に関して、文部科学省の機能論の立場を尊重しつつも、大野、八並が期待する学校心理学の視点、積極的に言い換えれば心理教育的援助サービスの視点からのとらえ直しをしていきたいと考える。つまり、教育相談は生徒指導の一部の機能を果たす（特に、個別の援助）ものであるが（文部科学省，2010）、心理教育的援助サービスはその両方に寄与する（図１-１）。なぜならそれは、一人ひとりの子どもの心理教育的援助ニーズに応じる援助サービスをめざすからである。そして、このような視点からの生徒

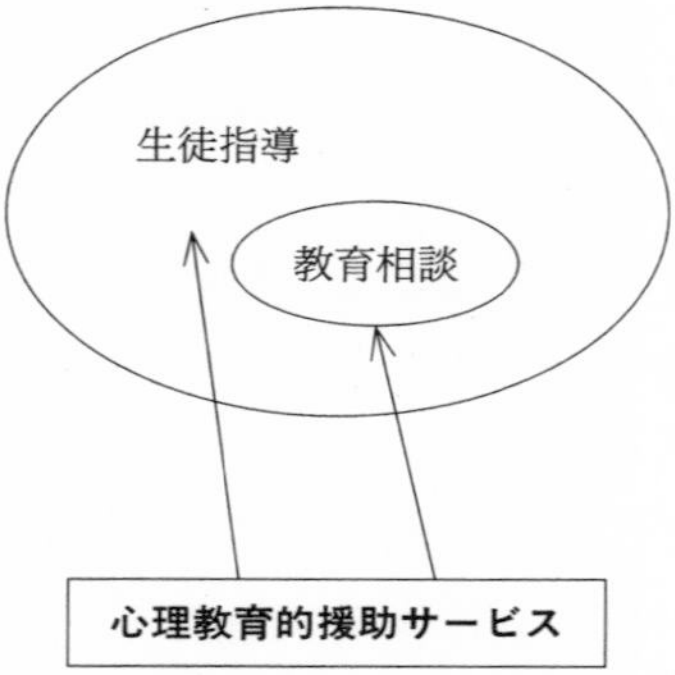

図１－１　生徒指導・教育相談・心理教育的援助サービスのモデル

指導の実践こそが、ヒューマンサービスとしての学校教育の実現・実践につながると考えられるからである。

５　学校における教育相談

（１）学校における教育相談の意義

教育相談とは、一人ひとりの児童生徒の教育上の課題や発達上の課題に関して、子ども、教師、保護者を援助することである（野澤，2003）。また、それは「児童生徒それぞれの発達に即して、好ましい人間関係を育て、生活によく適応させ、自己理解を深めさせ、人格の成長への援助を図るもの」である（文部科学省，2010, p.92）。

つまり、一人ひとりの児童生徒の発達課題と教育課題に関わる問題状況に関して、子ども、教師、保護者のニーズに応じる援助を行うものである。

石隈（1999）は、児童生徒を学習面、心理・社会面、進路面、健康面の四つの側面でとらえている。児童生徒は、これらの側面で様々な悩みをもっており、その援助が必要である。教育相談のもつ意義は大きいといえるだろう。

（２）学級担任による教育相談

学級担任は、学校生活のあらゆる場面で、児童生徒のいろいろな訴えを聞き、相談にのり、指導・援助する機会に恵まれている。また、一人ひとりの児童生徒の素質、家庭環境、性格、希望や夢などを総合的に理解したり、心理教育的アセスメント（pp.53-55参照）をしたりすることが可能である。

①ー学級担任による教育相談の進め方

学級担任として教育相談を行うためには問題状況を解決する、問題状況を未然に防ぐ、心の発達をより促進する、などのスキルが必要である。また、教育相談的働きかけをより有効に展開するためには、保護者との協力関係、校内の様々な教職員との連携が欠かせない。学級担任による教育相談の方法について、文部科学省「生徒指導提要」（2010）を参考に以下にまとめる。

ア）問題を解決する（問題解決的・治療的）教育相談

児童生徒の問題には、発見しにくい問題、なぜそのような問題が生じるのか理解しにくい問題、原因や背景もある程度は推測できるが解決が困難な問題がある。そのため、児童生徒の心理的特質と問題行動についての基本的知識をもつことや、不適応問題に気づき実態をさらに明確に把握することが必要である。

イ）問題を未然に防ぐ（予防的）教育相談

児童生徒は常に成長しており、学校で把握しきれない学校外の生活があることから、問題を未然に防ぐことは容易ではない。むしろ問題が生じたときの初期対応をいかに迅速に適切に行うか、問題状況が終息した後のフォローをいかに継続的に行っていくかが重要である。

しかし、何事も生じていないときの働きかけや心の危機サインに気づくことが予防的には大切である。

ウ）教育相談における保護者との関わり

児童生徒の教育は、家庭の状況と切り離すことはできない。しかし近年、様々な意味で保護者と教員との信頼関係や協力関係をつくりにくくなっているのが現状である。そのため、児童生徒の心を育成する教育相談の中でも保護者との面接が重要な位置を占める。

②ー学級担任が教育相談を行う長所・短所

学級担任による教育相談の長所と短所について、文部省「小学校における教育相談の進め方」（1991）を参考に、以下にまとめる。

ア）長所

○教育相談の対象となる児童生徒と日常的に触れ合っているため、相談関係に入りやすい。

○学校生活のあらゆる場面で、児童生徒に指導・援助をすることが多いので、いろいろな機会で教育相談活動ができる。

○一人ひとりの児童生徒の素質、家庭環境、性格、希望などを理解したり、資料の収集を行ったりすることが可能である。

○積極的に子どもの苦戦の早期発見に努めることもできるし、その援助もタイムリーに行える良さがある。

イ）短所

○「教える—教えられる」という関係になりやすく、児童生徒が相談しにくい。

○児童生徒の中には、学級担任との接触があるためにかえって、素直に自分を話せない場合がある。

○学級担任の普段の意識と行動には、学級をまとめたいという願いから、説得する傾向が強い。そのことが児童生徒との関係を悪くする場合もある。

○自分の学級の児童生徒を自分で何とかしなくてはならないという思いから、抱え込んでしまう傾向がある。

（3）養護教諭が行う教育相談

①—養護教諭の役割

養護教諭の役割としては、「①早期発見、②早期対応、③専門機関との連携、④保健室からの発信」（文部科学省，2010, p.115）といった点があげられている。

そして、養護教諭の学校カウンセリング（教育相談）におけるこのような役割において、以下のようなことに留意する必要がある（文部科学省，2010, p.116）。

・保健室で抱え込まずに、学級担任・ホームルーム担任等と連携する
・教職員や管理職と日ごろからコミュニケーションをよく図る
・校内へ定期的な活動報告を行う
・養護教諭の教育相談的役割や児童生徒が保健室を利用した場合の養護教諭と学級担任・ホームルーム担任の連絡のあり方等について共通理解を図る
・職員会議で養護教諭からの報告の機会を確保する

・校内研修会で保健室からの事例を取り上げる
・学校行事に養護教諭の参加と役割を位置づける
・教育相談の校内組織に養護教諭を位置づける

つまり、養護教諭には、児童生徒の問題状況の早期発見や関係機関との連携などの役割が求められている。その理由として、養護教諭の職務内容や教科担任や学級担任との立場の違い、保健室の「心のオアシス」（出井，1991，p.16）としての機能があるということなどが考えられる。

②ー養護教諭による心理教育的援助サービス

養護教諭は、子どもの心身の「健康面」から子どもを援助する「学校教育の専門家」である（石隈，2004）。つまり、子どもの健康面からの援助サービスを通して、子どもの発達や学校生活を援助する専門家なのである。

悩んでいる子どもは球のような存在である（p.42，図３－１参照）。学校心理学では、子どもを学習面、心理・社会面、進路面、健康面からトータルな存在として理解し、そして、総合的に援助することをめざしている。

養護教諭の心理教育的援助サービスが、子どもの援助に果たす役割は極めて大きい。例えば、教室に入れないで保健室に登校する子どもの数は増えている（相楽，2002）。心因性の腹痛・頭痛・気分不良などを訴える子どもや、授業から離脱する子どもたちが、心の居場所を求めて保健室を訪れている。

特に、子どもは悩みを身体の変調を通して訴えることが多くある（身体症状）。例えば、頭が痛い、おなかが痛いと訴えてきた場合、今朝両親がけんかしたとか、仲の良い友達とけんかしてしまったなどの悩みが原因であることがある。悩みを言葉に表現できずに、身体の変調で訴えるのである。このように、子どものSOSのサインを発見するのに、健康面からの援助は効果的である（山口，2004b）。

また、保健室は学校という日常生活の場で、教室とは異なる機能をもっている。保健室は、気楽に行ける、体の痛みを訴えることができる、そしていつも同じ人と顔に出会える場所である。保健室は、教室とは異なる非日常的空間という側面がある（石隈，2002a）。

③ー養護教諭とスクールカウンセラーの連携によるチーム援助

養護教諭は、保健室での援助を通して保護者との関わりが深く、保護者との連携のキーマンといえる。さらに、専門機関や校医と連携する機会もある。スクールカウンセラーと協働して保護者や教育センター（教育研究所）、適応指導教室等とチームを組んで援助する「つなぎ役」（コーディネーター）としての活躍が期待される。

養護教諭とスクールカウンセラー等が連携してチーム援助をすることで、より効果的な援助サービスを実施することが可能となるのである（文部科学省，2010；相楽，2020；山口，2004b）。

（山口　豊一）

コラム❶ 不登校（登校拒否）

不登校とは「何らかの心理的・情緒的・身体的あるいは社会的要因・背景により、児童生徒が登校しないあるいはしたくともできない状況にあること（ただし、病気や経済的理由によるものを除く）」をいいます（文部科学省，2005）。

平成３年度に調査を開始以来、増加していた不登校児童生徒は平成13年度から平成24年度までにかけて、一時的な増加があったものの、減少していました。しかし、平成25年度以降増加し平成30年には過去最多の不登校児童生徒となりました。学校や教育委員会は継続して不登校対策に取り組んでいますが、依然として不登校児童生徒は増加傾向にあり、憂慮すべき状況に変わりはありません（表１）。

不登校の要因（分類）を、文部科学省（2019a）は表２にあるように大きく２つに分類しています。不登校の要因について、学校、家庭に係る要因からみた場合、小学校では「家庭に係る状況」が55.5％、中学校では「家庭に係る状況」（30.9％）、「いじめを除く友人関係をめぐる問題」（30.1％）、この２つが上位を占めています。

また、指導・援助については、「不登校児童生徒への支援の在り方について（通知）」（文部科学省，2019b）で以下四つの基本的な考え方をあげています（一部抜粋）。

①支援の視点

「学校に登校する」という結果のみを目指すのではなく、児童生徒が自らの進路を主体的に捉え、社会的自立を目指す必要がある。

②学校教育の意義・役割

不登校児童生徒への支援は児童生徒が不登校となった要因を的確に把握し、学校関係者や家庭、関係機関が情報を共有し、個々の児童生徒に応じたきめ細やかな組織的・計画的な支援策を策定することや、社会的自立へ向けて進

表１　国・公・私立学校における不登校児童生徒数（30日以上）の推移

区　分	小学校		中学校	
	不登校児童数（人）	出現率（%）	不登校生徒数（人）	出現率（%）
26年度	25,864	0.39	97,033	2.76
27年度	27,583	0.42	98,408	2.83
28年度	30,448	0.47	103,235	3.01
29年度	35,032	0.54	108,999	3.25
30年度	44,841	0.70	119,687	3.65

（文部科学省，2019a「児童生徒の問題行動・不登校等生徒指導上の諸課題に関する調査結果」についてより作成）

表２　不登校の原因

①学校、家庭に係る要因

いじめ	いじめを除く友人関係をめぐる問題	教職員との関係をめぐる問題	学業の不振	進路に係る不安	クラブ活動，部活動等への不適応	学校のきまり等をめぐる問題	入学，転編入学，進級時の不適応	家庭に係る状況

②本人に係る要因

「学校における人間関係」に課題を抱えている	「あそび・非行」の傾向がある	「無気力」の傾向がある	「不安」の傾向がある	「その他」

（文部科学省，2019a「児童生徒の問題行動・不登校等生徒指導上の諸課題に関する調査結果について」より作成）

路の選択肢を広げる支援をすることが重要である。

③不登校の理由に応じた働きかけや関わりの重要性

不登校児童生徒が、主体的に社会的自立や学校復帰に向かうよう、児童生徒自身を見守りつつ、不登校のきっかけや継続理由に応じて、その環境づくりのために適切な支援や働きかけを行う必要がある。

④家庭への支援

家庭教育は全ての教育の出発点であり、不登校児童生徒の保護者の個々の状況に応じた働きかけを行うことが重要である。その際、保護者と課題意識を共有して一緒に取り組むという信頼関係をつくることや、訪問型支援による保護者への支援等、保護者が気軽に相談できる体制を整えることが重要である。

なお、今回の通知で特に強調されていることは、不登校と捉えられている中には、あそび・非行による怠学、発達障害等による学校生活上の困難、虐待等を要因としたものもあり、不登校対策はそれらの多様な実態を踏まえたものではならないということです。つまり、個々の要因に応じた適切な対応が求められています。適切な心理教育的アセスメントに基づいた心理教育的援助サービスが求められます。

（山口　豊一）

（注）本書では「不登校」の記述について、文部科学省（2019b）「不登校児童生徒への支援の在り方について（通知）」において「不登校児童生徒への支援は、『学校に登校する』という結果のみを目標にするのではなく、児童生徒が自らの進路を主体的に捉えて、社会的に自立することを目指す必要があること。また、児童生徒によっては、不登校の時期が休養や自分を見つめ直す等の積極的な意味を持つことがある一方で、学業の遅れや進路選択上の不利益や社会的自立へのリスクが存在することに留意すること」とあります。問題としてではなく、社会的自立のための期間としてとらえなおす必要があることを強調致します。（第10章参照）」

コラム ❷ いじめ

いじめとは、「児童生徒に対して、当該児童生徒が在籍する学校に在籍している等当該児童生徒と一定の人的関係のある他の児童生徒が行う心理的又は物理的な影響を与える行為（インターネットを通じて行われるものも含む。）であって、当該行為の対象となった児童生徒が心身の苦痛を感じているもの」と定義されています（文部科学省，2013a）。また、アメリカでは、American Psychological Association（2004）が、「APA Resolution on Bullying Among Children and Youth」(1) において、いじめは一般に、(a) 苦痛または危害を加えることを意図した攻撃的な行動として特徴付けられ、(b) 攻撃者と犠牲者の間の力または強さの不均衡を伴い、(c) 通常、時間の経過とともに繰り返し発生する、とまとめています。

このように、日本の定義とは「意図的な行為である、両者の間に力関係がる、継続性がある」という点が異なると考えられます。

いじめの認知件数は年々増加傾向にあり（いじめの認知件数の推移は、第 6 章を参照）、対応において、小学校から中学校への「縦の連携」が大切になります（石隈・田村，2003）。つまり、いじめを受けた子、いじめをする子、またそれらの子へのうまくいった対応方法など十分情報を伝えることが求められます。小学校は、 6 年間というその子に対する豊富な情報があります。それをぜひ生かし、よりより援助サービスがされるとよいと思います。

また、國分（1981）が提唱する構成的グループ・エンカウンターの活用による子ども相互の人間関係づくりなど、いじめの予防に役立てる積極的な取り組みも必要です。

また、「弱い者をいじめることは人間として絶対に許されない」という強い認識に立って（文部科学省，1996）、教師は指導・援助にあたることが大切です。

（山口　豊一）

（1）
American Psychological Association（2004）「APA Resolution on Bullying Among Children and Youth」（https://www.apa.org/topics/bullying/　4 月 5 日取得）

第2章 学校における生徒指導の体制

学校心理学の観点から学校における生徒指導の体制を考える。

学校教育活動の中核は、教育課程（カリキュラム）に基づくものである。つまり、各教科・道徳・特別活動・総合学習である。同時に、教育課程に示されていない活動があり、その中心が生徒指導である。

この生徒指導は、「学校の教育目標を達成する上で重要な機能を果たすものであり、学習指導と並んで学校教育において重要な意義を持つもの」である（文部科学省，2010, p.1）。ここでは、生徒指導の体制が機能するために重要な、計画、組織、研修の問題を取り上げる。

1　生徒指導の全体計画・年間計画

生徒指導を運営するにあたっては、生徒指導の全体計画（図２－１）および年間指導計画（表２－１）を作成する必要がある。それは、緊急に対応しなければならないケースもあるが、基本的には全体計画および年間計画に沿って、児童生徒の発達に対応した体系的・継続的な指導がなされるべきだからである。

全体計画の作成にあたっては、学校の児童生徒の実態を十分踏まえることが大切である。生徒指導の全体計画には、①教育目標、②めざす児童生徒像、③生徒指導目標、④生徒指導の努力事項、⑤学年別生徒指導目標等が明記されていることが望ましい。

また、年間計画には、①各月の生活目標、②学校行事、③校内・校外生活、④保健安全指導、⑤教科・道徳・特別活動・総合学習を通しての指導等が明記されていることが望ましい。

表2－1　生徒指導に関する年間指導計画例（3領域，その他の場における生徒指導に関する年間計画）

学　校　行　事		教科を通しての 生徒指導	学級活動を通しての 生徒指導	特別活動を通しての 生徒指導
月	行　事　予　定	わかる授業をめざして，児童一人ひとりの学習意欲を高め，児童が常に安定感と充実感に満ちた楽しい学習活動が展開できるように努める。	学校における好ましい人間関係を育てるとともに，児童の心身の健康・安全の保持増進や健全な生活に対する資質・態度，能力が育つよう努める	望ましい集団活動を通して，心身の調和的な発達を図るとともに，個性を伸長し，協力してよりよい生活を築こうとする実践的態度が育つよう努める。
4	入学式　始業式　対面式 身体測定 家庭訪問　学力診断テスト 授業参観	学級集団づくり	◎児童の基本的生活様式に関する実態調査 偏食と健康	仲間づくり
5	遠足（低・中学年） 交通安全教室 避難訓練（地震） 陸上競技会	一人ひとりの児童の学力実態調査	交友関係調査	集団生活の中での自己の役割についての自覚
6	スポーツテスト 知能テスト プール開き 音楽集会	学習の場の構成 （学習環境）	健康安全	集団生活への積極的な参加
7	授業参観 地区児童会 終業式	学び方	礼儀作法 健康安全	集団生活と個人活動との関係についての自覚
8	子ども会行事			
9	始業式 校内理科作品展 運動会	学習指導法の改善と工夫 （学習形態）	整理整頓	集団行動目標と自己の役割分担
10	校内写生会・作品展 交通安全教室 宿泊学習(5)・修学旅行(6)	（学習環境）	健康安全 集団生活ときまり	自己の発見
11	市文化祭　音楽集会 避難訓練（不審者） 日曜授業参観・バザー	（発表のしかた）	◎集団生活における児童の生活意識	他人の良さの発見
12	個別面接 地区児童会 終業式	得意な教科を生かす学習指導 （発見）	健康安全 公共物の利用	協力する尊さの体験
1	始業式 校内書き初め展 ○中入学説明会	（引き出し）	金銭の活用	奉仕の喜び
2	豆まき集会　クラブ発表会 就学児保護者会 校内版画展 避難訓練（地震）安全教室	（拡大）	友情　信頼	集団への感謝
3	授業参観 卒業生を送る会 卒業式 修了式	一人ひとりを認めはげます指導	自然愛護	集団生活への適応の仕方

○市立○小学校

その他の場における生徒指導			保健安全指導	月の生活目標
休息・清掃時等の指導	校外生活に対する指導	家庭生活に対する指導		
集団生活における自己の立場とその責任を自覚させ，友だちと仲良く協力し合って学校生活が過ごせるように努める。	校外における自己の立場とその責任を自覚し地域の実態を踏まえ，安全でしかも健康的な生活が営めるように努める。	家庭生活における自己の立場とその役割を自覚させ，家族の一員としての責任を果たしながら，楽しく充実した家庭生活が過ごせるように努める。	保健安全指導を必要とするものは，繰り返し指導して身につけさせるように努める。	学校生活を通して一応の目標として考え自己を見つめ実践する態度を養うように努める。
遊具等の安全な使い方 清掃区域分担	通学路調査 登下校の現場指導 家庭訪問	家庭生活に関する現状の把握	集団登下校 集団歩行 給食のあり方 集会のあり方	学校のきまりを守ろう
学校生活に関するきまり 清掃のしかた	地域における児童の実態調査 交通安全教室	ＰＴＡ運営委員会 各専門委員会の開催	集団登下校 検査の受け方 避難訓練 プールの入り方	きれいな学校にしよう
学校生活と日常の清掃活動 用具のあとしまつ	地区別危険箇所調査	帰宅後の児童の生活の現状把握	廊下の歩行 集団登下校	清潔・整頓に努めよう
休み時間の過ごし方 除草のしかた	校外における生活に関する指導	児童の家庭生活を中心とした問題について懇談	集団登下校 集会のあり方 大会参加のしかた	けじめをつけて生活しよう
	地区別巡回指導 事故防止			規則正しい生活をしよう
昼休みの過ごし方 清掃用具の点検と使い方	登下校の問題調査	運動会を中心とした家庭との結びつき	集団登下校 集団歩行 運動会参加のしかた 見学のあり方	学習と運動のけじめをつけよう
始業前の過ごし方 能率的な清掃のしかた	交通安全教室	児童の家庭生活の実態把握と教育相談	集団登下校	落ち着いた生活をしよう
冬の遊び 清掃用具の使い方	登下校の現場指導	家庭内での読書の奨励	集団登下校 見学のしかた 発表会のあり方	すすんで仕事をしよう
健康づくり 大掃除	年末における事故防止	家庭生活についての反省	集団登下校 集会参加のしかた	寒さに負けずにがんばろう
冬のからだづくり 清掃用具の確認と使い方	年始における事故防止	新しい年をむかえて	集団登下校 見学のあり方	礼儀正しくしよう
学校をきれいにする方法	冬期における校外生活	個々の児童の問題と教育相談	避難訓練 集団登下校 集会参加のしかた 見学のあり方	身なりを整えよう
整理整頓活動	学年末学年始めにおける事故防止	新年度に対する希望	集団登下校 集会参加のあり方	１年間のまとめをしっかりやろう

生徒指導全体計画

○市立○小学校

本校の教育目標

自ら学び　心豊かで　たくましい子どもの育成

本校の目指す児童像　〈具体目標から〉

◆ 進んで学ぶ子　○正しい判断力を身につけ、創意工夫して、物ごとを解決しようとする子

◆ 思いやりのある子　○美しいものを愛し、思いやりの心をもって、協力し合える子

◆ たくましい子　○強い意志と体力を持ち、ねばり強く物ごとををやりとげようとする子

生徒指導の目標

(1)　一人ひとりの人格を尊重し、個性の開発と伸長を図る。

(2)　あらゆる機会を通し、児童との人間的ふれあいを心がけ、生き生きした学校生活を送れるよう援助する。

(3)　一人ひとりの学業に関する問題を的確に把握し、効果的な援助指導に努める。

(4)　集団への所属感や連帯感の深化を図る。

指導の重点

(1)　日常生活の基本的行動様式の徹底を図り、望ましい生活態度をつくるように指導・援助する。

(2)　一人ひとりにわかる授業を推進し、意欲的に学習に取り組む態度を育成する。

(3)　全職員共通理解の上に立って、一貫した指導にあたる。

(4)　児童理解のために、日記指導等を通して、児童とのふれあいの機会を多く持つ。

(5)　児童同士の相互理解を深め、だれに対しても公平にふるまえるような、思いやりのある、心豊かな子どもになるように指導・援助する。

(6)　児童の校外での生活指導を推進する。

学年目標

低学年

・児童一人ひとりが学校生活に楽しさや安心感をもって適応できるよう集団活を通して基本的な生活習慣を身につけさせる。

中学年

・学級（学校・学年）成員の一人としての自覚を持って学校生活に参加し、自信と希望をもって、お互いに協力し合いながら、自分の能力を伸長できるようにする。

高学年

・児童一人ひとりが責任をもって学校生活に参加し、正しい判断力をもって進んで規律を守り、協力し合って、好ましい人間関係をつくり、自己実現できるようにする。

生徒指導の具体的な方策

(1)　校内生活
- 生活、学習（教師指導用、児童用）のきまりの検討、改善
- 習慣形成のための計画・検討
- 児童理解のための諸調査の実施とその活用
- 花壇経営の工夫と一人一鉢運動の展開「花のある美しく整った学校」

(2)　校外指導
- 休日前の生徒指導　（事故防止など）
- 連休、長期休業中の計画的な過ごし方の指導
- ＰＴＡ校外補導委員会等、地域との連帯感の深化

(3)　教育相談……個々の適性の発見
- 家庭環境の把握　家庭訪問、家庭環境調査等
- 問題をもつ子の把握　観察、日記指導等の充実
- 関係機関との連携
- 相談的対応

(4)「気になる児童」についての情報交換と研修会
- 家庭環境、学業上、身体、生活・行動、長欠（不登校）

来年度へ向けての引き継ぎ・課題事項（評価）

図２－１　生徒指導の全体指導計画例

2　生徒指導の組織

「学校が一人一人の児童生徒に対して、組織的な生徒指導を展開していくためには、校内の生徒指導体制をより早期に確立することが必要である」（文部科学省，2010, p.75）。各学校の校務分掌の組織やその構成の仕方は、その校種や規模などによって様々で、その名称や役割の分担にも相違が見られるが、これらのごく一般的な例を示せば、図2－2のようになる。

生徒指導を直接担当する組織は生徒指導部である。生徒指導部は、「生徒の指導体制を整え、生徒指導上の問題を研究したり、情報を提供したり、他の教師の生徒指導上の相談に応じたりする役割をもつ」（文部省，1981, p.97）。つまり、ほとんどの学校には、生徒指導の組織の中に生徒指導部が位置づけられ、生徒指導の推進的機能を果たしている。

文部科学省（2010）を参考にすれば、生徒指導部の具体的な活動には、①生徒指導体制の企画・運営、②全児童生徒への指導・援助、③問題行動への対応・指導、④関係者等への連絡・調整などの役割があげられる。

3　生徒指導主事の職務

生徒指導主事は、生徒指導部の責任者である。「生徒指導主事は、校長の

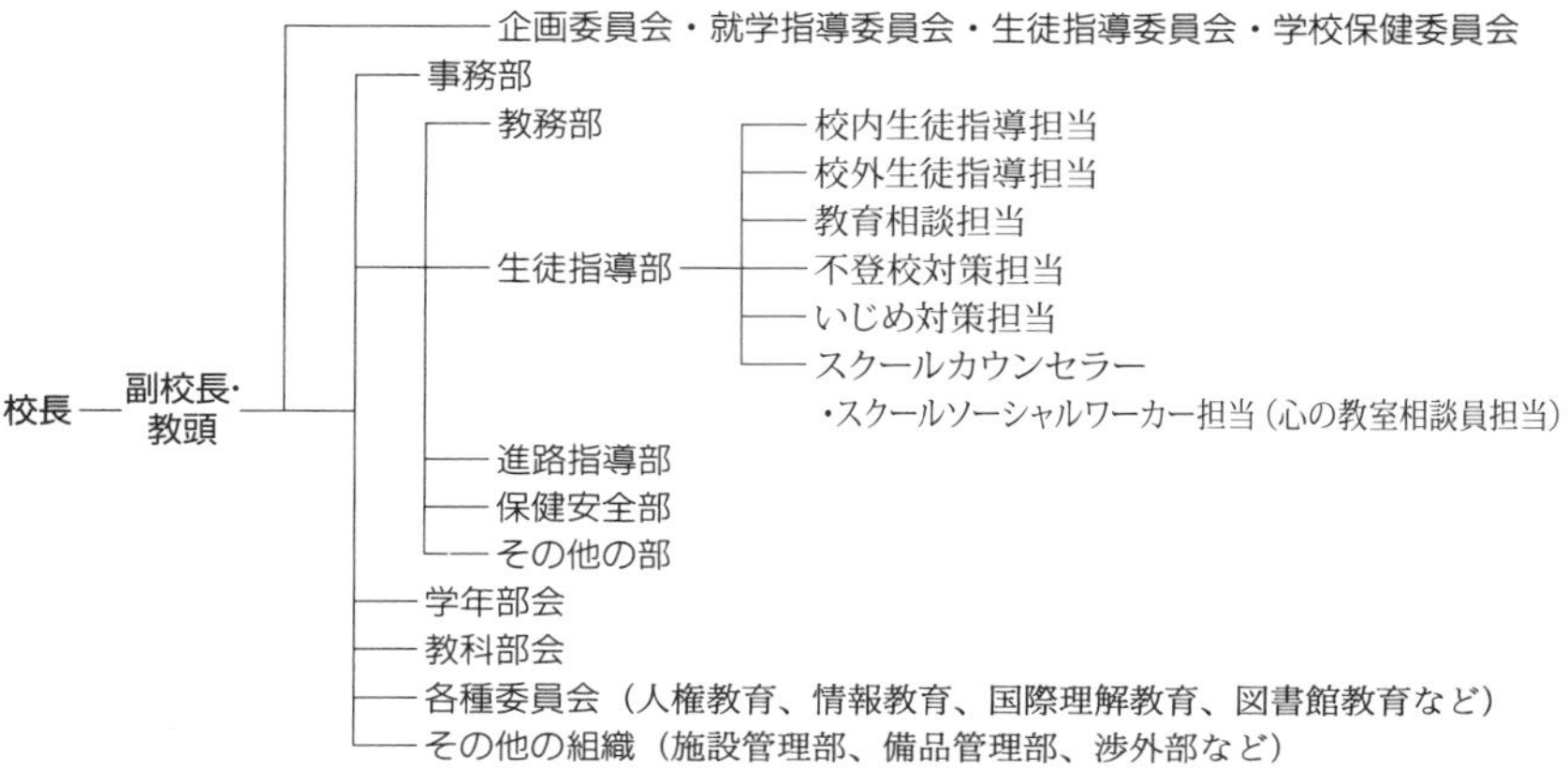

図2－2　校務分掌一覧と生徒指導の組織
（文部省，1981「生徒指導の手引き（改訂版）」p.96に掲載の図を一部改変）

監督を受け、生徒指導に関する事項をつかさどり、当該事項について連絡調整及び指導、助言に当たる」（学校教育法施行規則第52条の２第３項）と規定されている。

「生徒指導提要」（文部科学省，2010）では、生徒指導主事には、主として以下の四つの役割があるとされている。

①校務分掌上の生徒指導の組織の中心として位置づけられ、学校における生徒指導を組織的、計画的に運営していく責任をもつこと

②生徒指導を計画的・継続的に推進するため生徒指導に関する教師間の連絡調整を図ること

③生徒指導に関する専門的事項の担当者になるとともに、生徒指導部の構成員や学級担任・ホームルーム担任その他の関係組織の教員に対して指導・助言を行うこと

④必要に応じて児童生徒や家庭、関係機関等に直接働きかけ（連携）、問題解決にあたること

つまり、その職務内容は、その学校の生徒指導の全般にわたるものと解され、担当の生徒指導部内のことだけにとどまるものではない。

これらの職務内容は、学校心理学の援助サービスの枠組みで整理すると次のようになる。①は、生徒指導の運営であり、マネジメントである。②は、教師間の連絡調整であり、コーディネーションである。③は、専門的知識や技術に基づいた実践とともに、教師への助言であり、コンサルテーションも含む。④は、②の連絡調整や③の助言に加えて、保護者や家庭との連携、担任や他の関係機関との連携であり、援助資源を取り込んだチーム援助の促進である。このような活動の中で、生徒指導主事は、学校全体の生徒指導のコーディネーターであり、プロモーターである（大野，1997b）。

4　生徒指導に関する研修の充実

生徒指導の全体計画、年間計画が作成されても、教職員が日々の活動の中で具体的に「誰が、誰に対して、何を、いつ、どのように」実施するかの生徒指導に関する共通理解が十分なされないと、生徒指導の機能が十分発揮されない。そこで、生徒指導上の具体的な考え方や方法を徹底する必要がある。

それによって、教職員間の共通理解が図れ、統一した対応が可能になる。そのためには、すべての教師が参加する定期的な生徒指導に関する校内研修を実施し、共通理解をとることが大切である。そして、生徒指導の「実践的指導力の向上を図る」必要がある（高橋，2002, p.23)。

全教師による生徒指導に関する研修会は、年度初めから、学校の研修計画に位置づけておくことが望ましい。回数は、学期1回の年間3回程度が適当であろう。なお、校内研修を実施する際、県の教育研修センターや市町村主催の生徒指導に関する研修会との有機的な関連を考慮すると、より効果的である。

また、スクールカウンセラー、スクールソーシャルワーカーなどを活用して、学校カウンセリングなどに関する研修を実施するのもよいであろう。

（山口　豊一）

コラム③　スクールカウンセラー

スクールカウンセラーは、次の四つの活動を中心に行います。

第一に、子どもが学校生活で苦戦しているときの、子どもの状況に関するアセスメントです。スクールカウンセラーは、先生方や保護者と一緒に、アセスメントを行います。第二に、悩んでいる子どものカウンセリングです。「勉強する気がなんか起きない」「仲のよい友達とけんかをしてしまった」など問題を抱えたとき、子どもの気持ちを支え、その解決方法を一緒に考えます。第三に、保護者の方との相談です。自分の子どもに、どのように関わっていったらよいか悩んでいるとき、例えば「このごろ反抗的態度が目立つ」「学校に行くことを渋る」等の悩みがあるとき、保護者の方の相談に乗ります。第四に先生方との相談です。ただし、これは生徒指導・教育相談に関することになります。先生が、クラスの児童生徒のことで悩んでいるとき、一緒に考え、その解決をめざします。

スクールカウンセラーの子どもとの関わりのポイントは、

①子どもの理解者になること。子どもの話を聴きながら、子どもの世界をわかろうとすること。そして「理解者」だと相手に思ってもらうこと

②子どもの味方になること。気持ちを支えたり、必要な情報を提供したり、行動についてフィードバックしたり、具体的な手助けになることをすること

③人間として関わること。自分の体験・考え・生き方を語る、見せること

この三点にまとめられるといえるでしょう（石隈，1999）。

スクールカウンセラーは、子どもや先生、保護者のサポーターです。心理教育的援助サービス（アセスメント・カウンセリング・コンサルテーション・コーディネーション・マネジメント）を通して、子どもの問題解決と発達成長の促進を援助することが求められています。

（山口　豊一）

II

生徒指導を支える学校心理学モデル

第3章　心理教育的援助サービスの内容

生徒指導は総合的援助である。子どもはトータルな存在であり、総合的な援助を求めている。本章では、子どもの総合的援助のあり方を、学校心理学の４領域の援助（学習面、心理・社会面、進路面、健康面）から説明する。

また、子どもの教育課題・発達課題について触れる。そして、それらの援助方法を「折り合い」（石隈，2016；田上，1999）、「マッチング」（近藤，1994）の観点から説明する。

1　学校心理学に基づく学習面、心理・社会面、進路面、健康面での援助サービス

一人ひとりの子どもの学習面、心理・社会面、進路面、健康面における問題解決と成長をめざす援助サービス（生徒指導における指導・援助とほぼ同概念である。）について簡単に説明する（石隈，1999，2016）。

（1）学習面での援助サービス

学習面での援助サービスは、子どもの学習面における問題解決の指導・援助であり、一人ひとりの子どもが意欲的に学習に取り組み、学習生活の改善と向上を図る学業援助である。援助の対象となる課題の例をあげる（石隈，1999, p.83）。

①自分の学習意欲を高める
②自分の学習習慣、学習スタイル、学力など学習状況を理解する
③自分に合った学習スキルを獲得する
④自分に合った学習計画を立てる
⑤学習面での困難さ、不安、遅れに対処する
⑥自分に合った学習方法や学習習慣を獲得する

（２）心理・社会面での援助サービス

心理・社会面での援助サービスは、子どもの自分とのつきあい方（心理面）と他人とのつきあい方（社会面）における問題状況の解決を指導・援助する。まず心理面で 5 点あげる（石隈，1999, pp.84-85）。

①自分の考え・感情・行動を理解する
②自分に対する効力感（自信）を獲得し、向上させる
③ストレスに対処する
④ストレス対処法を獲得する
⑤情緒的な苦悩を軽減し、情緒的な安定を獲得する

次に、社会面で 4 点あげる（石隈，1999, p.85）。生徒指導は、教師と子ども、子ども相互の「共感的な人間関係」（文部科学省，2010, p.2）を基盤とするものであり、重要な援助である。

①友人・教師・家族との人間関係の状況を理解する
②学級集団や友人のグループに適応する
③対人関係の問題を解決する
④対人関係スキルを獲得する

（３）進路面での援助サービス

進路面とは大野（1997a）が「針路援助」と呼ぶもので、生徒指導でいう「キャリア教育」である。単に子ども一人ひとりの進学先や就職先の決定そのものではなく、「学ぶことと自己の将来とのつながりを見通しながら、社会的・職業的自立に向けて必要な基盤となる資質・能力を身に付けていくことができる」（文部科学省，2017d, p.25）ものである。つまり、「生き方の援助」である。進路面で援助する課題の例をあげる（石隈，1999, p.85）。

①自分の進路適性を理解する
②自分の進路について検討するスキル（例：情報収集）を身につける
③自分の進路決定における迷いや不安に対処する
④自分の進路決定における家族や教師の意見に対処する
⑤自分の夢と現実（自分の適性、職場状況）のずれに対処する

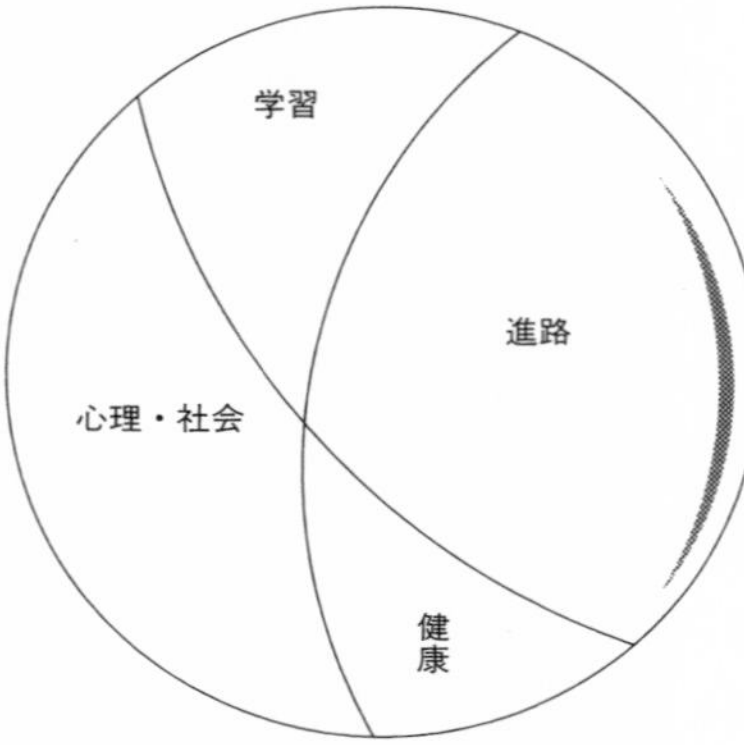

図３－１　トータルな存在である子どもたちとその４つの側面
（石隈利紀，1999『学校心理学』誠信書房，p.86）

（４）健康面での援助サービス

健康面での援助サービスとは、子どもが社会的生活や積極的な行動に耐え得るような心や身体を育てることの指導・援助で、「健康に関する指導や相談活動」（文部省，1990, p.64）である。健康面の援助は養護教諭が鍵を握る。健康面で援助する課題の例をあげる（石隈，2001a, p.61）。

①自分の健康状況を理解する

②自分なりの健康的な生活習慣を身につける

③自分の健康を管理するスキル（例：疲れたときは十分な休養をとる）を身につける

④自分の健康状況（例：病気、障害）を受け入れ、自分なりのつきあい方を身につける

⑤健康上の不安に対処する

ここで、子どもはトータルな存在であり、子どもの生徒指導上の問題も一つの複合体であることを強調したい。学習面、心理・社会面、進路面、健康面は、心理教育的援助サービスにおける焦点となる面であり、一つの面での援助が他の面へ影響する。例えば、学習面での援助（例：基礎学力の獲得）が心理・社会面での援助（例：自尊感情の向上）にもなる。心理教育的援助サービスは、子どもをトータルに援助することをめざす（図３－１；石隈，

1999)。

2　子どもの発達課題・教育課題

課題とは、課された課題であり、取り組むことが期待されていることである。子どもにとっての課題は、人間として発達すること、学校教育を受けること、家族の一員であることなどである、つまり、子どもが取り組む課題には、発達上の課題、教育上の課題、家族としての課題などがある。心理教育的援助サービスの中心は、主に発達課題と教育課題の遂行を援助することである（石隈，1999)。そのことを通して、子どもが社会的に自己実現するような資質・態度を形成するのである。

生徒指導は、子どもが発達課題と教育課題への取り組みを通して「生きる力」を育てる教育活動といえる。発達課題と教育課題の援助という学校心理学のモデルは、生徒指導の見直しに有用である。

（1）子どもの発達課題

乳児から青年までが取り組む発達課題について、エリクソン（Erikson, 1959, 1963）の心理社会性発達に関する理論を基に述べる。

①―乳幼児（０～１歳ごろ）―基本的信頼感の獲得

「私は与えられる存在である」(Erikson, 1959，小此木啓吾訳，p.101）という確信を中心に獲得される。乳児期に生み出された信頼感が自我同一性（後述）の基礎となる。母親への信頼と同時に、自分自身への信頼も意味する。

②―幼児期初期（２～３歳ごろ）―自律性の確立

「私は意志する存在である」(Erikson, 1959，小此木啓吾訳，p.101）という確信を中心に獲得される。自律性を発展させるためには、子どもを取り巻く環境が、自分自身の足で立とうという彼の希望を支援する必要がある。

③―幼児期後期（４～６歳ごろ）―積極性の確立

「私はかくありたいと想像する存在である」(Erikson, 1959，小此木啓吾訳，p.101）という確信を中心に獲得される。積極性の感覚は、すべての活動に対して必要な感覚である。この時期、子どもは仲間とのごっこ遊びの中で、

「両親への同一化」(Erikson, 1963，仁科弥生訳，p.332）を図る。

④―児童期（7～12歳ごろ）―勤勉性の獲得

「私は学ぶ存在である」(Erikson, 1959，小此木啓吾訳，p.101）という確信を中心に獲得される。子どもは、この時期、ものごとがどのように行われるかを知りたがり、それを自分でやりたがる。そして、注意深く忍耐強く「仕事を完成させる」充実感・達成感を身につけるのである。

⑤―青年期（13～22歳ごろ）―自我同一性の確立

自我同一性とは、自己の内的な同一性と連続性が存在することと、同時に他者に対する外的な自己の同一性と連続性が合致するという自覚である(Erikson, 1959，小此木啓吾訳)。乳幼児期の基本的信頼感がベースとなる。

さて、高度産業社会の現代において青年期の延長が生じており、近年は青年期は10歳ごろから20歳代後半ぐらいまでと言われている（下山，2001)。小学校の高学年ごろから急激に身体が成長し、性器的成熟（例、初潮、精通）を迎える。この第二次性徴が青年期の始まりで、青年期の初めの時期は「思春期」と呼ばれる。また青年期の課題である自我同一性の確立は難しい課題であり、長い時間を必要としている（石隈，1999；宮本，2005；乾，2016)。

さらに、石隈（1999）は子どもが一人の人間として達成すべき発達課題を、学習面、心理・社会面、進路面、健康面の四つの側面から、表３－１のように整理している。

表３－１　子どもの発達上の課題

	〈児童期〉	〈青年期〉
①学習面	・基本的な読み書き計算ができるようになる。 ・日常の生活で出会う概念について学ぶ。 ・社会の歴史や制度のあり方について学ぶ。 ・具体的な材料を対象として、論理的に思考する。	・抽象的な思考や科学的理論が実行できるようになる。 ・社会の仕組みを理解して、社会の問題点を把握し、批判できる。 ・内面の言語化が可能になる。
②心理・社会面	・感情を統制し、深め、他者への共感と結びつけられる。 ・自己に対しての肯定的で的確な態度を形成する。 ・勤勉に学び、生活する態度を身につける。 ・道徳の原則を内在化して、自律的に道徳的な判断ができる。 ・友だち関係を広げ、同年齢の集団の一員として行動できる。	・身体的な変化を受け入れ、対処することができる。 ・親から情緒的に自立し、自分なりに行動し、判断する。 ・親しい友人をつくり、親密かつ率直な話ができる。 ・性役割の変化に応じて行動できる。 ・異性とのつきあいにあこがれたり、始めたりする。
③進路面	・あこがれる対象をもつ。 ・あこがれの職業が言える。 ・空想でよいから、将来の夢が語れる。	・同僚との関連で、自己の相対的位置づけを知り、自分なりの個性的な価値について自信をもつ。 ・社会的役割を積極的に体験することで、「ありたい自分」について語れる。 ・社会の価値を知った上で、自分なりの価値や倫理をもち、行動に生かしている。 ・進路の選択を考え、方向を見いだす。 ・意見・価値観の異なる他者との関係がつくれる。 ・葛藤を解決する力を身につける。 ・現実と夢のギャップに気づく。
④健康面	・健康の大切さを知る。 ・生活のリズムを崩さないように、睡眠時間に気をつける。 ・体に必要な栄養について知る。 ・自分なりの健康的な生活習慣を身につける。	・自分の健康状況を知る。 ・自分の健康管理スキルを身につける。 ・自分の健康状況を受け入れ、自分なりにつきあい方を身につける。 ・自分の体の変化を受け入れる。

（石隈利紀，1999『学校心理学』誠信書房，p.96を一部追加改訂）

表3－2　子どもの教育上の課題

	〈小学生〉	〈中学生〉	〈高校生〉
①学習面	・小学校で学習に興味関心をもつ。 ・学校や家庭で学習する習慣を獲得する。 ・集団での学習生活に適応する。 ・45分、学級担任の教師の指導・援助にしたがって、授業に参加する。 ・宿題をきちんと行う。 ・授業の内容を理解する。	・中学校での学習に興味・関心をもつ。 ・学習習慣を維持・強化する。 ・各教科の授業に参加し、理解する。 ・小学校時代の学習成果を補いながら、生かしながら、新しい教科内容を理解する。 ・中学時代の学習生活や学習内容に応じる学習方略を獲得する。 ・高校受験の準備の学習をする。	・高校での学習に興味・関心をもつ。 ・学習習慣を維持・強化する。 ・小学校・中学校時代の学習成果を補いながら、生かしながら、新しい教科内容を理解する。 ・高校時代の学習生活や学習内容に応じる学習方略を獲得する。 ・大学受験や就職試験などの準備をする。
②心理・社会面	・小学生として誇りをもつ。 ・親のいない学校で情緒の安定を維持する。 ・友だちをつくり、維持する。 ・集団の学習や活動に適応する。 ・学級担任の教師と適切な人間関係をつくり、維持する。 ・学級の友だちと適切な人間関係をつくり、維持する。	・中学生である自分を受け入れる。 ・入学した中学校を受け入れ適応する。 ・自分のイライラを受け入れ、対処する。 ・学級や部活動で、新しい友人をつくる。 ・学級担任の教師や教科の教師と適切な人間関係をつくり、維持する。	・高校生である自分を受け入れる。 ・入学した高校を受け入れ適応する。 ・学校への不安や不満に対処する。 ・クラスや部活動や地域で、親しい友人をつくり、議論する。 ・クラス担任の教師や教科の教師等と適切な人間関係をつくり、維持する。
③進路面	・学習や遊び場面で、自分の行動について選択する。 ・自分の得意なものや楽しめるものを見つける。 ・学級活動を通して役割をもつ意味を知る。 ・中学への進学について決定する。	・学習内容と将来を結びつける。 ・学級や部活や生徒会活動などで、自分の行動について選択する。 ・自分の将来設計をしてみる。 ・将来の進路について、複数の可能性を考え情報を収集する。 ・具体的な進路について教師・保護者に相談して決定してみる。	・クラスや部活動や生徒会活動などで、自分の行動について選択する。 ・学校生活を通して、自分の適性を吟味し、将来設計をし直す。 ・職業について理解する。 ・進路について、多様な情報を収集し、具体的な進路を選択する。
④健康面	・疲れを感じたとき、しっかりと休む。 ・生活のリズムを崩さない。 ・体が必要としている栄養をバランスよくとる。 ・体の具合が悪いとき、保健室へ行く。 ・健康的な生活習慣を身につける（手洗い、うがい、歯磨きなど）。	・体の具合が悪いとき、それを身近な大人に相談できる。 ・自分にあった運動をする。 ・睡眠時間に気をつけ、規則正しい生活ができる。	・自分の健康管理スキルを身につける。 ・体の具合を正確に言葉で伝えられ、適切な人に相談できる。 ・睡眠時間に気をつけ、健康的な生活ができる。

（石隈利紀，1999『学校心理学』誠信書房，pp.98-100を一部追加改訂）

（２）子どもの教育課題

子どもの教育課題について、石隈（1999）は次のように説明している。

教育課題は、子どもが児童生徒として達成する課題である。教育課題の設定においては、①子どもの成長にはどのような課題が必要か、②学校教育はどの課題に、どのように援助できるか検討する必要がある。

さらに石隈（1999）は、子どもの教育上の課題を、児童期・青年期という区分ではなく、小学生・中学生・高校生の分類を用いて、学習面、心理・社会面、進路面、健康面の４つの側面から、表３－２のようにまとめている。

３　子どもと環境の折り合い

（１）折り合いとは

子どもの成長や問題は、学校の中で、学級の中で、あるいは教師との関係の中で発生する（石隈，2016b；近藤，1994, 2002）。学校心理学では、「個人としての子ども」をトータルに見ると同時に、「環境（社会）のなかにいる子ども」をも見る。つまり「人間の行動は、個人の要因と環境の要因の相互作用によって生じる」という生態学的なモデルを重視している（石隈，1999）。そして子どもと環境が適合した状況になり、子どもの発達課題や教育課題への取り組みが促進されることが生徒指導上重要である。子どもと環境の適合がうまくいかないとき、子どもは不登校（人から離れる）や暴力（人に攻撃する）などの行動に出る。つまり生徒指導において援助ニーズの大きい場合は、子どもと環境の適合についてアセスメント（情報の収集と分析）を行うことが重要となる。

子どもと環境の適合を理解する際、田上（1999）が行動論の立場から提供する「子どもと環境の折り合い」という概念が有用である。田上は、不登校の子どもを援助するとき、子どもと環境の折り合いに注目する。折り合いのアセスメントにおいて、①子どもが自分にとっての意味のある行動ができているか、②楽しい時間を過ごしているか、③人間関係をもっているか、これらに焦点があたる（p.63，図５－２参照）。そして不登校の子どもの援助において、子どもの学級での折り合い、学校の学級以外の場所での折り合いについてアセスメントを行い、地域で折り合いの良い場所を探す。田上においては、子どもと場との折り合いが一つの焦点となる。

また近藤（1994）は、具体的に子どもの学習スタイルと教師の教授スタイル、子どもの行動スタイルと学級・学校での要請行動のマッチング（折り合い）に焦点をあてる。

（2）「子どもの学習スタイル・行動スタイル」と「教師の教授スタイル・学級や学校の要請行動」の折り合いに関する事例

生徒指導の長期の目的は、子どもが環境に折り合う力を育てることといえる。しかし、子どもの課題への取り組みを促進するためには、環境が子どもに折り合うように柔軟性を伸ばすということも大切である。したがって生徒指導においては、子ども自身の感情やスキルに焦点をあてると同時に、子どもの行動スタイルや学習スタイルと折り合う環境づくりが鍵を握る。石隈（2002b）を参考にして、いくつかの事例を紹介する。

事例１：小学２年生のキヨシは、算数の時間が苦痛になり、登校しぶりが始まった。

〈折り合いのアセスメント〉

キヨシの学習スタイル：かけ算九九のように順序良く覚える学習が苦手。

担任のマチコ先生の教授スタイル：順序良く覚えさせる授業様式で、算数指導をする。

〈援助案〉

①キヨシに対してかけ算九九を図化して、形体に注目する授業を取り入れる。

②そのほかの教科でも、全体の情報をまとめて処理する同時処理をも指導様式として取り入れる。

事例２：小学５年生タロウは、言動に落ち着きがなく、級友とのトラブルも絶えない。最近、遅刻や欠席が増えた。

〈折り合いのアセスメント〉

タロウの行動スタイル：自分の感情コントロールが苦手で、衝動性がある。サッカーが得意。

担任のサトミ先生の要請行動：学級の子どもたちに落ち着いた生活態度を望んでいる。

〈援助案〉

①担任はタロウに対してタロウが昼休みに落ち着いたとき、ゆっくり話を聴く。

②担任はタロウの運動能力を生かした活動（例：休み時間、外で運動に誘う）を取り入れる。

事例３：中学１年生シンジは、中学生になってから授業中ぼんやりするようになり、テストの成績も下降した。夏休みに友達とゲームセンターに初めて行ってからゲームセンターが好きになり、２学期以降は毎日ゲームセンターに行くようになった。

〈折り合いのアセスメント〉

シンジの学習スタイル：機械の操作、工作、実験が得意。自転車の故障は自分で直す。教科書で勉強し、記憶するというのは苦手。

学校での要請行動：技術や理科も知識面が重視され、工作や実験も、教科書をよく読みレポートを書くことが求められる。

〈援助案〉

①技術や理科の授業において、シンジの工作や実験に注目し、ほめる機会をつくる。

②自転車好きの教師が、放課後「自転車修理ショップ」を開き、シンジに手伝ってくれるよう誘う。

（石隈　利紀・山口　豊一）

第4章 心理教育的援助サービスの方法

学校心理学における援助サービスは、その援助対象によって段階的に位置づけられる。生徒指導の、開発的生徒指導、予防的生徒指導、治療的生徒指導に相応する。第４章では、それぞれの援助サービスについて説明し、また、生徒指導の援助活動方法である個別指導、集団指導を学校心理学の視点（アセスメント・カウンセリング・コンサルテーション）から説明する。

1　三つのレベルの子どもへの援助サービス

子どもへの援助サービスの基本は、授業、保健室相談活動、スクールカウンセラーの相談活動など、子どもへの直接的な関わりである。しかし、学校教育の改革を検討するとき、学校の心理教育的援助サービスのシステムに注目する必要がある。学校心理学では、援助サービスのシステムを三つのレベルで説明する。

①子どもをめぐるチームによる援助

特定の子どもに関する、教師、保護者、スクールカウンセラーらによる「援助チーム」による援助活動（石限・田村, 2003；石隈，2016, p.162-163）。

②学校における援助サービスのコーディネーション

「生徒指導委員会」「不登校対策委員会」などにおける、学校全体の援助サービスをまとめ、活性化する活動（家近・石隈, 2003）。「学年会」もこの機能をもつ。

③学校における援助サービスのマネジメント

管理職（校長、副校長・教頭)、主幹教論、教務主任、生徒指導主事など、学校教育のリーダーによる、学校教育における援助サービスの管理・運営。教育目標の設定、生徒指導に関わる校務分掌のあり方や人事の決定などが、これにあたる。

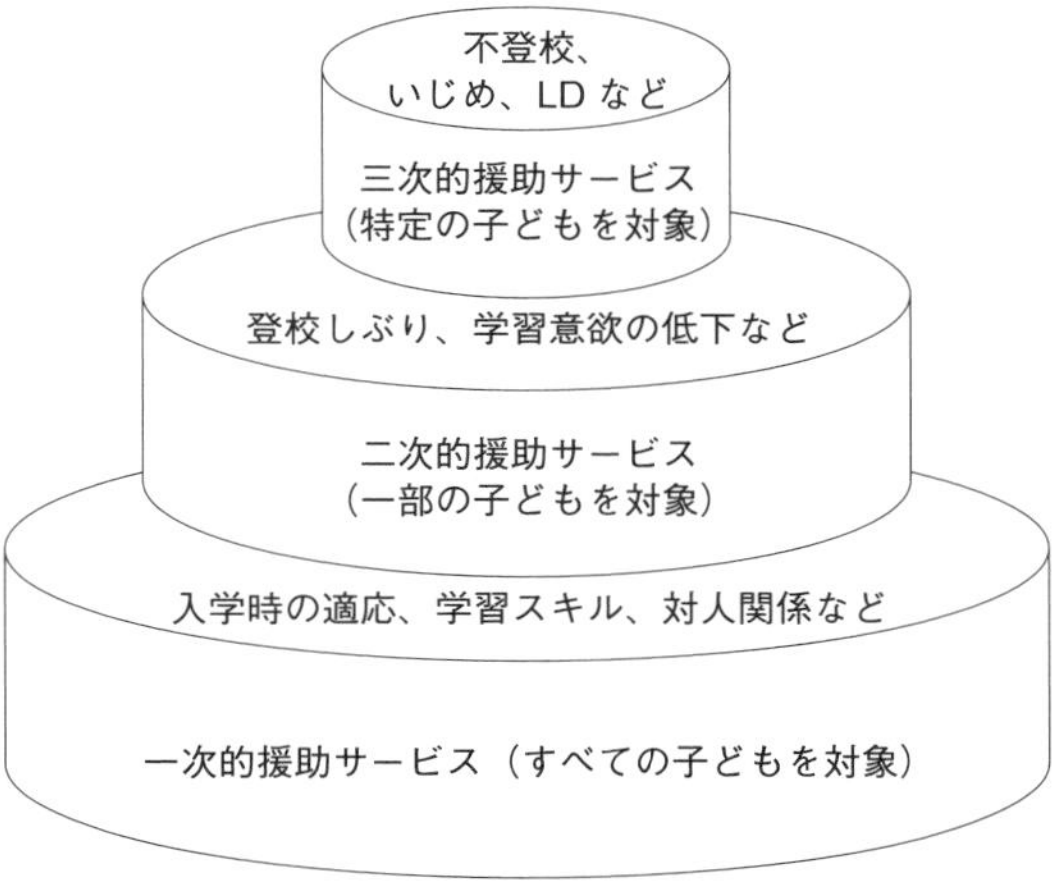

図４－１　３段階の援助サービスとその対象
（石隈利紀，1999『学校心理学』誠信書房，p.144より作成）

２　一次的援助サービス・二次的援助サービス・三次的援助サービス

学校心理学では、すべての子ども（児童生徒）を対象とする一次的援助サービス、配慮を要する一部の子どもに対する二次的援助サービス、重度の援助ニーズをもつ特定の子どもに対する三次的援助サービスの３段階の援助サービスのモデル（図４－１）を提唱している（石隈，1999；小野瀬，2016）。

（１）一次的援助サービス

すべての子どもは、教育課題や発達課題に取り組む上で何らかの援助（サポート）を必要としている。一次的援助サービス（開発的生徒指導）には、多くの子どもが出会う課題の困難を予測して前もって行う予防的援助（例：入学時のガイダンスなど）と、子どもが課題に取り組む上で必要なスキルを開発する開発的援助（例：ソーシャルスキルトレーニング、学習支援など）がある。子どもの自助資源（問題解決に役立つ自分の強いところ）を伸ばすことで、問題状況の発生を予防することが可能になる（石隈，1999；山口，2018）。

（2）二次的援助サービス

二次的援助サービス（予防的生徒指導）は、登校をしぶる、学習意欲をなくしてきた、服装や言葉づかいが乱れてきたなど、プラスα《アルファ》の配慮を必要とする一部の子どもを対象とする（石隈，1999；山口，2018）。初期の段階で発見・対応し、その問題状況が大きくなって子どもが苦戦するのを予防する。初期の段階で発見するためには、援助者一人ひとりが子どもの態度や表情、所持品などから小さなサインを見逃さない目と感性をもつことと、多くの援助者からの情報を生かすことが必要である。

一次的援助サービスや二次的援助サービスにおける予防とは、病気の予防とは異なる。問題状況が子どもの発達を妨害するほど重大にならないことに配慮しながら、子どもが問題状況に対処する能力を身につけながら成長することをめざすものである（石隈，1999）。「問題状況」はその子の成長のチャンスなのである。

（3）三次的援助サービス

三次的援助サービス（治療的生徒指導）は、「重度の援助ニーズをもつ特定の子ども」を対象とする。例えば、三次的援助サービスの対象は長期欠席の子ども、非行傾向が強く行動が不安定な子ども、いじめにあった子ども、いじめをした子どもなどである。この場合、教師やスクールカウンセラーが、援助チームをつくり、子どもの状況についての総合的な心理教育的アセスメント（情報のまとめ）の実施と、それに基づく個別の教育計画の作成を行う（石隈，1999；山口，2018）。

そして、その計画に基づいたチームによる援助（例：授業の工夫、保護者の相談、個別の相談）を実践するのである。このチーム援助の実践については、第７章「生徒指導における援助サービスの実際」のところで詳しく述べる。

（4）生徒指導と三段階の援助サービス

生徒指導の充実・強化が強く要請される根拠として、いじめ、校内暴力、不登校等の対策の必要性があげられる。しかし、前述のように生徒指導の意義は、青少年の問題行動対策といった、いわば消極的な面だけにあるのではなく、積極的にすべての子どもの発達を援助するところにある。一次的、二次的、三次的援助サービスを通して、一人ひとりの子どもの援助ニーズに応じて、問題解決能力の向上をめざすという点で、積極的な面がより強調される必要がある。

また、児童生徒の援助ニーズは変化するものである。例えば、昨日まで元気だった児童生徒が、危機状況（例：親の離婚など）に出会い、不適応行動（不登校など）におちいることもある。この場合、一次的援助サービスの対象であった児童生徒が、急に三次的援助サービスの対象となったということである。このように、児童生徒の援助ニーズは変化するものであり、連続性の中でとらえる必要がある。そして、その時々のニーズに応じた援助サービスをすることが必要である。

３　アセスメント・カウンセリング・コンサルテーション

学校心理学では、子どもに対する援助（教育活動）をアセスメント、カウンセリング、コンサルテーションから整理している（福沢・石隈・小野瀬，2004；石隈，1999, 2016）。

（１）アセスメント

アセスメントは、「援助の対象となる子どもが課題に取り組むうえで出会う問題や危機の状況についての情報の収集と分析を通して、援助サービスの方針や計画を立てるための資料を提供するプロセスである」（石隈，1999, p.192；石隈，2016, p.100）。

①−アセスメントの目的

まず、３段階の援助サービスによって、アセスメントでどのような意思決定をめざすか、留意する必要がある。

一次的援助サービスにおけるアセスメントの目的は、子どもにとって「開発が必要なスキルや予防すべき問題状況を把握して、年間の教育計画や生徒指導の計画に関する意思決定の資料を提供することである」（石隈，1999, p.195［傍点筆者改変］）。二次的援助サービスにおけるアセスメントの目的は、

「配慮が必要な子どもは誰か」「その子どもの問題状況はどうか」「すぐに特別の援助サービスは必要か」（石隈，1999, p.195）などの問いに答えることである。そして、三次的援助サービスでは、個別の援助計画の作成をめざすことになる（石隈，1999, 2016, pp.100-101）。

②ーアセスメントの対象とそれに応じた留意点

アセスメントの対象としては、援助者、子ども、環境の3つが考えられる（石隈，1999, 2016）。

まず、第一に援助者をアセスメントするとき、援助者自身の価値観や考え方がアセスメントや援助活動に影響を与えることが考えられる（石隈，1999, 2016）。これをチェックする際に「子どもが○○するとき、私は嬉しい」「子どもが○○するとき、私は許せない」などの文章をつくり、自分の価値観を検討するとよい。また、子どもとの関わりで「怒り」を感じるときは、私たち援助者自身の価値観が傷ついている可能性がある。怒りは自分の価値観を見つけるチャンスである。

第二に、子どものアセスメントにおいては、子どもの発達する上での課題（例：身体の変化を受容するという思春期の課題）と子どもとしての教育課題（例：学級の一員として協力する）への取り組み状況の把握が重要である（石隈，1999，2016, p.100-101）。そして、子どもが困難を感じている問題状況やそれを解決するための力（自助資源）に注目する。

第三に、環境のアセスメントでは、学校や地域、家庭が対象となる。「子どもの発達課題、教育課題の取り組みにとって、それぞれの環境がどのように関係しているかに注目する」（石隈，1999, p.203, 2016, pp.100-101）。つまり、子どもと環境の「折り合い」（田上，1999）についてアセスメントするのである。また子どもの援助ニーズに応じることに役立つ環境の人的・物的資源（援助資源）の把握が重要である（p.122, 135，援助資源チェックシート参照）。

③ーアセスメントの方法

アセスメントの主な方法としては、子どもの観察、面接・遊戯、心理検査、子どもの援助者との面接などがあげられる。

アセスメントと援助活動とは切り離せない。つまり、援助者は子どもに関わりながらアセスメントを行っている。援助サービスを行いながら、子どもについての情報を加え、子どもについての援助案を修正していくのである。

さらに、前述のように援助サービスを効果的に行うために、子どもを取り巻く援助者がチームを組んでチームアセスメントを行い、チームで援助者することが効果的である。チームの構成員としては、学級担任、保護者、養護教諭、スクールカウンセラー、スクールソーシャルワーカーなどとともに、生徒指導主事が参加すると有効である。

（２）カウンセリング

学校心理学では、「カウンセリング」とは「人間と人間の関わりを通した直接的な援助活動」（石隈，1999, p.234；2016, p.122）である。子どもの成長を促進する授業から保健室や相談室での個別の面接などを含んでいる。援助サービスとしてのカウンセリングにおける主な担い手は、教師やスクールカウンセラーである。

ここでは、石隈（1999, 2016）が提唱している、援助者（教師、スクールカウンセラー、保護者など）の子どもへの関わり方として「カウンセリングにおける３種類の関わり」モデルを紹介する。

①― Being-In：理解者になる〈分かる〉

Being-In とは「Being-In Your World」であり、「援助者が子どもの世界に入る（入れてもらう）」（石隈，1999, p.238；2016, pp.122-123）という意味で、援助者が子どもの理解者として、彼らの世界を彼らの目で見ようとすることである。

子どもの世界をよく理解するための第一歩は、彼らの様子を心を傾けて観ることと、心を傾けて話を聴くことである。子どもの世界を理解するときは、自分の価値観を意識的に側において子どもを見ることに気をつける（石隈，1999, p.242, 2016, pp.122-123）。

②― Being-For：味方になる〈活かす・育てる〉

「Being-For（You）」は、「援助者が、子どものために存在する」（石隈，1999, p.243；2016, p.122-123）という意味である。つまり、援助者は、発達のプロセスで困難な課題に立ち向かう子どもの味方として役に立つことをめざすということである。「子ども（You）と援助者（Ｉ）＝私たち（We）」の感覚で、子どもが「私は一人ではない」（石隈，1999, p.244, 2016, pp.122–123）と感じられるようにする。

Being-For の活動は子どもへのサポート（第 5 章参照）を通して、課題への取り組みや問題状況への対処を援助することである。

③ー Being-With：人間として関わる〈共に生きる〉

さらに援助者は、自分も一人の人間として子どもに関わることがある。Being-With は、「あなたにはあなたの考え（生き方）があり、私には私の考え（生き方）がある」、そして「あなたと私は一人の人間として共に生きる」（石隈，1999, p.250, 2016, pp.122–123）、Being With You という意味である。具体的には、援助者の子どもに対する自己開示、自己主張、対決などが含まれる。

これら 3 種類の関わりは、援助者の子どもへの関わりの 3 つの側面を表したものであり、重なり合うものである（石隈，1999, 2016）。

（3）コンサルテーション

コンサルテーションとは「異なった専門性や役割をもつ者同士が子どもの問題状況について検討し、今後の援助のあり方について話し合うプロセス（作戦会議）である」（石隈，1999, p.261, 2016, p.148）。

例えば、学級担任や保護者は、子どもの問題状況（例：不登校、非行、学業不振や学習意欲の低下、いじめなどの人間関係、発達障害）をどう援助するか、悩むことが多い。最初は自分で解決しようとするが、ときには同僚や友人、配偶者に相談する。それでも解決が困難なときコンサルテーションを考える（石隈，1999）。

学級担任や保護者からの援助依頼を受けて、生徒指導主事や学年主任、スクールカウンセラーなどがコンサルタントとして、学校教育やスクールカウンセリングの専門家の立場から、コンサルティ（学級担任や保護者）が子どもの問題解決を効果的に援助できるように働きかける。コンサルテーションにおいて、コンサルタントはコンサルティの誇りと経験を尊重することが大切である。

コンサルタントは、学級担任や保護者を通して間接的に子どもを援助する。コンサルテーションの留意点としては、コンサルテーションを実施するタイミングと、前述のように学級担任や保護者といったコンサルティの自尊感情への配慮があげられる（山口，2001b）。

コンサルテーションについては第８章で詳しく述べる。

４　生徒指導におけるアセスメント・カウンセリング・コンサルテーション

（１）生徒指導におけるアセスメント

生徒指導においては、児童生徒理解が重要になる。

生徒指導におけるアセスメントは、児童生徒が課題に取り組む上で、学校生活において出会う問題状況の解決を援助するために必要な情報を収集し、意味づけることである。そしてその対象は、児童生徒の素質や性格、家庭環境、担任や部活動顧問等との関係性である。つまりそれは、生徒指導で極めて重要視されている「生徒理解」である。生徒指導は生徒理解に始まり生徒理解に終わるといえる。

（２）生徒指導におけるカウンセリング

生徒指導における個別指導の中心が、カウンセリング（教育相談）である。

学校におけるカウンセリングを充実させるためには、教師と児童生徒とのよい人間関係が必要である。

そのためには、①目の前の児童生徒を大切にする、②児童生徒の自助資源（よいところ）に目を向ける、③肯定的な関心をもって児童生徒と関わる、④先生が自分の心を開いて児童生徒と関わる、⑤常日頃から、児童生徒に積極的に関わるなどの配慮が必要である（文部省，1990）。

さらに、グループカウンセリング（集団援助）においては、目的の明確化、児童生徒相互の心理交流、所属感が大切とされる。

（３）生徒指導におけるコンサルテーション

生徒指導におけるコンサルテーション（第８章「コンサルテーションが支

える生徒指導」参照）とは、児童生徒の問題状況を、直接的援助者である担任や保護者（コンサルティと呼ぶ）に対して、生徒指導の専門性を有する生徒指導主事など（コンサルタントと呼ぶ）が、その仕事や役割の中で、よりよく解決できるよう助言・援助することである。

つまり、生徒指導に関する専門性を有する教師（例：生徒指導主事）が、生徒指導部の構成員や担任、保護者に対して指導・助言を行うことである。

5　集団指導の方法

「生徒指導提要」（文部科学省，2010）は、集団指導では以下のことを基盤とした集団づくりの工夫が必要であるとしている。

一人ひとりの児童生徒が、

①安心して生活できる

②個性を発揮できる

③自己決定の機会をもてる

④集団に貢献できる役割をもてる

⑤達成感・成就感をもつことができる

⑥集団での存在感を実感できる

⑦他の児童生徒と好ましい人間関係を築ける

⑧自己肯定感・自己有用感を培うことができる

⑨自己実現の喜びを味わうことができる

要するに、集団指導においては、目標が明確であり、成員間に心理的交流があり、所属感があることが大切である。また、成員それぞれの役割があり、それを遂行することで、個人的要求が充足される必要がある。さらに、目標や方法、それぞれの役割についての「共通理解」が大切である。

方法としては、話し合い活動や講話、説明（指導）などがある。話し合い活動においては、児童生徒が話し合いの問題を自分と関わらせて考え、自分のあり方を求めるという態度がとれるよう、教師は指導・援助することが大切である（坂本，1999）。講話は、例えば「薬物の危険」などについて話をするケースなどがある。また、説明（指導）としては、「長期休業中の過ごし方」などが考えられる。

（山口　豊一）

コラム ④　暴力行為（校内暴力）

暴力行為とは「（自校の）児童生徒が起こした暴力行為」を指すものとされ、「対教師暴力」、「生徒間暴力」（何らかの人間関係がある児童生徒同士の暴力行為に限る）、「対人暴力」（対教師暴力、生徒間暴力を除く）、学校の施設・設備等の「基部破損」の四形態に分類されています（文部科学省，2006）。

文部省（現文部科学省）は、平成８年度まで、公立中学校、高等学校における「校内暴力」（学校生活に起因して起こった暴力行為であり、対教師暴力、生徒間暴力、器物破損の三形態がある）の状況について調査を行ってきましたが、平成９年度から、小学校も対象に加えたり、対人暴力も内容に加えたりして調査を行っています。このことは、暴力行為の低年齢化やゲーム化などの現代的特徴を暗示していると言えるでしょう。

平成30年度の暴力行為は、学校の管理下において、小学校では34,867件（前年度26,864件）、中学校では28,089件（前年度27,389件）、高等学校では6,674件（前年5,944度件）発生しています。また、学校の管理以外では、小学校では1,669件（前年度1,451件）、中学校では1,231件（前年度1,313件）高等学校では410件（前年度364件）発生しています（文部科学省，2019a）。学校の管理下・以下の合計で、72,940件（前年度63,325件）であり、児童生徒1,000人当たりの発生件数は5.5件（前年度4.8件）であります。

形態別発生件数は、「対教師暴力」は9,134件（前年度8,627件）、「生徒間暴力」は51,128件（前年度42,605件）、「対人暴力」は1,336件（前年度1,306件）、「器物破損」は11,342件（前年度10,787件）となっています。

（山口　豊一）

表４－１　暴力行為の例

対教師暴力	生徒間暴力	対人暴力	器物破損
・教師の胸ぐらをつかんだ ・教師めがけて椅子を投げつけた ・教師に怪我を負わせた	・中学３年の生徒と、同じ中学校の１年の生徒がささいなことでけんかとなり、一方が怪我をした ・高校１年生の生徒が、中学校時代の部活の後輩の中学３年の生徒に計画的に暴行を加えた	・偶然通りかかった他校の見知らぬ生徒と口論になり、殴打の末、怪我を負わせた ・金品を奪うことを計画し、通行人に暴行を加えた ・卒業式で来賓に足蹴りをした	・トイレのドアを故意に損傷させた ・補修を要する落書きをした ・学校で飼育している動物を故意に傷つけた

（文部科学省，2006「生徒指導上の諸問題の現状と文部科学省の施策について」より作成）

コラム❺　非行―「一人で居られる能力」と「Withの精神」―

イギリスの小児科医で精神分析医のウィニコットは、情緒的に成熟し自立していくための基礎となる能力の一つに『一人で居られる能力』をあげています。一人遊びをしている子どもは、いつでも呼べば応えてくれる母親（大人）の存在があることによって、自分は保護されていると感じ、安心し、この能力を獲得するというものです。他者に支えられると感じながら一人でいる経験によって、一人で居られるようになったり、他者と一緒に居ても一人で居ることを楽しむことができるようになるというものです（Winnicott, 1965）。

非行少年の多くは、「一人で居られない」傾向が強いように思います。そこで、暴走族のようなグループに入り、「けんか上等。無免許運転当たり前」、みんながやっているから悪くないと思うことで安定したり「早く結婚したい」と言い、若くして親になったりします。このような少年たちと接していると、自我が未熟なまま体だけが成長してしまったような不安定さを感じます。

児童自立支援施設で働くとき、まず職員として大切にしなさいと教えられるのが「With の精神」です。つまり、for（～のために）でもなく、to（～に対して）でもなく With（～と一緒に）なのです。職員は、日々の生活を少年たちと過ごしながら常に見守り、少年たちが成長することを待ちます。

非行少年は、様々な問題を起こします。もちろん、このような日々起こる問題やトラブルに対処しながらも、彼らと一緒にいる時間と空間を大切にします。少年たちは、命令されることは嫌いですが、自分で無意識に選択したことは、大人には真似のできない勢いで吸収していきます。非行少年を援助するときには、少年の非行性を矯正していくことだけでなく、「With の精神」によって少年の成長の過程を支え、情緒的な安定を獲得して社会の中で自立させることを忘れてはならないと思います。

（家近　早苗）

第5章 授業における学校心理学の視点を生かした生徒指導

子どもの「学習意欲の低下」や「学力の低下」が指摘されている（藤沢市教育文化センター，2016）。生徒指導（特に積極的生徒指導）では「授業における生徒指導」を強調する。学校心理学においても学習面の援助を強調する。

授業の中にこそ生徒指導があるといえる。本章では、授業において子どもの求めるサポートと、教師が使うサポートとを学校心理学の４種類のサポートから説明する。

1　児童生徒が求めるサポート

（1）子どもの自己実現の力＝学ぶ力

生徒指導は、「一人一人の児童生徒の個性の伸長を図りながら、同時に社会的な資質や能力・態度を育成し、さらに将来において社会的に自己実現ができるような資質・態度を形成していくための指導・援助であり、個々の児童生徒の自己指導能力の育成を目指す」ものである（文部科学省，2010, p.5）。子どもの自己実現を可能にする一つの資質が、学ぶ力である。

つまり、子どもの学習意欲の向上や学習習慣の獲得の援助が、生徒指導の重要な課題となる。学校心理学では子どもの悩みの中心である学習面における課題への取り組みの援助を、授業におけるサポートを通して行うよう強調している。

①―勉強の必要性がわからない子ども

「いったい、勉強する意味って何なのか」。

これは勉強がつまらなくなり、その意味を感じられない子どもの、心の叫びであろう（市川，1998）。では、勉強の必要性とは、何だろうか。そして、学習に苦戦している子どもが、勉強の意味を見つけるためにはどのような援

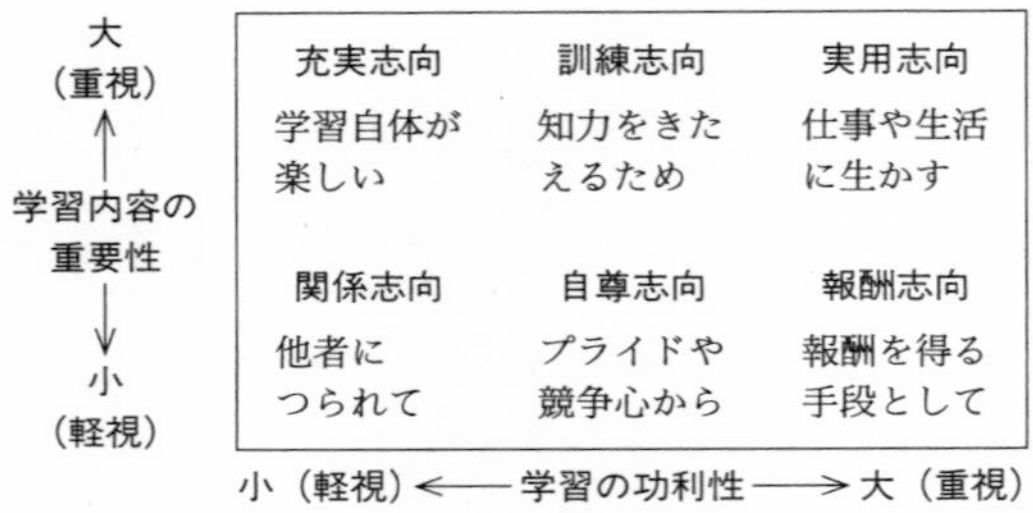

図５－１　学習動機の２要因モデル
（市川，1995『学習と教育の心理学』岩波書店，p.21）

助が必要なのだろうか。

市川（1995, 1998）は、学習動機の要因を、「学習内容の重要性」と「学習の功利性」から構造化している（図５－１）。「学ぶこと自体が楽しい」（市川, 1998, p.13）という動機は、「新しいことを知りたい」「なぜそうなるのかをわかりたい」という内発的動機づけによって成り立っている。一方「できるとほめられるから」「競争心にかられて」「親がうるさく言うので」というのは、「学ぶことがつらいのはやむを得ない。だからそれをするのには賞と罰が必要である」（市川，1998, p.12）という外発的動機づけといえる。

子どもたちが学習することの意味を理解し、内発的動機づけによって学習できるようになるにこしたことはない。しかし私たち大人も、すべての教科の学習を、楽しく勉強してきたわけではない。「受験があるから」「定期テストだから」などの理由でやむを得ず勉強し、後で役立ったものもあれば、すっかり忘れてしまった知識もある（市川，1998）。だから今は無理でも、必要になったときに勉強の意味や面白さを味わえる土台を育てたい。

一方、児童期の発達課題の一つに「勤勉性」の獲得がある。努力をコツコツ積み重ねていくことである。努力は楽しいからこそコツコツ積み重ねられるものだが、嫌なこともがまんしてやり通す場面も出てくる。そこで大事なのは、手応えを感じることである。コツコツと積み重ねることで、自分の知識や技能が高まるという手応えを感じることである。

勉強の必要性がわからない子どもは、手応えが感じられず、勉強とのつきあいで疲れてしまっている。そこで、どう勉強につきあえばよいかを教える

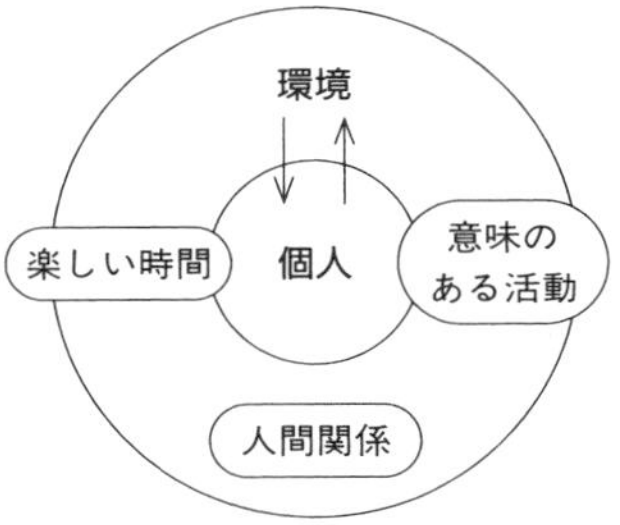

図５－２　個人と環境の折り合い
（田上，1999『実践スクール・カウンセリング』金子書房，p.128より山口が作成）

ことが援助となる。

②ー勉強とどうつきあうか

人間の行動は、個人の要因と環境の要因の相互作用である。勉強の必要性がわからない子には、環境との関わりによって、行動変容を期待する。

ここで、前述のように田上（1999）の提唱する「折り合い論」を参考に、学習活動を考えてみよう。田上は、「子どもが学習活動と折り合っている」とは、①学習の意味を見いだしている、②学習に楽しく取り組んでいる、③人間関係があり、お互い助け合って学習しているという状況であると述べている（図５－２）。つまり、よい人間関係の中で、楽しく、意味を見いだしながら学習に取り組んでいると、子ども自身が受け止めていること（認知）が大切なのである。このような認知がもてるように、教師がサポートをする必要がある。

③ー学習意欲向上のための心理教育的援助サービス

子どもの学習意欲が年々減退しているとの指摘がある（藤沢市教育文化センター，2016）。

特に「間違えるのが嫌で手をあげられない」などといった子どもたちが増加しており、学習意欲向上のためには、授業形態の工夫や教材・教具の精選に関わる「教科教育方法的指導」と、子どもの学習意欲、人間関係などに関わる「心理教育的援助サービス」を両立させた授業展開が必要になってくる。

そこで、子どもへの直接的な心理教育的援助サービスの中心である「授業」に焦点をあて、授業における人間関係づくり、および学習意欲の促進を学校心理学の立場から検討したい。

ここでは、まず授業における子ども相互の人間関係、教師と子どもの人間関係、学習意欲についての実態を見ていきたい。そして次に、授業における教師の4種類のサポートの実態を子どもと教師の二側面から考えたい。

（2）　授業における教師の4種類のサポート

学校心理学では、子どもへの直接的な関わりとして、Being-In（理解者として）、Being-For（味方として）、Being-With（人間として）の3種類の関わりモデルが提供されている（pp.55-56参照）。

授業における人間関係づくりや学習意欲向上のためには、Being-Forにおける4種類のサポートの視点が有効であると思われる（石隈，1999；山口，2002)。「この4種類のサポートは、教師が子どもに『何を』提供するかという教師の行動による分類」（茨城県教育研修センター，2000b, p.13）である。以下に4種類のサポートについて説明する。

①ー情緒的サポート

情緒的サポートとは、子どもを安心させ勇気づける情緒的働きかけを提供することである。

情緒的サポートの例として、教師が共感的に情緒的な声かけをする（「大丈夫だよ」「どうしたの」など)、子どもの発言や発表を傾聴する、一人ひとりの活動を認める（「がんばったね」「ありがとう」など）などがある。情緒的なサポートを心がけて授業を行っていけば、子どもが「学習活動に取り組む姿勢が意欲的・積極的になる」（茨城県教育研修センター，2000b, p.13）と期待できる。

②ー情報的サポート

情報的サポートとは、子どもの学習場面などで子どもが必要とする情報を提供することである。子どもの知りたい情報を的確に把握し、必要に応じて提供することが学習意欲を高めると考えられる。

教師は、何度も同じつまずきを繰り返している子ども、学習が不十分な子ども、助言を求めてくる子どもに対して、必要とする情報を提供することが大切である。授業中に教師が情報提供を意図的に行うことで、一人ひとりの学習に深まりが期待できる。

例えば、「授業で指名して答えられないとき、ヒントを出す」「学習の仕方を教える」「繰り返し説明する」（茨城県教育研修センター，2000b, p.14）などは情報的サポートである。

③ー評価的サポート

評価的サポートとは、学習者の学習という行動について、教師の側からフィードバックすることである。

「行動のどこが優れているのか、どこに間違いがあるのかなどについて、教師が児童生徒に知らせることによって、児童生徒はそれを手がかりとして自分自身で行動を修正したり、発展させたりできるようになる」（茨城県教育研修センター，2000b, p.14）のが評価的サポートである。

この評価的サポートの留意点は、「教師の評価の対象は子どもの行動であり、子ども自身（人格）ではないということである」（茨城県教育研修センター，2000b, p.14）。評価的サポートとして授業でよく使われているのは、「君の発表はわかりやすい」「すばらしい考え方だね」などだが、「君はよい子だ」「君は立派だ」などは人格の評価であり、避けるべきである（茨城県教育研修センター，2000b, p.14）。また、ネガティブなフィードバックは、援助になるどころか、子どもとの信頼関係を損ねることになるので慎重に行う必要がある（石隈，1999）。

④ー道具的サポート

道具的サポートとは、子どもに対する具体的・実際的な支援を提供することである。例えば、それぞれの活動場面において、子どもが学習の道具として使える観察カード、ヒントカード、検討カード、見通しカードなどの提供などである。また、学習形態、座席、環境調整なども道具的サポートである（茨城県教育研修センター，2000b, p.14）。

道具的サポートをすることにより、子どもは自分で学習しやすくなる。そして「やってみよう」「頑張ってみよう」「自分でもできるかな」というように、授業に取り組む姿勢が意欲的・積極的になると考えられる。

【具体的な対応事例から見る４種類のサポート】

ここで、具体的な事例から４種類のサポートを見てみよう。

A男（小６）は、算数の勉強でつまずいている。そして、「どうやったってできない」と思いこみ、算数に対する意欲が極度に低下している。他の教科は、そこそこ取り組んでいるが、こと算数にいたっては、授業中まったくノートも取らず、教科書すら開こうとしない。担任が注意すると、「どうせ、やったってわからない」と言って、改善されない。

そこで担任は、A男が算数のどこでつまずいているのか、アセスメントした。その結果、A男は小５の「分数」でつまずいていることがわかった。担任はA男に放課後残ってもらい、マンツーマンで小５の分数の復習をした（道具的サポート）。しかも、放課後残ってもらうとき、A男は工作が得意なので、教室環境づくりで先生の手伝いをするという名目で残ってもらい、彼の自尊感情が傷つかないよう配慮した（情緒的サポート）。また、算数の時間も、机間指導の際、意識的にA男にアドバイスを行った（情報的サポート）。

この何回かの課外指導などで、A男は徐々に分数の理解もでき、算数にも意欲的に取り組むようになった。（事例は、山口，2003aより作成）

（３）４種類のサポートについてのまとめ

茨城県教育研修センター（2000b）は，４種類のサポートの観点から，児童生徒がどのようなサポートを求めているかについての調査を行った。児童生徒の授業に関する自由記述の分析結果によれば、児童生徒が「いいなと思う授業」（自由記述の分析）で最も多く支持しているのは、中・高では「楽しい雰囲気作りをしてくれる」、「生徒の意見を真剣 / 丁寧に聞いてくれる」など「優しさ」や「親切」、「笑いやおもしろさ」をもった関わり等の情緒的サポートであった。小学校では「グループ学習」「いろいろな実験や作業」などの道具的サポートであった。一方で、「いやだな」と最も多くの子どもが拒否しているのは、中・高では「いつも同じ授業方法」「生徒を無視した、一方的な授業」、小学校では「授業を進めるのがはやい」「黒板の字が読み取れない」などのネガティブな道具的サポートであった。これらの結果から、教師は、情緒面での積極的な関わりや具体的な授業の工夫が求められていることが示唆される。

また、小・中・高いずれも評価的サポートを望んでいる児童生徒は極めて少なかった。これは、実際に教師の評価的サポートが少ないことと、効果をあげていないことを意味していると思われる。肯定的な評価は、児童生徒の意欲を喚起する。教師は、児童生徒の学習活動に対して肯定的なフィードバックとしての評価的サポート（例：小学校ではシールやハンコなどの活用や朱ペンでの一言、中・高ではスモールステップの目標設定とその評価やノートの点検・コメントなど）を工夫し、有効に機能させて、学習意欲を喚起することがさらに望まれる。

数年前から教育現場では，学力の低下，学習意欲の低下が指摘されている（藤沢市教育文化センター，2016）。これらの問題に対応するために、授業を展開する上では、４種類のサポートを生徒のニーズに応じてバランスよく実施することが望まれる。特に教師自身の適度な「自己開示」などを行いながら情緒的サポートを意識することによって，教師・児童生徒間の人間関係を深め、児童生徒に安心感をもたらし、児童生徒の学習意欲を高めることにつながると考えられる。また，道具的サポートして，教材の開発・工夫、授業形態の改善・工夫等の教育方法論的アプローチも必要であると考える『授業に生かすカウンセリング』（國分・大友，2001）で提案する「対話のある授業」は示唆に富む)。

２　一人ひとりのニーズに応じる授業

（１）生徒指導の中核としての授業

学校心理学は、児童生徒の学習面での援助サービスに重点をおいている。児童生徒の学習面での問題は、学習面のみならず、心理・社会面、進路面、健康面との関係も大きい。学校は、児童生徒が学ぶところである。そして、学習は、個人的経験であると同時に、教師から指導され、級友とともに学ぶという社会的な経験でもある（石隈，1999）。児童生徒の学習生活は、学校生活の主な場面である。つまり、学校は、教科の学習を通して学ぶことにより児童生徒の成長を図るところであり、学習において、進歩しているという充実感が学校生活の意欲につながる（石隈，1999）。

ところで、小学校の低学年の多くは、積極的に行動しながら、その限界を知るという幼児期の課題の続きに取り組んでいる。小学校高学年の多くは、自分の身体の変化をどう受け入れるかという思春期の課題に取り組みはじめている。つまり、知識や技能を身につけながら何かを達成していき、自信をつけるという勤勉性の獲得（児童期の課題）は、小学校の中学年でだけ少し落ち着いて取り組めるようだ（石隈，1999)。そのため、多くの中学生や高校生においても「学習することを学習する」という勤勉性の獲得という課題が十分に達成できていない場合が多いと考えられる。その結果、多くの児童生徒が、勉強とのつきあい方がわからず、学習面で苦戦している。したがって、児童生徒の学習場面に、児童生徒の苦戦を援助するという生徒指導の視点と実践が求められる。

さて、児童生徒の学習指導場面の中心である授業における生徒指導とは何か。それは、教科等の指導を行いながら児童生徒の学習意欲を高めたり、学習上の悩みや問題に対処する力を育てたりする援助を行うことである。学習指導を行いながらの援助サービスは、教師が意識せず日々行っていることであり、授業は教師が自分の力を発揮できる場面である。

（2）学習面での一次的援助サービスの必要性

一次的援助サービスは、すべての児童生徒の成長発達を促進することを目的とした開発的サービスであり、学校教育の日常的な場で実施されるべきものである。このため、児童生徒に最も身近に接している教師が工夫して行うことで、効果があると思われる。

そして、すべての児童生徒が学校生活で長時間関わるのは各教科の授業である。授業の場面における一次的援助サービス、換言すれば、授業での開発的な生徒指導となるが、これをより一層充実することが、教師に望まれる。教師はこれまでのように児童生徒の実態に合う教材教具の精選をし、わかりやすい授業づくりを工夫することが大切である。それに加えて、より豊かな人間関係づくりをめざすことが望まれる。

①ー指導サービスと援助サービス

これまでの授業は、知識・技能を偏重した展開に陥っていたために、児童生徒の学習意欲を減退させていたとも考えられる。

学校心理学では学校教育を「指導サービス」と「援助サービス」という２

種類の活動、あるいは機能に分けて説明する（石隈，1999)。「指導サービス」は、子どもの成長に必要な知識や技能を促進させるものである。指導の具体的実践は、授業形態の工夫や教材・教具の精選をすることである。児童生徒への「援助サービス」は、子どもの成長の基盤となる習慣、基礎的な能力、意欲に焦点をあてる。授業における学習意欲には、学習活動への興味のほかに、「学習できる」という気持ち（自己効力感）や、児童生徒同士の人間関係および教師・児童生徒間の人間関係が重要な要因となる。

学習指導に関する研究は、これまで教科教育方法的視点からの知見が数多く累積されている。しかし残念なことに、教科の授業における援助サービスのあり方についての知見は不足している。児童生徒の勉強ぎらいの現状を考えれば、授業における学習意欲向上のための援助サービスは極めて重要だといえる。

②ー援助サービスのいろいろ

この援助サービスで実践する人間関係づくりを促進するための授業展開の具体的方法について述べる。

まず、教科の特質を生かしながら、児童生徒同士の人間関係づくりを主なねらいとした授業展開の方略を積極的に導入することである。例えば、構成的グループ・エンカウンターを応用した授業実践があげられる（山口・来栖，2002)。

【構成的グループ・エンカウンターとは】

グループ・エンカウンターには二つの実施方法がある。それは、構成法と非構成法である。その中でも構成法で実施するグループ・エンカウンターを構成的グループ・エンカウンターと呼んでいる（國分・片野，2001)。

ところで、エンカウンターとは「出会い」「本音と本音の交流」という意味である。グループ・エンカウンターは、アメリカで生まれ、日本には1970年ごろから導入された心理学的グループ・アプローチである。集団の中の相互の関係を深め、集団の中での体験による自己の成長を目的としたグループ活動である（片野，2003)。

構成的グループ・エンカウンターは、以下のようにして進める（片野，

2003）。

(ア)オリエンテーション：基礎的概念、参加者としての態度・心構えなどについて簡単に説明する。

(イ)ルール：参加者の相互の言動を終了後の話題にしないことや、最後のシェアリングは積極的に話し合うことなどについて説明する。

(ウ)エクササイズの実施：構成的グループ・エンカウンターは、エクササイズ（体験学習の課題）が主になって展開される。エクササイズの意味づけを大切にし、感じたこと、気づいたことなどについて語り合うように展開する。

(エ)シェアリング：最後の話し合いをしっかり行い、児童生徒との握手やあいさつなどを行うことにより、感情の整理をさせる。

新学期の授業開きに出会いを深めることをねらいとしたエクササイズや、また、科目の内容に関係づけながら、児童生徒の考えや感情の表明を促進させることをねらいとしたエクササイズを適宜行う。これらのエクササイズを実践することによって、児童生徒はグループ内で自己開示や他者受容などを体験して、児童生徒同士の人間関係を深めることができる。

③－人間関係はどのようにつくられるのか

授業での豊かな人間関係は、児童生徒に安心感、信頼感、そして帰属感などを与え、学習意欲を向上させる。では、人間関係をつくるのにはどのような心理過程をたどるのだろうか。

人間関係を促進する鍵の一つに、「自己開示（self-disclosure）」があげられる。自己開示が人間関係を促進させる心理過程は次のとおりである。

まず、返報性（reciprocity）によって相互の自己開示が進展する。返報性とは、自己開示の受け手が、同じ程度の深さの自己開示を送り手に返す現象のことをいう。次に、相互の他者理解が進み、そして親密性（intimacy）が形成され、人間関係はより深まっていくのである。このように、自己開示には親密な人間関係を促進する機能があるといえる（横島, 1997）。

さらに、自己開示は「自己理解」を深める機能ももっている。ジュラード（Jourard, 1971）は、「人間が自分をほかの人に開示する行為と経験を欠くと、自分自身を知ることができない」と述べて、自己開示が自己理解を促進させることを示唆している。

自我同一性の確立とは、確信をもって自己理解できる状態であると考えられる。そのことから、自己開示は自我同一性を確立させる機能をもつといえる。自我同一性が確立すれば人間関係はより円滑になる（横島，1997）。

以上のことから、自己開示は、人間関係づくりに大きな影響を与えると考えられる。そこで、授業において生徒の自己開示を促進するような授業展開や、教師自身の自己開示が望まれる（横島，1997）。

３　学習面で苦戦する子ども

学習面で苦戦する子どもの早期発見とタイムリーな援助は二次的援助サービスとして行われる。三浦（1999）は、勉強ができない、勉強についていけない、勉強が嫌いなど、学校での学習活動に関する不適応を指す用語として「学習不適応」を提唱している。学習不適応には、学習課題が達成できていないという側面（学業不振）と、それに伴う学習活動への否定的で混乱した認知・態度という側面に分けて考えることができる（田村，2013）。また、学習面での苦戦という点では、限極性学習症（SLD）の子どもも含まれ、適切な支援が必要とされる。

学習面での苦戦は、第３章「子どもと環境の折り合い」でも触れたように「児童生徒の要因」と「学習環境の要因」の相互作用で起こる（田村，2013）。「児童生徒の要因」として認知面（自己評価の低さなど）、情緒面（学習についての興味・関心・意欲の欠如など）、行動面（学習習慣や学習スキルの欠如など）がある。

そして、「学習環境の要因」としては、授業形態（教師主導 vs 生徒主導、一斉授業 vs 個別授業）、学級集団、教師の存在（指導スタイル）などがある。学習の苦戦は、児童生徒の要因だけで起こるものではなく、学習環境も大きな要因となる。学習不適応が生じている子どもに対して教師は、学習面のみに焦点づけられた援助だけなく、児童生徒の心理・社会面や進路面、健康面を含めた学校生活全体をトータルに考えてアセスメントを行い援助していく必要がある。

4 一人ひとりの援助ニーズに応じる授業（小学校）

（1） 授業のねらい

教師は、授業の中で4種類のサポートを行うことによって、児童一人ひとりの援助ニーズに応じることができる。そこで、授業における教師の4種類のサポートと児童相互の人間関係づくり、教師と児童の人間関係づくり、学習意欲との関係を明らかにする。

小学校第6学年の「学級活動」において、「インターネットを活用して、児童相互に信頼感を高める学級活動」を行った実践を紹介する。

（2）実践事例（第6学年・特別活動）

①ー題材

「自分の学校と土浦を世界に紹介しよう」

②—題材について

ホームページの作成にあたっては、9月から児童が自分で興味をもって集めた各データや資料を使ってまとめる。個別にまとめていく資料をお互いに公開、交換しながらまとめていくことで、全体として高め合う活動に役立てたいと考える。

③ーコンピュータの活用について

コンピュータの活用にあたっては、次の3点は、児童が活動する上で特に配慮したい。

・ホームページの作成内容が、児童自身の手で発見したり、選んだりすることができるものであること
・児童の力で話し合いが進められ、見通しがもてるような活動計画になること
・児童の活動時間や場所を確保すること

④—児童の実態

30名のクラスであるが（男子14名　女子16名）、最高学年としての自覚をもち、いろいろな場面で力を発揮している。明るく、穏やかな児童が多く、普段の生活でも友達と協力しようという雰囲気が見受けられる。グループ学

習や係等の活動でも、比較的スムーズな話し合いと協力した活動ができる。

⑤ー学習形態

自分の考えを出すとともに、友達のよい考えを取り入れながら、自分たちのめあてに沿ったホームページを作成できるように、グループ学習を取り入れた。

⑥ー本時の学習

【目標】

・一人ひとりが自分の考えを出し合い、友達のよい考えを取り入れながら、各自のめあてに沿ったホームページを作成することができる。

・ホームページ作成を通して、友達の長所を見つけ、その存在を見つけることができる。

【準備・資料】

コンピュータ、各種データ、資料、励ましカード、がんばりシール

【展開】

表５－１参照。

⑦ー結果ー意識調査からー

本授業の前後に、アンケートによる意識調査を行った。級友との関係について（４項目）、教師への信頼について（８項目）、学習への意欲について（８項目）の合計20項目について、５件法で調査した（表５－２）。各項目の質問に対して、「はい」を５点、「まあまあ」を４点、「どちらとも言えない」を３点、「どちらかと言えばいいえ」を２点、「いいえ」を１点として平均点を求めた。また、図５－３は各項目ごとにその平均点をグラフ化したものであり、図５－４は質問を領域ごとにまとめ、その平均値をグラフ化したものである。

その結果、すべての項目全体の平均は、授業前が3.35、授業後は3.71であった。ｔ検定の結果、１％水準で有意な上昇が見られている。20の質問項目の中で、有意な上昇が見られなかったのは、「学習への意欲」領域の「考えをよく発表する」、「わからなくても不安にならない」の２項目だけであり、他はすべて有意な上昇が見られる（図５－３）。次に、領域ごとについて見てみると、三つの領域ともに授業前後で平均値が上昇しており、「教師への信

表5-1　本時の学習活動と教師の援助活動

時間	学習活動・内容	教師の児童へのサポート	
		道具・情報	情緒・評価
前2分		・児童とともに学習の準備をする。（道具）	・児童の様子を観察し、気にかかる児童には声をかける。（情緒）
2分	1　本時の活動のテーマを確認する。	・テーマを確認すると同時に、グループで協力することと、個人の意見を大切にして学習することが大切であることを一人一人に理解させる。（情報）	
15分	2　グループごとにどんなホームページにするのか話し合い、作成活動を始める。 ・家庭、学校生活 ・土浦の歴史、文化 ・その他	・ホームページの内容はテーマにそったものなら自由に作成できることを確認してから活動をするように伝える。（情報） ・自分で用意した資料の活用について助言する。（情報）	・自分で用意した資料をもとに、ホームページ作成を進めているかどうか観察し、感想をフィードバックする。（評価）
10分	3　ほかのグループの作品を見て回り、友達の気づきのよいところを見つける。 (1)　友達の作成したホームページを見て、よいところを見つける。 (2)　友達の作品のよいところを、カードに書き込む。 (3)　気づきのすばらしいホームページには、カードにシールを貼る。	・友達の作品を見る視点を意識づけるため、 ①自分たちが真似したい作成法を見つける。 ②作品を見て、よいと思ったところをカードに書く。（道具） ③作品の中に自分が気づかなかったものがあった場合には、作品カードに「がんばりシール」をはる。（道具） の3点に注意しながら、作品の見学をさせる。 ・教師が、作品の特徴を児童の隣で解説することで作者の意図を理解してもらう援助とする。（情報）	・児童と一緒に比較検討しながら、友達の作品のよいところを見つけた児童を賞賛する。（評価） ・友達の作品のよい点、苦労した点、協力し合って仕上げた点に気づいているかを観察し、感想をフィードバックする。（評価）
13分	4　自分の作品を見直し、修正する。	・ホームページに出ている写真だけでなく、説明文の内容にも注意するよう助言する。（情報）	・一緒に作品カードを読みながら、ホームページ作成の過程で苦労したことをねぎらう。（情緒）

		・比較検討で得た情報をもとに、自分たちが応用したいことを話し合い、自分の作品に生かせるように援助する。（情報）	・話し合いをもとにした作品の校正、編集をしているか観察し、フィードバックする。（評価）
3分	5　自己評価をする。	・カードの記入時間をつくる。（道具） ・カードを記入しながら、友達と一緒に協力することの大切さや、友達の存在を認めることの大切さを確認する。（情報）	・否定的意見が書いてあるカードのグループには、教師が補説して、作品のすばらしさをフィードバックする。（評価） ・友達の意見や作品を考慮してホームページの作成をすることができたかを観察し、気づいたことを伝える。（評価）
2分	6　先生の話を聞く。	・相互評価で人気のあったホームページを紹介しながら、協力して仕上げることの大切さの話をしてまとめとする。（情報）	
後3分			・作成したホームページを児童とともに鑑賞しながら、よく頑張ったねと声をかける。（情緒）

（茨城県教育研修センター，2000b より作成）

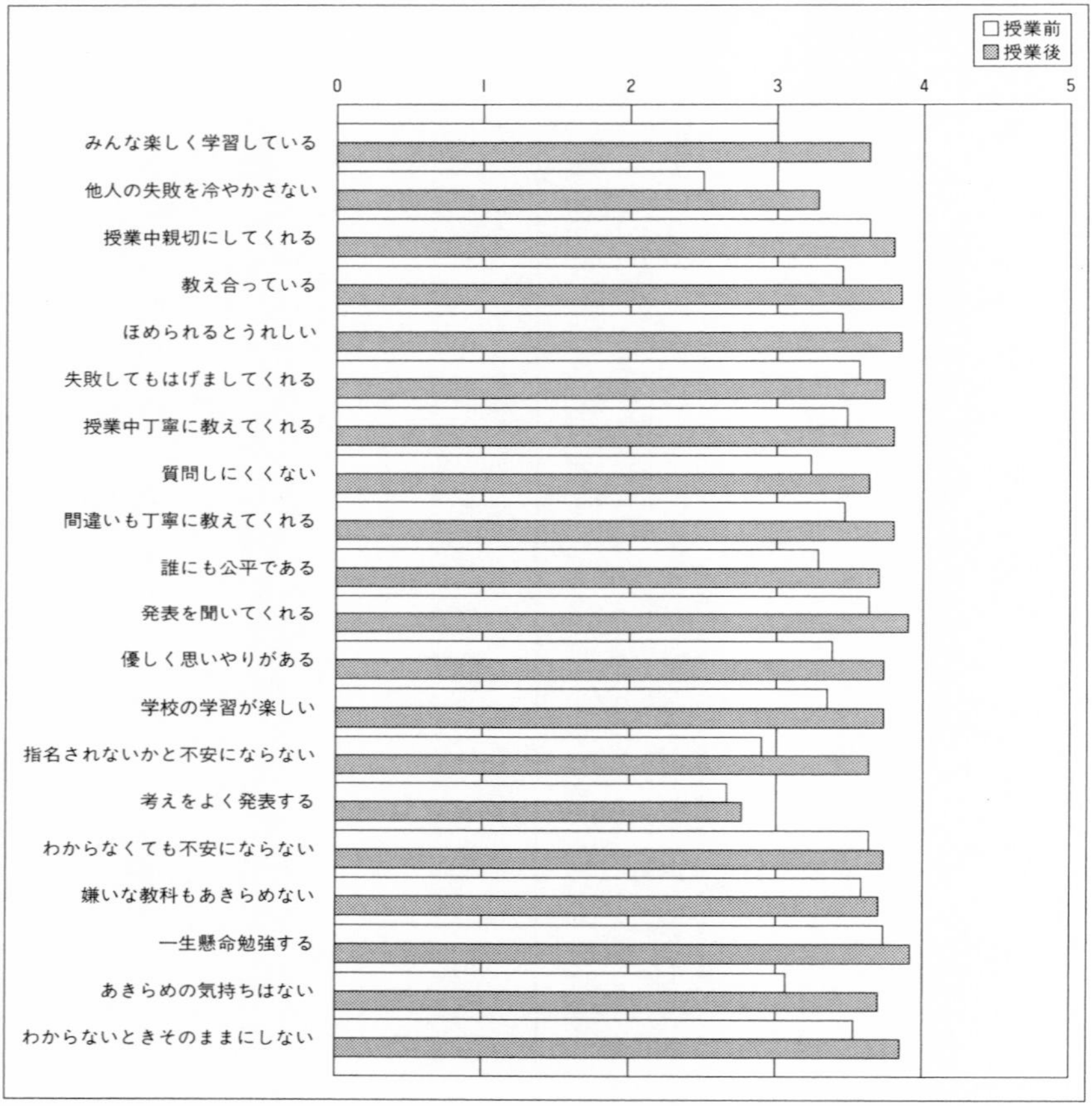

図５－３　質問項目別授業前後比較
（茨城県教育研修センター，2000b より作成）

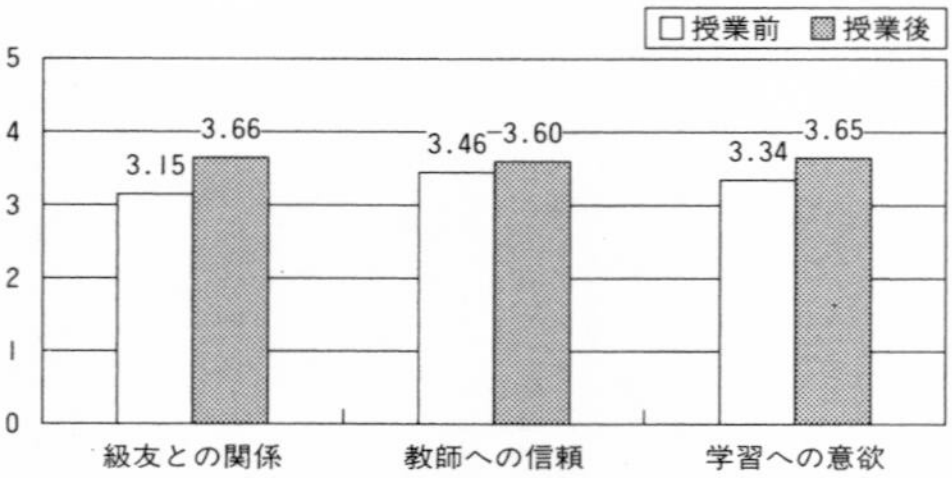

図５－４　質問領域別授業前後比較
（茨城県教育研修センター，2000b より作成）

表５－２　授業前後のアンケート調査の質問項目

質問領域	質問項目
級友との関係	①みんな楽しく学習している　②他人の失敗を冷やかさない ③授業中親切にしてくれる　④教え合っている　（４項目）
教師への信頼	①ほめられるとうれしい　②失敗してもはげましてくれる ③授業中丁寧に教えてくれる　④質問しにくくない ⑤間違いも丁寧に教えてくれる　⑥誰にも公平である ⑦発表を聞いてくれる　⑧優しく思いやりがある　（８項目）
学習への意欲	①学校の学習が楽しい　②指名されないかと不安にならない ③考えをよく発表する　④わからなくても不安にならない ⑤嫌いな教科もあきらめない　⑥一生懸命勉強する ⑦あきらめの気持ちない　⑧わからないときそのままにしない　（８項目）

（茨城県教育研修センター，2000b より作成）

頼」、「級友との関係」、「学習への意欲」それぞれ有意な上昇が見られる（図５－４）。

⑧ー考察ー４種類のサポートの観点からー

【道具的・情緒的サポートの観点から】

・児童に９月から学習内容を予告（情報）しておいたので、興味をもって集めた各種データや資料を有効に活用することができたと考えられる。励ましカードの活用（道具）については、友達のよさや伸びを認め、積極的にプラス面を書き込んでいる児童が多く見られる。また、ホームページ作成が思うようにいかなかった場合でも、友達の励ましカードのおかげで次の活動の場へ生かすことができている。

・授業の中で友達の作品と比較検討する機会（道具）を多くとった。さらに、教師（実践者）がよいホームページを取り上げたことで、友達のよいところを自分のものに修正してまとめる児童が見られた。

【情緒的・評価的サポートの観点から】

・ホームページの作成中に友達の中に入って一緒に触れ合ったり、お互いに何でも話し合える雰囲気づくり（情緒）をしたりすることができていた。児童は、自分たちの作品を教師や友達に見てもらい、感じたこと等を言ってもらうこと（評価）により、自分の学習作業に自信をもつことができたと考えられる。

・個別にまとめていくものをお互いに公開しながらまとめていく際、教師（実践者）が「良い点」を認めること（評価）で、児童がお互いに自信や信頼感を高め合う活動に役立てることができた。

【児童の様子から】

・授業を実施した後のほうが、集団で何かをする喜びを感じているようである。

・級友との関係では、支持的な学級の雰囲気づくりができてきたと考える。

・学級への関心では、児童は、自己存在感が感じられるようになり、学級の一員としての認識が深まったと考える。

・学習への意欲では、児童が自己の生き方を冷静に見つめ、新たな目標に向かって進もうという意欲が喚起され、自分で学習課題を定められるようになった。

（3）まとめ　一人ひとりに対応する授業

教師の４種類のサポートが、児童相互の人間関係づくり、教師と児童の人間関係づくり、学習意欲の向上に有効であることがわかった、４種類のサポートにより、児童は安心感を得られ、教師と児童の人間関係、児童相互の関係も深まって、そして学習に対する取り組みが積極的になると考えられる。

つまり、教師が児童の援助ニーズを的確に把握し、その援助ニーズに応じて４種類のサポートを積極的に取り入れることで、授業において人間関係をさらに深めることができ、児童は授業を楽しみに待ったり、協力的・積極的に取り組むようになるのである。

さらに、実践を通して、教師のサポートを４種類に分類することは困難であり、「道具的・情報的サポート」、「情緒的・評価的サポート」の２種類のサポートに分類しやすいことが明らかになった。これは、前者で例を述べると、ヒントカードを児童に渡す（道具）とき「これをここの参考にするといいよ」のように助言（情報）も同時に与えるのが通常だからである。また、後者についていえば、「君の発表は図が使ってあってとてもわかりやすいね」とフィードバックする（評価）と、それは同時に情緒的サポートも行っているという結果になるということである。　（久保田　憲）

5　生きる力としての学ぶ力が身につく授業（中学校）

（1）授業のねらい

授業における教師の４種類のサポートの視点から生きる力としての学ぶ力が身につく授業を考えたい。ここでは、中学校第２学年の数学の授業実践を紹介する。

本授業の特徴は次の三つである。

①生徒一人ひとりの興味と数学の学力に応じる

②グループ学習により、生徒が相互に学び合う機会を提供する

③生徒が（一人で、またはグループで）学ぶ力を伸ばすために、４種類のサポートを行う

（2）実践事例（第２学年・数学）

①—授業の概要

【単元：連立方程式】

【本時の目標（14時間扱い、本時はその13時）】

ア　連立方程式を使っていろいろな実際的な問題を解決するための考え方とその手順を理解し、問題（生徒作成）を解くことができる。

イ　グループでお互いに援助し合いながら学習を進めることにより、集団で学ぶ力を高める。さらに、生徒相互の人間関係を深め、学習意欲を高める。

【準備・資料】

グループ学習の流れ図（図５－５参照）、生徒作成問題、ヒントカード、解答

【展開】

表５－３参照

②—結果と考察

【情緒的サポートから】

授業の中では、声をかける、励ます、慰める、静かに見守るなどの情緒的なサポートを心がけて行った。その結果、生徒の学習活動に取り組む姿勢が意欲的、積極的になった。これは、生徒が「先生が自分を大切にしてくれて

表５－３　本時の学習活動と教師の援助活動

時間	学習活動・内容	教師の生徒へのサポート	
		道具・情報	情緒・評価
前２分	・本時の学習の進め方を確認する。	・学習がスムーズに進められるように学習の進め方を説明する。（情報）	・笑顔であいさつをする。（情緒）
	１　本時の学習課題をつかむ。 友達が作成した連立方程式に関する問題を解いてみよう。 ・問題の解き方の手順を確認する。	・学習の流れ図を提示する。（道具） ・簡単な例題を通して問題の解き方の手順を伝える。（情報） ・生徒が作成した問題を全体に紹介する。（情報）	・元気のない生徒に声をかける。（情緒）
40分	２　問題を解く。 ○基本問題 ○標準問題 ○発展問題 ○その他の問題 (1)　興味・関心のある問題を選択し自力解決する。 自力解決が困難な場合	・数多く解くことよりも自分に合った問題を選択し、自分のペースで解くよう助言する。（情報）	・興味・関心のある問題を自由に選択させるが、数学が得意な生徒には発展問題を、苦手な生徒には基本問題から挑戦するよう声をかける。（情緒） ・問題に手をつけられないでいる生徒を励ます。（情緒） ・一人ひとりを注意深く観察し、良い考え方や説明の仕方等をほめる。（評価）

	ア　グループ内の友達と話し合う。 イ　ヒントカードを利用する。 ウ　問題作成者から援助を受ける。 エ　教師からサポートを受ける。 (2)　相互評価をする。 ・丸をつける。 ・コメントをつける。 答えが間違っている場合 ・再度同じ問題に挑戦する。どうしてもできない場合は、ア〜エの順で学習する。	・発表者や質問者に対して笑ったり冷やかしたりしないというルールを作り、自由に質問したり説明を受けたりできる雰囲気をつくる。（道具） ・ヒントカードを使って友達に説明することを助言する。（情報） ・相手の気持ちを考えながら説明するよう助言する。（情報） ・もう少しで問題を解けそうな生徒に対しヒントカードを与える。（道具） ・友達の解いた問題に丸をつける。その際、励ます、称賛するようなコメントをつけるよう助言する。（情報） ・自力解決ができない生徒に、基礎基本を個別に指導する時間を十分とる。（道具）	・友達の考え方の良いところを認め合っているのをほめる。（評価） ・誤解を出した友達に対し、笑ったり冷やかしたりせず励ましているのをほめる。（評価） ・問題のどこがわからないのかを観察し、つまずいているところを明らかにする。（評価） ・自分の解いた問題の解答に不安をもっている生徒に、不安感を取り除くような声をかける。（情緒） ・数学的な考え方について、良かった点、改善すべき点を「この考え方は素晴らしいね」「このように考えるといいね」などと指摘する。（評価）
後３分	3　本時のまとめをする。 ・振り返り用紙に記入する。	・振り返り用紙に本時の授業での感想をありのまま記入するように指示する。（情報）	・今日の授業で、生徒たちが意欲的に取り組んだことをねぎらう。（情緒）

（茨城県教育研修センター，2000b より作成）

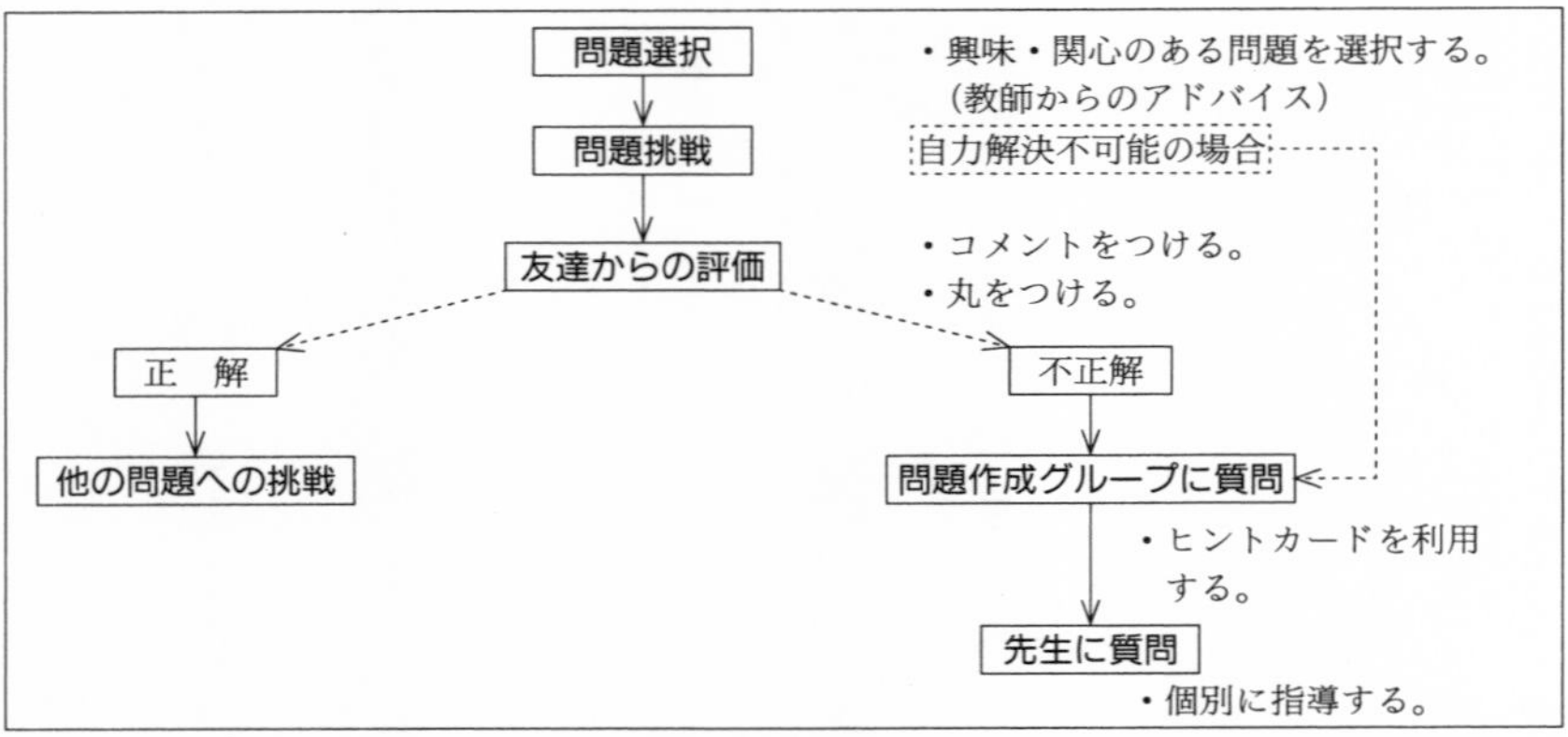

図５－５　グループ学習の流れ図（茨城県教育研修センター，2000b より作成）

いる」「わかってくれている」と感じ、授業に安心感をもてたからであると考えられる。

教師（実践者）が生徒に対して情緒的サポートすることで生徒は安心感をもち、自由に活動できる気持ちになり、それが生徒の自主的・主体的な学習につながったと考えられる。

【情報的サポートから】

何度も同じつまずきを繰り返している生徒、学習が不十分な生徒、助言を求めてくる生徒に対して、必要とする情報（ヒントを出す、繰り返し説明する等）を提供した。生徒への必要な情報の説明、助言などをすることを通して、生徒は自分自身の学びのあり方や思考過程を自覚することができたのではないかと考えられる。また生徒一人ひとりにグループ学習についても適切な助言を提供し、相互に協力し合いながら学習することを促進した。

教師が生徒の知りたい情報をきちんと把握し、必要に応じて提供することで、学習意欲が高められたと考えられる。

【評価的サポートから】

生徒にとって励みになるような評価、「すばらしい発表だね」「よくできたね」「すばらしい考え方だね」などの一人ひとりのよさを大切にした言葉かけを心がけた。評価的サポートは、生徒たちが相互に友達のよいところを認め合うことにもよい影響を与えた。生徒は先生に認められている、励まされていると思い、「やってみよう」「頑張ってみよう」「自分でもできるかな」と学習やグループ活動に対しての意欲が出てきたように感じられた。

また、一人ひとりの生徒のどこにつまずきがあるのか、どこが弱いのか、どこが優れているのかなどについて、机間指導の際に個々の生徒に知らせることによって、生徒はそれを手がかりとして自分自身で学習活動を修正したり、発展させたりできるようになった。

【道具的サポートから】

生徒が作成したヒントカードは、協力し合いながら学習していく上で有効であり、また問題の解き方が生徒のレベルで作成されているので、説明の題材として効果があった。そして、学習形態をグループ学習にしたことで、相互に学習し合い、お互いの人間関係を深めることができた。グループの中で教え合い、励まし合うことで、自主的に学習に取り組めたと考えられる。また、生徒が自由に活動できるようなグループづくりを行ったことも、生徒には有効な道具的サポートであった。

（３）生きる力としての学ぶ力を育てる授業

一次的援助サービス（開発的生徒指導）である授業について、教師の４種類のサポートの視点をあてて考えてみる。

授業における教師の４種類のサポートは、生徒が（一人で、またはグループで）学ぶ力を伸ばすことにつながる。子どもの自ら学び、自ら考える力などの「生きる力」の育成のキーポイントとなる。つまり、教師の４種類のサポートを通して、教師と生徒および生徒相互の人間関係が深まり、学習意欲が高まり、生きる力として学ぶ力が身につくと考えられるのである。

授業における４種類のサポートを通した生徒指導の授業のモデルは、教科の枠を越えた横断的・総合的学習の援助のポイントになると考えられる。それは、学習意欲を高め、生きる力としての学ぶ力を育てることにつながるからである。子どもの生きる力としての学ぶ力を育成する授業が、生徒指導の中核なのである。

これまでの生徒指導としての授業の蓄積を生かしながら、ヒューマン・サービスとしての授業をつくっていきたい。　（吉岡　良治）

6　人間関係能力を高める授業（高等学校）

（1）授業のねらい

「政治経済」の科目は、現代社会についての理解を深めさせ、さらに様々な課題について考察させることをねらいとしている。したがって、授業では、知識の教授とともに自他の価値観を理解し、考察する能力を養うことが求められる。

そこで、課題を深く考察させ、さらに集団の中で自信をもって自己主張し、相互に価値観を開示できるようにするために、討論形式の「ディベート」の導入を試みた。

ディベートは、ものごとを論理的に考える能力や自分の考えを効果的に相手に伝える能力が養われる知的ゲームで、近年、授業でも多く使われるスキルである。ここでは、ディベートの効果とともに、さらに人間関係づくり、とりわけ、生徒同士および教師・生徒間の人間関係に親密性（intimacy）を高めることをねらいとして、「構成的グループ・エンカウンター」の手法（詳しくは、pp.69-70参照）を導入した。

授業は２学期の11月の２校時（50分間）に、高校３年生40名を対象に普通教室で行ったものである。

（2）実践事例（第３学年・公民科「政治経済」）

論題『夫婦別姓を認めるべきだ！』

①ー授業の概要

【単元】

「法の下の平等」

【単元について】

明治憲法では、平等の原則が不十分であったが、日本国憲法の第14条では明確に「法の下の平等」を規定している。しかし、現実には個人の尊厳を無視した偏見や差別が見られる。そこで、その解決が迫られていることを考えさせる。

【学習形態】

１グループを肯定側３人・否定側３人・審判２人として、全部で５グループ編成し、構成的グループ・エンカウンターを応用したディベートを行う。なお、各グループには議長をおかず、教師が全グループの議長兼ファシリテーターとなる。

【目標】

○日本国憲法下における平等の規定を理解できる。

○現実に残っている差別問題を理解し、問題意識をもつ。

【学習計画（３時間扱い、本時はその三次）】

・第一次「法の下の平等」の規定と問題点１時間

・第二次「夫婦別姓」についての資料調べ、グループの編成１時間

・第三次「夫婦別姓を認めるべきだ！」のディベート１時間（本時）

【本時の学習】

ア）目標

・夫婦別姓をめぐる討論から、男女の実質的平等や女性差別の現状を理解し、問題意識をもつ。

・自己主張およびプレゼンテーションの能力を身につけ、集団の中で豊かな人間関係をつくる。

イ）準備・資料　ワークシート（「資料調べ」「判定表」「アンケート」）

ウ）展開（表５－４参照）

学習活動は、構成的グループ・エンカウンターの基本的な展開にしたがって、「本時のねらい」「ウォーミングアップ」「メーンエクササイズ（ディベート）」「本時のまとめ」の４段階から構成し、また、心理教育的援助サービスの具体的な教師の行動として、４種類のサポートを随時行う。

②―授業の結果と考察

【生徒相互の人間関係と学習意欲】

図５－６のように、「振り返りアンケート」結果から、級友との助け合いができた生徒は92.5％（「はい」と「まあまあ」合計）であり、級友に親しみを感じた生徒は97.5％であり、そして77.5％の生徒が級友に自己主張ができたと答えている。

また、表５－４のように、自由記述では、「つっこまれて困ったとき、助け

表５-４　ディベートによる授業展開

時間	学習活動・内容	教師の生徒へのサポート	
		道具・情報	情緒・評価
前２分		・机をディベート用に配列させ、前時の作成資料を用意させる。（道具）	・「こんにちは」と笑顔で入室し、明るい雰囲気をつくる。（情緒）
１分	1　本時のねらいを理解する。	・ねらいの説明とディベートにおいての秘密の保持や時間厳守の原則を認識させる。（情報）	
３分	2　ウォーミングアップ 【ジャンケン甲たたきゲーム】 (1)　説明 ウォーミングアップのやり方を理解する。 (2)　実施（30秒） (3)　フィードバック ウォーミングアップを振り返ってみる。	・説明：「右手で握手をして左手でジャンケンをし、勝ったら相手の右手の甲をたたく。時間内で数多くやる」（情報） ・ジャンケンの効果を説明する。（情報） ・机を接近させる。（道具） ・自分の方が勝ったと思う人、相手のたたき方に優しさを感じた人に手をあげさせる。（道具） ・生徒の挙手から、相手の理解が深まることを説明する。（情報）	・２人１組のペアが組みやすいように配慮する。（情緒） ・生徒の活動に対して教師自身の感じたことを述べる。（評価） ・教師の自己開示によって、生徒の親密感を高める。（情緒）
	3　ディベート 【夫婦別姓を認めるべきだ！】 (1)　説明 本時のやり方をとねらいを理解する。 (2)　実施 ①　立論（２分×２） ア　肯定側立論	・肯否チーム間の距離を取る。（道具） ・説明：「ねらいは、ディベートによって、男女の本質的平等について理解を深め、問題意識をもつことと自己主張の能力を身につけ友達との人間関係を深めることです」（情報） ・審判に進行の補助（公平に）させる。（道具）	・ねらいや方法、そしてルールを周知させ、不安を和らげるために、「不明なことがありますか」と尋ねる。（情緒）

	イ　否定側立論	・立場を明確にするため主張の論拠や証拠を簡潔に述べさせる。（情報） ・相手方の意見をメモさせる。（道具） ・制限時間内で終わらせる。（情報）	・机間指導をして、各グループでの発表を聞いて、よい発表のときは、大きくうなずく。（評価） ・相手チームとの対決ムードをつくり出す。（情緒）
	②　作戦タイム（２分） ③　反対尋問（３分×２） ア　否定側から肯定側へ イ　肯定側から否定側へ	・反対尋問では立論で出た内容をよく分析させる。（情報）	・感情的にならず自分の主張が正しいと毅然とした態度で答えられるように配慮する。（情緒）
	④　作戦タイム（２分） ⑤　最終弁論（２分×２） ア　肯定側最終弁論 イ　否定側最終弁論	・自分の主張により立論したことを、相手の反論を常に頭に置きながら述べさせる。（情報）	・論述中に矛盾や論理破綻など起こさぬよう冷静に述べさせる。（情緒）
	⑥　判定（10分） ア　審判は判定表に記入し、グループの集計結果を板書する。	・どちらに説得力・論理性があったかを判定し、判定表に記入させ、板書させる。（道具）	・板書に来た審判に、「ご苦労さん」とねぎらいの言葉をかける。（情緒）
	イ　判定中、フリートーキングする。	・机を接近させてグループ内でテーマについて自由に話させる。（道具）	・フランクに話せるように心がける。（情緒）
	ウ　判定にあたっての感想を審判が発表する。	・議長（教師）が勝敗を発表し、審判に感想を述べさせる。（道具）	・審判が双方納得できる説得力のある判定だったかを確認する。（評価）
6分	4　本時のまとめ (1)　フィードバック エクササイズを振り返る。	・ディベートをして感じたこと、気づいたこと、今の気持ちを生徒２人ぐらいに発表させる。その発表から学級全体にフィードバックする。（道具）	・生徒の発表に「繰り返し」や「明確化」をする。（情緒） ・プラスのストロークになるように、ほめ言葉や励ましの言葉を述べる。（評価）
	(2)　自己評価 ア　「振り返りアンケート」を記入する。 イ　本時のねらいを確認する。	・「振り返りアンケート」に答えさせる。記入しながら、本時の自己体験の振り返りをさせる。（道具）	・教師自身の感じたこと、気づいたこと等の感想を述べる。（評価） ・教師の自己開示から親密感を高める。（情緒）
後２分		・アンケート用紙を各自に提出させる。（道具）	・提出しに来た生徒に「ありがとう」とねぎらう。（情緒）

（茨城県教育研修センター，2000bより作成）

てくれたのでとても助かった」（A子)、「今まで気づかなかった新しい発見もできるし、とても親しみがもてたと思う」（B男)、「日ごろおとなしい人でも、このような場ではすごく言うんだなぁと思いました。……級友との仲も深まったような気がします」（C子)、「最初は面倒くさいと思ったけど、すごく楽しくて熱くなってました。自分の意見をチャンと言えました」（E子）と書かれている。

また、授業参観をした教師たちは、「和気あいあいとした雰囲気」「生徒がリラックスして自由に発言できるのでよかった」「生徒が生き生きしていた」「まったく参加していない生徒がゼロだったのはすごいと思う」「生徒たちにやらされているという感じがなく、ごく自然に自分たちの問題として取り組んでいたのが印象的でした」と述べていた。

このことから、この授業によって、生徒は生徒相互に自己主張し、協力し合い、そして親密感を高め、豊かな人間関係を築いたものと考えられる。

次に、図5－6のように、学習意欲の向上した生徒は90％であり、意欲的に取り組めた生徒は70％であった。

また、表5－5の自由記述のように、「もし、自分が『夫婦別姓』の問題にかかわるようなことになったら、今日の授業を思い出したい」（G子)、「『夫婦別姓』の問題はディベートをしてみて、あらためて難しい問題なんだと思った」（H子)、「笑い声などもあったけど、みんな頑張っているのが感じられた」（I男）という意見もあった。

このことから、この授業によって、生徒は夫婦別姓から男女平等について考え、興味関心を高め、問題意識をもち、そして学習意欲を高めたものと考えられる。

【教師・生徒間の人間関係と学習意欲】

授業では、情緒的・評価的サポートを多く行い、教師・生徒間の人間関係づくりを促進させるように心がけた。

例えば、情緒的サポートとしては、ペアが組みやすいようにするための配慮や教師の自己開示（self-disclosure）を積極的に行い、評価的サポートとしては、生徒の活動に対して適切なフィードバックを行った。

しかし、図5－6のように、教師に受容感をもった生徒は50％で、教師に親密感をもった生徒は57.5％とやや少ない。これは、ディベートの性格上、時間を厳しく統制しなければならず、発表時間が短いと感じた生徒が欲求不満を感じてしまったためと考えられる。このことは、F子の「意見を言っている途中に時間になってしまったりしたので、もう少し時間があったほうがいいと思いました」の意見と同様のものが多数あったことや、参観した教師の「発言時間が３分では短い班もあった」の意見からもうかがわれる。

このように、教師への欲求不満が、受容感や親密感をやや損なったものの、以後の授業では「先生、またディベートやろうよ」と言う生徒が多く、教師への期待の高さがうかがわれた。

なお、定期考査で、夫婦別姓についての意見を求める問題を出したところ、論理的で説得力のある解答が多かったことから、学習効果は高かったと思われる。

③ー今後の課題

この授業の実践にあたっては、事前に構成的グループ・エンカウンターを行ってホームルーム（HR）の人間関係づくりをし、また、新聞の感想を３分スピーチの形で一人ずつ発表する「ニュース・プレゼンテーション」によって自己主張訓練を行った。グループ学習や構成的グループ・エンカウンター応用の授業を実施する際には、日常的に生徒同士および教師・生徒間の人間関係づくり、さらに自己主張能力を高めておく必要がある。

また、発言能力の高いHR集団では、１校時（50分）でのディベートの実施は、時間不足となってしまい、教師には要領よく進行することが求められる。可能ならば、２時間連続で実施できれば効果的である。

最後に、「二次的援助サービス」（親の離婚、転校等で問題をもちそうな生徒への援助）、および「三次的援助サービス」（不登校、いじめ等で大きな問題をもってしまった生徒への援助）を必要とする生徒への配慮は慎重に行う必要がある。この配慮を欠いてしまうと心の傷を負わせてしまうこともある。特に、グループの編成においては生徒一人ひとりへの個別的な配慮が求められる。この授業では、集団づくりの苦手な生徒に配慮し、くじで機械的にグループ編成を行った。

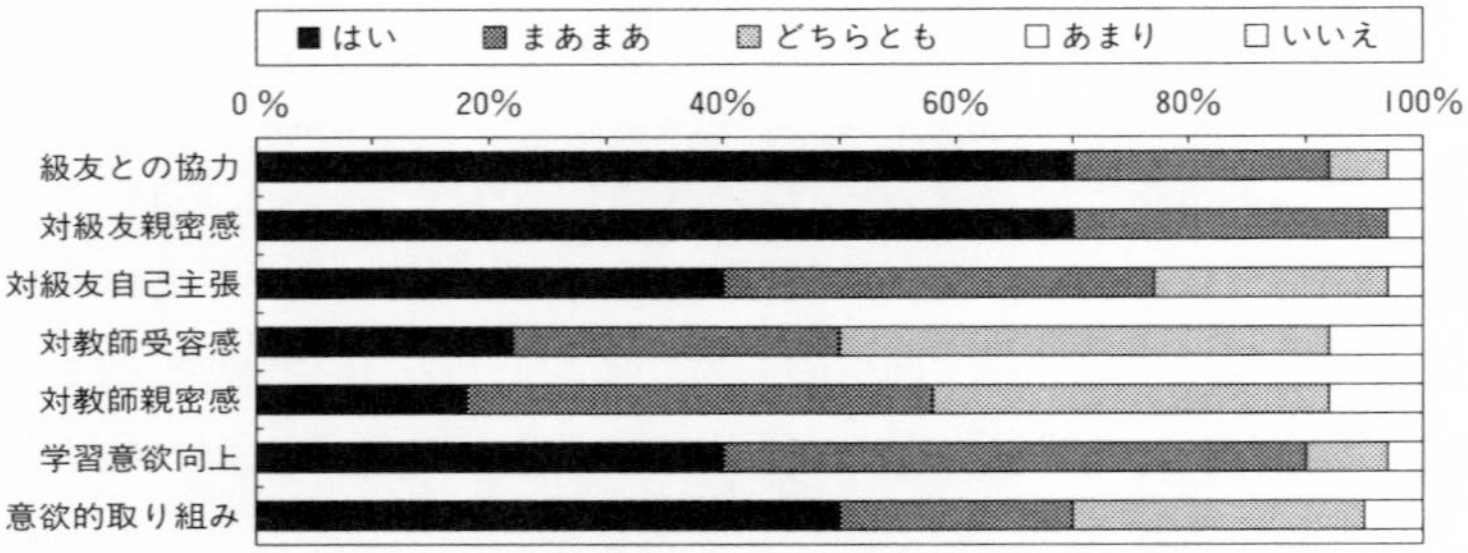

図5－6　「振り返りアンケート」の集計結果
（茨城県教育研修センター，2000b より作成）

表5－5　「振り返りアンケート」の自由記述

生徒	今日の授業で気づいたこと、感じたことなどの感想
A子	つっこまれて困ったとき、助けてくれたのでとても助かった。いろんな考えをもっているのだなぁと思いました。
B男	いろいろ意見を述べ合って、今までに気づかなかった新しい発見もできるし、とても親しみがもてたと思う。
C子	日ごろおとなしい人でも、このような倍ではすごく言うんだなぁと思いました。このディベートを通して級友との仲も深まったような気がします。とても楽しく自分のためになる授業でした。
D子	自分の思っていることをハッキリ言えるということは、とてもストレス発散にもなるし、とてもいいことです。
E子	最初は面倒くさいと思ったけど、すごく楽しくて熱くなってました。自分の意見をチャンと言えました。
F子	意見を言っている途中に時間になってしまったりしたので、もう少し時間があったほうがいいと思いました。
G子	もし、自分が「夫婦別姓」の問題にかかわるようなことになったら、今日の授業を思い出したいと思います。
H子	「夫婦別姓」の問題はディベートをしてみて、あらためて難しい問題なんだと思った。
I男	笑い声などもあったけど、みんな頑張っているのが感じられた。

（茨城県教育研修センター，2000b より作成）

（3）誰でもどこでも行える積極的生徒指導(1)

これまでの日本の学校教育では、教科の指導は学習指導であり、教科外の指導は生徒指導とする二分法の考えがあったように思われる。しかし、本来、生徒指導は、生活面のみならず、教科においても行われなければならないもので、この二分法には限界がある。

学校心理学では、学校教育活動とは、指導サービスと援助サービスの機能をもち、その機能は、学習面、心理・社会面、進路面および健康面のそれぞれの場面において展開されると考える。今後、教科外の指導こそが生徒指導であるとする狭量的な考えから脱却し、いつでも、どこでも、誰にでも行える生徒指導が求められる。

社会的病理現象をもつ現代社会に生きねばならない生徒たちにとって、積極的（開発的）な生徒指導は必須のものであり、学校教育においてそれをどう展開するかが大きな課題であるといえる。社会から負わされた学校の責務は、ますます大きくなっている。

（横島　義昭）

注（１）積極的生徒指導

生徒指導では、積極的生徒指導と消極的生徒指導という言い方が使われている。前者は生徒指導の「積極的側面」を、後者は「消極的側面」を指す（pp.18–19参照）。

本書は、生徒指導を学校心理学の視点から以下のようにとらえている。

積極的生徒指導	開発的生徒指導	一次的援助サービス
	予防的生徒指導	二次的援助サービス
消極的生徒指導	治療的生徒指導	三次的援助サービス

コラム❻　マズローの欲求階層説

一人ひとりの子どもをよりよく理解できるかどうかは、あらゆる教育活動の基盤となる課題であって、それは、学級経営や教科指導に関わる問題です。

一人ひとりの子どもの独自のものの見方や感じ方に共感し、子どもを取り巻く環境を踏まえて、子どもが今どのような内面世界を生きているのか理解すること、つまりBeing-in（p.55参照）を行うために、マズローの欲求階層説は有用です。

マズロー（Maslow，1970）によれば、人間の基本的欲求は階層をなしており、低次の欲求が適切に満足されてはじめて、次の段階の欲求が現れてくるとされています。さらに彼は、一般的には、次頁の図のように、生理的欲求、安全の欲求、所属と愛の欲求、承認の欲求、自己実現の欲求がそれぞれ優先的に出現する時期を認めるとしています（Goble, 1970；平木，1989）。

①生理的欲求

人間の最も基本的な欲求で、「あらゆる欲求の中で最も優勢なもの」（Maslow, 1970，小野忠彦訳 , p.57）です。例えば、「食物摂取、飲用、性行為」（Maslow,1970，小野忠彦訳 , p.58）などへの欲求です。生理的欲求は最も低次の欲求とされますが、人間にとって最も根元的な欲求といえます。

②安全の欲求

「生理的欲求が比較的よく満足されると、次いで新しい一組の欲求が出現」（Maslow, 1970，小野忠彦訳 , p.61）します。安全の欲求です。内容的には、安全、安定、依存、保護、恐怖・不安・混乱からの自由等です（Maslow, 1970）。人間は安全の欲求によって、生理的欲求と同じくらい支配され、生理的欲求でいわれていることはこの欲求でも当てはまります（Maslow, 1970）。

もしも安全の欲求が脅かされた場合は、より高い欲求（例：所属の欲求）

から、安全の欲求を求めて逆行することがあります（Maslow, 1970）。したがって、学校などで、自分の安全が脅かされると感じた場合、学級への所属の欲求を満たそうとする子どもが、家に引きこもり、ときには学校を休むという行為が続くことがあります。

③所属と愛の欲求

生理的欲求と安全の欲求が満たされると、所属と愛の欲求が優位になります。人間は普通、他の人々との愛情関係、自分の入る集団に中で一つの位置を占めることを望みます。そして、この目的を達成するためには非常に努力するのです（Maslow, 1970；Goble, 1970）。学級、部活動、あるいは仲良しグループ（チャムグループ）という集団において、子どもは所属欲求をもちます。

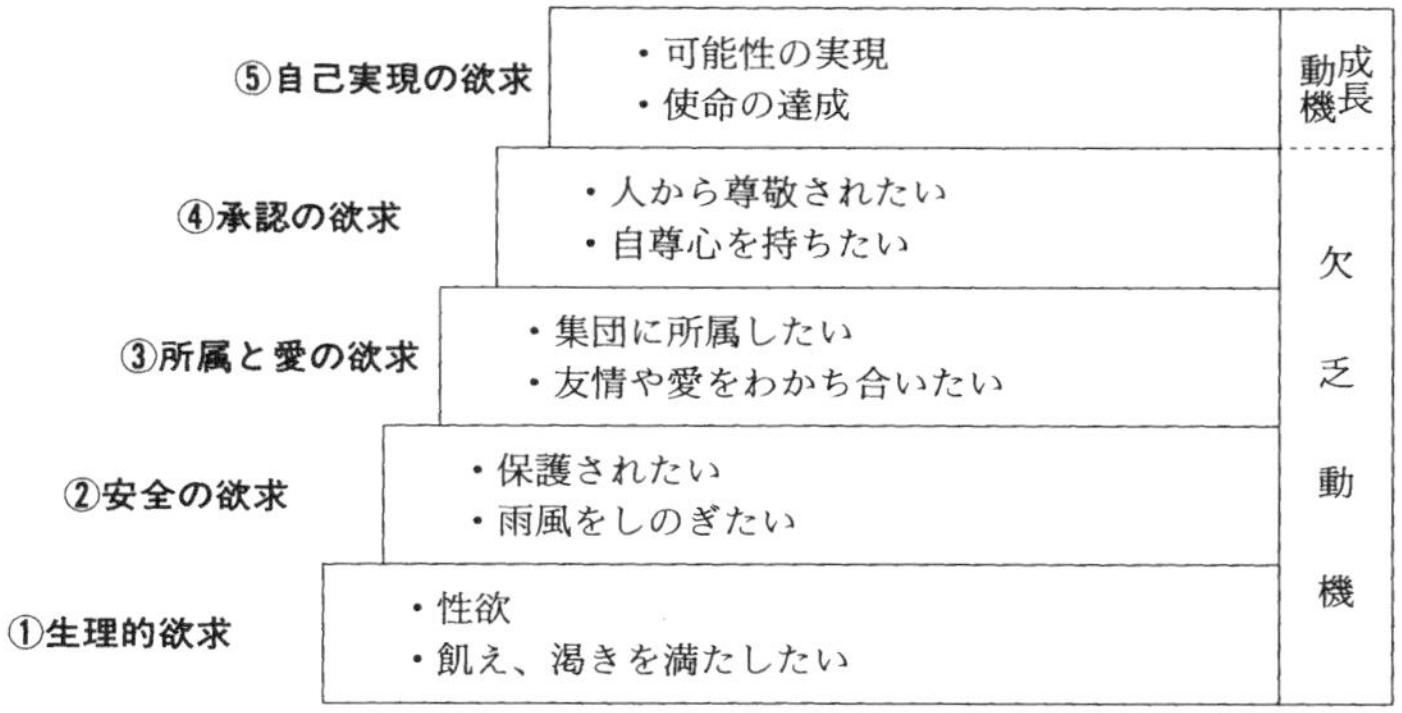

図　マズローの欲求の五段階説
（平木典子，2004『新版　カウンセリングの話』朝日新聞社，p.31）

④承認の欲求

「我々の社会ではすべての人々（病理的な例外は少し見られるが）が安定した、しっかりした根拠をもつ自己に対する高い評価、自己尊敬、あるいは自尊心、他者からの承認などに対する欲求、願望をもっている」（Maslow, 1970，小野忠彦訳 , p.70）のです。人は他者から高い評価を受けるとか、自己の価値を認められることによって自信や自尊心を高めるのです。学業成績、スポーツなどでよい成績をあげてほめてもらうとか、学級のために役に立つと認めてもらうことなどは、子どもにとって承認されている場面です。

⑤自己実現の欲求

以上「これらあらゆる欲求がすべて満たされたとしても、人は、自分に適していることをしないかぎり、すぐに（いつもではないにしても）新しい不満が生じ落ち着きがなくなってくる」（Maslow, 1970，小野忠彦訳 , p.72）とされています。これを自己実現の欲求と呼び、「前進の過程」（Maslow, 1971, 上田吉一訳 , p.57）であり、可能性実現の過程といえます。本来、その人が潜在的にもっているものを実現しようとする傾向であり、人がより自分であろうとし、自分なりに得るすべてのものになろうとする願望です（Maslow, 1970）。

子どもは、自己実現の欲求を持ち得る存在ですが（Maslow, 1968）、生理的欲求や安全の欲求が満たされない場合には、その段階にとどまったり、より高次の欲求を満たすための代替行為をとったりします（Maslow, 1970）。不登校や非行は、その表れかもしれません。

このように考えてくると、子どもをよりよく理解するためには、子どもが今何を求めているかに注目して、子どもの内面世界を感じ取り、行動の意味を適切にとらえる必要があります。そして、その理解に基づいた生徒指導をすることが大切になります。

（山口　豊一）

III

学校心理学が提案する新しい生徒指導

第6章　いじめの理解と対応

「いじめ」という言葉を聞いたことがあるかいう問いに対し、多くの人は聞いたことがあると答えるであろう。一方で、「いじめとは何か」という問いに対しては、我が国のとらえ方を明確に答えられる人は、少ないかもしれない。本章では、生徒指導上の重大な課題であるいじめについて、いじめ防止対策推進法、我が国の現状を理解し、学校心理学の視点からその予防と対応について論述する。

1　いじめ防止対策推進法

2013（平成25）年に、学校だけでなく、家庭、地域、関係諸機関と連携し社会全体でいじめ問題に取り組むための基本的な理念や体制を定めた法律「いじめ防止対策推進法」（以下：いじめ防止法）が制定された。いじめ防止法には、いじめの定義、いじめの防止等のための対策に関する基本的な方針の策定、いじめの防止等のための組織設置、重大事態への対処等について定められている。また、いじめ防止法に加えて、国はいじめ防止法第11条に基づき、いじめ防止対策のための具体的な内容や運用を定めた「いじめの防止等のための基本的な方針」（以下：国の基本方針）を策定している（文部科学省（2017a）による「いじめの防止等のための基本的な方針」参照）。

いじめ防止法第2条において、「いじめ」とは、「児童生徒に対して、当該児童生徒が在籍する学校に在籍している等当該児童生徒と一定の人的関係のある他の児童生徒が行う心理的又は物理的な影響を与える行為（インターネットを通じて行われるものも含む。）であって、当該行為の対象となった児童生徒が心身の苦痛を感じているもの。」と定義されている。また、国の基本方針では、「個々の行為がいじめに当たるか否かの判断は、表面的・形式的にすることなく、いじめられた児童生徒の立場に立って行う必要がある」とされている。上記のとらえ方から、行為を受けた人が心身の苦痛を感じていたら、その行為は、法律上の「いじめ」に該当する。法律上の定義では、被害を受けている子どもの視点でいじめを広くとらえており、早期発見、早期対応の意識を高める目的がある。教育現場では法律上のいじめの定義に基づき対応していく必要がある。

文部科学省（2016）は、教職員がいじめを正確に認知することが極めて重要と述べている。過去のいじめ事案を見ると、いじめはほんの些細なことから予期せぬ方向に推移し、重大な被害をもたらす事態に至ることもある。そのため、初期段階のいじめであっても、あるいは一回限りのいじめであっても、いじめ防止法の定義に基づき、学校が組織として把握し（いじめの認知)、見守り、必要に応じて指導し、解決につなげることが重要とされる。

また、いじめ防止法第28条において、①「いじめにより当該学校に在籍する児童等の生命、心身又は財産に重大な被害が生じた疑いがあると認めるとき」と②「いじめにより当該学校に在籍する児童等が相当の期間学校を欠席することを余儀なくされている疑いがあると認めるとき」を重大事態ととらえ、重大事態に相当する事例が発生した場合には、教育委員会等と連携を図りながら対応することが求められている（文部科学省（2017b）による「いじめの重大事態の調査に関するガイドライン」参照)。

2　いじめの現状

文部科学省の調査結果（児童生徒の問題行動・不登校等生徒指導上の諸課題に関する調査）をまとめたものを表6－1に示す（文部科学省，2019a)。平成30年度の結果では小・中・高等学校及び特別支援学校におけるいじめの認知件数は543,933 件（前年度414,378 件）であり、いじめを認知した学校数は30,049 校（前年度27,822 校)、全学校数に占める割合は80.8%（前年度74.4%）である。いじめの現在の状況で「解消しているもの」の件数の割合は全体で84.3%（前年度85.8%）である。国立教育政策研究所生徒指導・進路指導研究センター（2016）は、「暴力を伴ういじめ」と「暴力を伴わないいじめ」を区別し、その発見も対応も異なることを指摘している。いじめの態様の上位を占める内容を見ると、我が国の教育現場で「いじめ」行為と

表 6－1　平成30（2018）年度のいじめの認知件数・態様等

	小学校	中学校	高等学校	特別支援学校	計
認知件数（児童生徒1,000 人あたり件数）	425,844 (66.0)	97,704 (29.8)	17,709 (5.2)	2,676 (19.0)	543,933 (40.9)
解消しているもの（認知件数に占める割合）	360,622 (84.7%)	80,991 (82.9%)	147,02 (83.0%)	2,147 (80.2%)	458,462 (84.3%)
いじめを認知した学校数（全学校数に占める割合）	17,145 (85.8%)	8,862 (85.2%)	3,556 (62.7%)	486 (42.7.%)	30,049 (80.8%)
いじめの態様 全9 区分のうち 上位3 区分 （複数回答可）[注1]	①冷やかし・悪口(62.0%) ②軽くぶつかる叩く(23.5%) ③仲間外れ・集団無視(13.9%)	①冷やかし・悪口(66.4%) ②軽くぶつかる叩く(14.1%) ③仲間外れ・集団無視(12.5%)	①冷やかし・悪口(61.4%) ②PC や携帯電話での誹謗中傷（19.1%） ③仲間外れ・集団無視(15.6%)	①冷やかし・悪口(53.6%) ②軽くぶつかる叩く(22.8%) ③PC や携帯電話での誹謗中傷（8.0%）	①冷やかし・悪口(62.7%) ②軽くぶつかる叩く(21.4%) ③仲間外れ・集団無視(13.6%)
重大事態件数	188	288	122	4	602

(注1) 1.冷やかし・悪口、2.仲間外れ・集団無視、3.軽くぶつかる・叩く、4.ひどくぶつかる・叩く、5.金品をたかる、6.金品を隠す・壊す、7.嫌なことや危険なことをする・させる、8.PC や携帯電話での誹謗中傷、9.その他の9 区分。

（文部科学省（2019a）のデータから作成）

して頻繁に発生しているのは「暴力を伴わないいじめ」であることがわかる。

また、図 6－1 に示したようにいじめの認知件数は、いじめ防止法制定以降、年々増加傾向にある。この統計上の数値およびその推移は、実際に教育現場で起こっているいじめの発生件数を正確に表しているものではなく、あくまで学校が把握した「いじめ」（児童生徒を対象としたアンケート調査にて報告されたものも含む）のみが計上されているが（久保，2013)、この結果について、文部科学省（2016）は、いじめの認知件数が多いことは教職員の目が行き届いていることのあかしととらえている。いじめをいじめ防止法の定義に基づき幅広くとらえ、早期発見、早期対応につなげる意識が高まった結果と考えられる。

加えて、データからいじめについて考える際、単にいじめの認知件数がどの程度かを見るだけでは十分といえない。「認知件数」の増減ではなく、いじめに対してどのように対応したかの指標となる「解消率」が今後いじめ問題を考える上で重要である。いじめの「ない」学校をめざすことは必要であるが（認知件数を減らすこと)、いじめに「対応できる」学校をめざすこと（「解消率」を高めること）も一層重要と考えられる。

3　いじめの特徴

（1）いじめの 4 層構造

いじめの構造は、加害者、被害者の二者関係だけでなく、いじめ行為を見

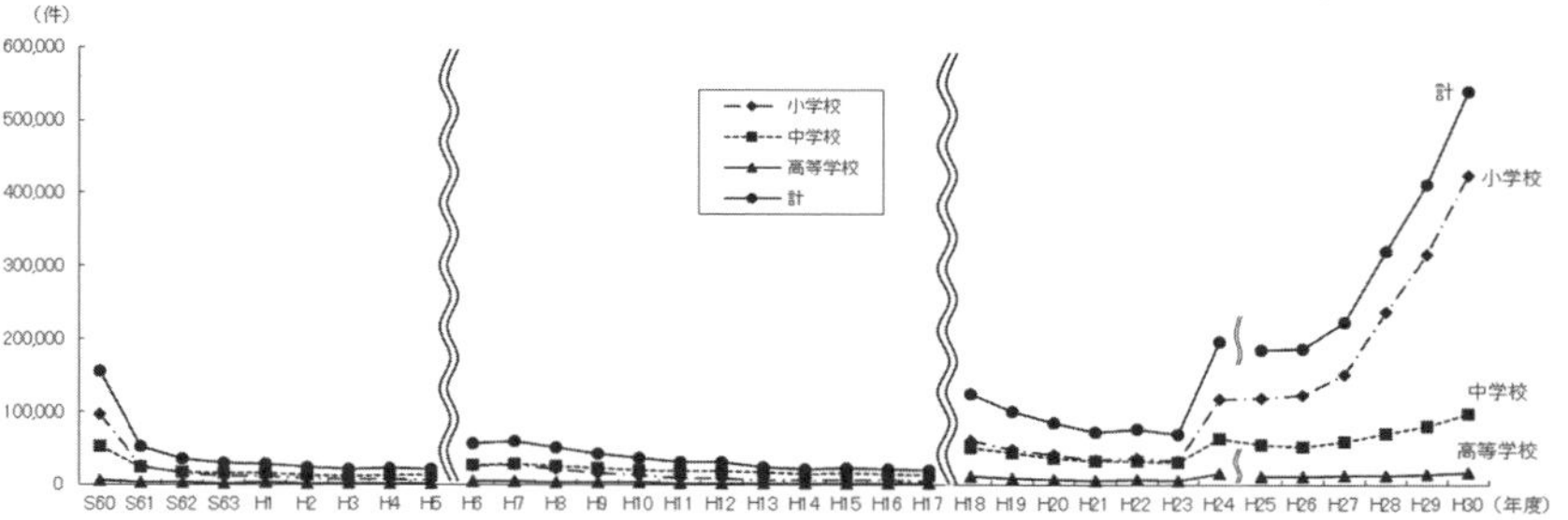

図６－１　いじめの認知件数の推移（文部科学省，2019a）

てはやしたてたり面白がったりする「観衆」、見て見ぬふりをすることで暗黙的にいじめを支持している「傍観者」の４層からなるとされる（森田・清永，1994）。観衆や傍観者など周辺層にいる児童生徒の態度がいじめの被害を最小限にとどめたり、逆にエスカレートさせることになるため、児童生徒の集団全体にいじめを許容しない雰囲気を形成する必要がある。いじめを抑止するためには、いじめを止めようとする「仲裁者」を増やすことも一つの方法である。しかし、思春期の児童生徒のように対人関係に敏感な子どもたちにとって仲裁行為は非常に勇気がいることであり、被害者になりたくない、などの心理から躊躇してしまうことがある。傍観行動をとる理由について、久保田（2010）は「いじめへの恐怖」「被害者への帰属」「快楽的動機」「関与の否定」「事態の楽観視」をあげている。仲裁が困難な場合には、信頼できる大人に伝える「通報者」を増やす方法が考えられる。いじめかどうかの判断は不要で、傷ついている仲間がいたら大人に知らせる方法を、児童生徒に身につけさせることが必要となる。通報者になるための指導を行うことが可能な条件は、それを受け取る大人側（学校側）が、通報者を守り、その後の対応をきちんと行う体制が整っていることであり、その体制が整っていない状態で、通報者になることを児童生徒に求めることは事態を悪化させることになることに留意する必要がある。

（２）ネットいじめ

近年、児童生徒の携帯電話・スマートフォンの所持率増加に伴い、インターネット等を通じて行われる「ネットいじめ」が増加している。特に高校生のネットいじめの割合が高くなっている（表６－１）。ネットいじめとは、携帯電話やパソコンを通じて、インターネット上のウェブサイトの掲示版などに特定の子どもの悪口や誹謗・中傷を書き込んだり、SNS（ソーシャル・ネットワーキング・サービス）を利用してメールを送ったり仲間外しをしたりするなどの方法により、いじめを行うもののことである。ネットいじめは、見えにくい、拡散されやすい、誹謗・中傷がエスカレートしやすいなどの特徴を有しており、児童生徒の自己肯定感を大きく損なうなど深刻な状況を招いている。特に、SNS 等によるいじめは、スマートフォン等を使い児童生徒同士でやり取りしているため、深刻な事態になるまで周りの大人が気づくことができないこともあり、学校現場では大きな課題となっている。

（３）被害者と加害者の流動性

加害者と被害者が固定化していないことも近年のいじめの特徴といえる。国立教育政策研究所生徒指導・進路指導研究センター（2016）は、十数年の追跡調査の積み重ねから、「暴力を伴わないいじめ」の典型である「仲間はずれ、無視、陰口」は、一部の特定の児童生徒だけの問題ではなく、いわゆる「いじめられっ子（常にいじめられる子ども）」や「いじめっ子（常にいじめる子ども）」と呼ぶべき児童生徒はほとんど存在せず、子どもが入れ替わりながら進行し、大半の児童生徒が被害者としても加害者としても巻き込まれていることを報告している（表６－２）。この追跡調査から、「いじめは、どの子どもにも起こりうる」ことが明確に示されたといえる。

生徒指導提要（文部科学省，2010）によると、いじめの衝動を発生させる原因として、①心理的ストレス（過度のストレスを集団内の弱い者への攻撃によって解消しようとする）、②集団内の異質な者への嫌悪感情（凝集性が過度に高まっていた学級集団などにおいて、基準から外された者に対して嫌悪感や排除意識が向けられる）、③ねたみや嫉妬感情、④遊び感覚やふざけ意識、⑤いじめの被害者となることへの回避感情、があげられている。

暴力行為を伴うようないじめを行う加害者には、高い攻撃性、強い支配欲求など、明らかな特徴を有している場合もある。しかし、上記のいじめの衝

表6－2　「仲間はずれ、無視、陰口」の被害経験率、加害経験率

対象	小学校				中学校			
実施年度	2004年～2006年	2007年～2009年	2010年～2012年	2013年～2015年	2004年～2006年	2007年～2009年	2010年～2012年	2013年～2015年
被害経験 6回全て「ぜんぜんなかった」と回答した子どもの割合	13.1	21.5	13.2	11.5 74/644名	19.7	34.0	28.7	31.2 200/635名
加害経験 6回全て「ぜんぜんなかった」と回答した子どもの割合	16.0	22.6	14.3	21.4 138/644名	18.7	27.6	28.4	34.2 217/635名

（注１）数字の単位は全て％

（「いじめ追跡調査2013-2015　いじめ Q&A」（国立教育政策研究所，2016）より作成）

動を発生させる原因は誰の中にも生じるものであり、いじめの大半が暴力を伴わない行為であることや、いじめの加害者と被害者が容易に入れ替わることなどの特徴を考えると、特定の児童生徒が加害者になるというよりは、どの児童生徒も加害者になり得る可能性があるため、全児童生徒に対して、いじめの未然防止を目的とした働きかけが必要とされる。

４　いじめ問題への予防と対応

（１）いじめ防止対策推進法、国の各施策から

教職員は、いじめは絶対に許されない行為であるという強い意識を持つとともに、いじめはどの子どもにも、どの学校においても起こり得るものであること、また、誰もが被害者にも加害者になり得るものであることを十分に認識しておく必要がある（文部科学省，2017a）。

学校及び学校の教職員に対しては、いじめ防止法第８条において「当該学校に在籍する児童等の保護者、地域住民、児童相談所その他の関係者との連携を図りつつ、学校全体でいじめの防止及び早期発見に取り組むとともに、当該学校に在籍する児童等がいじめを受けていると思われるときは、適切かつ迅速にこれに対処する責務を有する」として、学校全体で組織的に、未然防止、早期発見、早期対応に取り組むことが求められている。また、いじめ防止法第13条において、各学校は「学校いじめ防止基本方針」を策定することが義務化されている。国が策定したいじめ防止基本方針、地方公共団体が策定した地方いじめ防止基本方針を参考にし、自校の児童生徒の実情を踏まえ、いじめ防止のための取り組み、早期発見・事案対処の在り方、教育相談

体制、生徒指導体制、校内研修などを内容とする基本方針を策定することが求められている。この学校いじめ防止基本方針に基づき、いじめ防止のための年間計画を立て、全教職員で「いじめとは何か」、「いじめに対し校内でどのように対応するのか」などについて共通理解を図り、実行することが重要となる。さらに、いじめ防止法第22条において「学校は、当該学校におけるいじめの防止等に関する措置を実行的に行うため、当該学校の複数の教職員、心理、福祉等に関する専門的な知識を有する者その他の関係者により構成されるいじめの防止等の対策のための組織を置くものとする。」としている。

専門家等との連携について、文部科学省（2015）は、子どもをめぐる課題の多様化・複雑化、これからの教育課程の理念実現を背景に「チームとしての学校の在り方と今後の改善方策について」を答申し、「学校が、複雑化・多様化した課題を解決し、子供に必要な資質・能力を育んでいくためには、学校のマネジメントを強化し、組織として教育活動に取り組む体制を作り上げるとともに、必要な指導体制を整備することが必要である。その上で、生徒指導や特別支援教育等を充実していくために、学校や教員が心理や福祉の専門スタッフと連携・分担する体制を整備し学校の機能を強化していくことが重要である」とチームとしての学校（チーム学校）の必要性を示し、学校がチームとして機能していくことを提言している。学校現場においては、心理の専門家としてスクールカウンセラー（以下：SC）や福祉の専門としてスクールソーシャルワーカー（以下：SSW）の活用が進められている。いじめ問題に対しても、教職員がチームとして、SC や SSW などの専門家、校外の専門機関（教育委員会、警察、児童相談所）と連携を図りながら組織的に対応することが重要となる。

（２）学校心理学の視点から

第４章でも述べたように、学校心理学では、すべての児童生徒が対象とする一次的援助サービス、配慮を要する一部の児童生徒に対する二次的援助サービス、そして重度の援助ニーズをもつ特定の児童生徒に対する三次的援助サービスの３段階の援助サービスのモデルを提唱している（石隈，1999）。この枠組みから考えると、学校でのいじめ対策は、いじめの未然防止から重

表６－３　いじめに関する３段階の心理教育的援助サービス

心理教育的援助サービス	援助の基本	教師の活動（複合的ヘルパー）
1次的援助サービス （すべての子どもの共通の援助ニーズ）	安全・安心の学校づくり（いじめ予防のルールづくり，いじめに関する調査），学級づくり（ルールづくりと人間関係づくり），いじめの予防教育	安全・安心の学級づくり，公平な学級経営，学級づくりへの児童生徒の参加の促進，いじめに関する授業，予防開発的心理教育（自己主張・SOS発信，対人関係スキル，ピアヘルピングなど）
2次的援助サービス （一部の子どものプラスαの援助ニーズ）	いじめ対策委員会等を通したいじめの早期発見と早期介入，「被害者」のSOSへの対応，児童生徒の見守り（監督）	学級風土・人間関係のアセスメント，けんか・いじりへの対応，力関係の弱者（被害者リスクのある者）への配慮，加害者リスクへの対応，ピアサポーター・仲裁者の支援
3次的援助サービス （特定の子どもの特別な援助ニーズ）	危機対応チームを通じた学校の危機対応，いじめの被害者とその保護者への支援（心理的回復，安全な学習環境の確保含む），情報管理，外部との連携，いじめの再発防止案の作成	いじめ被害者とその保護者への支援，いじめ被害者への安全な学習環境の確保，いじめ被害者の学校生活を支える学級経営（学級のつくり直し含む），保護者会の実施と保護者への関係維持

（石隈，2019を一部抜粋して作成）

大事態への対応まで、すなわち一次的援助サービスから三次的援助サービスまでを行うことが必要である。石隈（2019b）は、いじめのケースを例として、３段階の心理教育的援助サービスについて、援助の基本、専門的ヘルパーの活動、複合的ヘルパーの活動、役割ヘルパーの活動を整理している（表６－３）。ここでは、いじめの予防、対応について、石隈（2019c）に基づく３段階の心理的教育的援助サービスの視点から述べる

①――次的援助サービス

いじめを減らしていくためには、「いじめを生まない」という未然防止の発想に立った取り組みが重要である。未然防止の取り組みは、すべての児童生徒が対象となることから心理教育的援助サービスにおける一次的援助サービスとなる。橋本（2016）は、いじめ問題への対応として、一次的援助サービスの重要性を指摘している。

学校の教育活動全体を通じ、すべての児童生徒に「いじめは決して許されない」ことの理解を促し、児童生徒の豊かな情操や道徳心、自分の存在と他人の存在を等しく認め、お互いの人格を尊重し合える態度など、心の通う人間関係を構築する能力の素地を養うことが必要である（文部科学省，2017a）。そのためには、予防開発的心理教育として、ソーシャルスキルトレーニング、構成的グループエンカウンターやストレスマネジメント教育などの活動が有益であろう。また、小中学校の新学習指導要領では新たに「特別の教科 道徳」が設置された（文部科学省，2017c；文部科学省，2017d）。道徳教育の

充実は、いじめ問題解消への重要な手立てとして大きな期待を寄せられている。

教職員が行う「未然防止」として、日々の「授業」、「学級経営」を充実させることも重要である。児童生徒が自己有用感や達成感を感じることにつながる授業や、安全、安心と感じられる学級をつくっていくことによっていじめに向かわせない雰囲気の醸成につながり、教師の専門性を最も生かすことができる活動である。いじめの未然防止として特別な活動を行わずとも、日々の教育活動の充実がいじめの未然防止につながるという意識をもつことが重要と考えられる。一方で、実際に問題が起こっていない中で行われる未然防止の取り組みは、成果が見えにくかったり、危機感を維持することが難しい場合もある。いじめの未然防止の取り組みに関する年度計画を立て、校内研修等を充実させることも必要である。

②ー二次的援助サービス

二次的援助サービスの中心的な取り組みは、早期発見、早期対応となる。

文部科学省（2017a）は、「いじめの早期発見は、いじめへの迅速な対処の前提であり、全ての大人が連携し、児童生徒のささいな変化に気付く力を高めることが必要である。このため、いじめは大人の目につきにくい時間や場所で行われたり、遊びやふざけ合いを装って行われたりするなど、大人が気付きにくく判断しにくい形で行われることを認識し、ささいな兆候であってもいじめではないかとの疑いを持って、早い段階から的確に関わりを持ち、いじめを隠したり軽視したりすることなく積極的にいじめを認知することが必要である。」と述べている。早期発見のためには、クラスや学校にはいじめがあるかもしれないという意識をもち、児童生徒の様子をよく観察することが必要である。児童生徒の中には、自分の気持ちを言葉でうまく表現できなかったり、大人に相談したがらなかったりすることがある。日常と比べて表情や言動に変化がないか、人間関係に変化はないか、などに注目し、教職員による日常のていねいな観察を行い、変化に気づいたら複数の教職員で確認し合いながら対応する。丁寧な観察は、いじめの早期発見だけでなく、児童生徒のアセスメントとして生徒指導においても求められている。また、いじめの早期発見のために、学校は、定期的なアンケート調査や教育相談の実施、相談窓口の周知等により、児童生徒がいじめを訴えやすい体制を整えることが重要である。

③ー三次的援助サービス

いじめが実際に起こった場合の対応が三次的援助サービスに相当する。いじめの対応では初期対応が極めて重要である（早期対応という点で二次的援助サービスの要素を含む）。

初期対応とは、児童生徒・保護者からいじめの相談を受けたり、教師がいじめを発見し、いじめられている児童生徒と話し合いをもったりしたときから解決に向けての指導方針を決定するまでの間のことである。その初期対応をいかに適切に行うかが、その後の解決に向けた展開を大きく左右する。い

いじめ情報のキャッチ
本人からの訴え，保護者からの訴え，他の児童生徒からの訴え，教職員の発見，アンケート調査の結果，他からの情報提供

・被害児童･生徒本人や保護者からの訴えがあった場合には，先入観を持たず十分に聴き取り，思いに寄り添いながら受け止める
・いじめは「どの学校にも，どのクラスにも，どの子どもにも起こりうる」という認識のもと，問題を軽視することなく早期に適切な対応をすることを心がける

対応		
	内容	留意点
①	周囲に報告する	一人で抱え込まず，周囲（管理職，学年主任，生徒指導主任等）に報告・相談することが重要
②	チームで初期対応の方針を立てる	学年・学校の課題としてとらえ，複数の教職員で検討する（学校いじめ対策組織の活用） 検討内容 ・チーム内での情報収集（当該児童生徒の様子，過去のアンケート結果，相談記録） ・事実確認の方法の検討 ・役割分担の明確化（いつ，誰が，どこで，誰に対して） ・中心的な役割（リーダー）を決める
③	当該児童生徒に対して事実を確認する	被害者，加害者の両方，場合によっては第三者or 情報提供者に対しても行う 被害者に対しては事実確認の同時に，心のケアを図るとともに解決に向けた方法を一緒に検討する 加害者に対しては，まずは事実を丁寧に確認すること心がけ，事実確認後指導を行う 加害者が複数いる場合，複数の教職員で個別に別室で同時に行う
④	今後の指導体制，指導方針を決定する	事実確認の内容をもとにチームで今後の指導方針を検討する 指導方針を教職員で共有することが重要
⑤	保護者へ連絡する	児童生徒に対して事実確認をした日に保護者に連絡する（家庭訪問，電話等） 客観的な事実，現在の状況，今後の方針案等について説明する 保護者の気持ちにも配慮し，丁寧な対応を心がける 継続して家庭と連携を取りながら，解決に向かって取り組むことを伝える
⑥	報告書を作成する	今後の指導の役にたてるために記録を残すことは重要

※いじめの解消に向けて取り組むにあたっては，迅速な対応が大切であることから，いじめの情報が入ってから学校の方針決定に至るまでを初期対応と考え，いじめの情報を得たその日あるいは翌日までに対応することを基本とする。
※重大事態と判断される場合には，国の基本方針及び「いじめの重大事態の調査に関するガイドライン」に基づいて適正に対応する

図6－2　いじめ初期対応の基本的な流れ（石川，2014を一部改変）

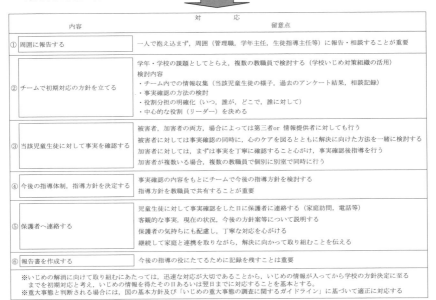

じめの初期対応で重要なことは、①学校全体で組織的に対応すること、②被害者のケアを最優先にすること、③いじめの実態を正確につかむこと（客観的な事実確認）、があげられる。いじめの初期対応の流れを図６－２に示す。いじめの対応においては、学校心理学の実践を支える「チーム援助」が重要である。初期対応から重大事態までの対応において、学校いじめ対策組織を中心に、校内外の専門家との連携を図りながら対応を行う必要がある。学校現場では、被害者だけでなく加害者、傍観者の立場のすべての児童生徒が援助の対象である。特に加害者に対しての指導は、毅然とした態度でいじめをやめさせる指導を行い、彼らの立ち直りを支援することが求められる。

（石川満佐育）

コラム 7　ピア・カウンセリング

ピア・カウンセリングのピアとは、友達とか仲間という意味です。つまり、ピア・カウンセリングとは「仲間であるという直接的人間関係（同じ環境にいること、同じ時間を直接的に共有していること、気軽な関係など）を活用してカウンセリングしようとするもの」（嘉部，1990）ということです。したがって、上級生が下級生を、先輩が後輩をというように心理的に近い人がカウンセリングを行い、問題解決の援助をするのです。

これは、思春期の子どもたちはとりわけ「友人」に相談する傾向が強いということに基づいています。石隈・小野瀬（1997）の研究でも、中学校・高校生は困ったことや心配ごと、悩みがあるとき友達に相談することが最も多いことが明らかにされています。

ところで、ピア・カウンセリングの有効性と危険性について、茨城県教育研修センター（1998a）によると以下のように説明されています。

【有効性】ピア・カウンセラーは、クライエントに近い位置に立つことになり、共感しやすい。同じ環境にいること、同じ時間を共有していることで気軽な関係である。ピア・カウンセラーが仲間なので、いじめなどの相談で、先生に話せないことでも、心を開いて話せる。

【危険性】ピア・カウンセラーがいじめ等に巻き込まれたりする可能性がある。相談内容が複雑な場合など、ピア・カウンセラーでは対応が難しい。相談内容に関する秘密の保持が難しい。

ピア・カウンセリングは、問題場面の解決という側面もありますが、ピア・カウンセラーの体験を通して仲間を思いやる気持ち、困っている人を放っておけない気持ちを伸ばします。つまり、学校心理学でいう「ボランティア的ヘルパー」の体験により、生徒のボランティア性が高まり、問題行動の予防につながります。

（山口　豊一）

事例❶　中学入学後、急に言葉遣いが乱暴になった娘（中１・女子）

【相談】

娘は、小さい頃から育てやすい手のかからない子で、家族からも信頼されていました。ところが、中１になった頃、言葉遣いがあまりにも乱暴なので、父親が厳しく叱りました。このときから娘は、何かにつけて父親や私との触れ合いを極端に拒むようになりました。「お前らの顔を見るとチョーむかつく。うざったいんだよ、消えてしまえ」と言うのです。この急激な変化にビックリしています。

親としてどのようにかかわればいいのか、途方に暮れています。

（中１女子の母）

【答え】

悩みがあるとき、子どもは必ずそれに応じたサインを出します。そのサインに早期に気づき、素早く、あたたかく対応していくことが大切です。相談に来られた保護者の方が気づいた我が子の悩みのサインは、朝起きてこない、頭痛・腹痛を訴える、大声を出す、歩くときに大きな音を立てるなど様々です。

娘さんは、小さい頃から素直な明るい子として家族から認められ、「よい子」を演じ続けてきたのでしょう。しかし、これまでにも何らかのかたちで、SOS のサインを出していたのではないかと思われます。娘さんは、小学校から中学校に進学することで、様々なことに戸惑っており、今回の暴言も『お父さん、お母さん、私の方を少しは向いてよ、私の悩みにも気づいてよ』と、訴えているように思えるのです。

娘さんと関わる場合、『私たちの顔を見るとむかついて、うざったく感じるんだね。いったいどうしたのかな』と、まず心の叫びを受け止め、真剣に耳を傾けていく姿勢が大切だと思います。このような対応を重ねていきながら、娘さんが抱えている悩みを、自らの力で解決しようとする力が育つよう、「私たちはあなたの理解者であり、味方である」ということを伝えることが大切だと思います。

（茨城県教育委員会「家庭教育通信　みち」中学生，第84号，1995を参考に作成）

（山口豊一）

事例❷　勉強で苦戦している息子（小６・男子）

【相談】

小学校６年の息子ですが「お姉ちゃんは頭がいいけど、僕は悪いんだ」とすぐ言います。そして、成績も下がり気味です。姉は言われなくても勉強するのに、息子はやる気がありません。困っています。どのようにかかわったらよいでしょうか。

（小６男子の母）

【答え】

「『僕は頭が悪いんだ』とすぐ言います。」と書いてありますが、本人はくやしい思いをしているのでしょう。自分の勉強不足は、本人が一番わかっています。「お姉さんは……」と言っていますので、成績のよいお姉さんと比較されるのがつらいようです。つまり、お姉さんを引き合いに出して「勉強しなさい」と言うのは息子さんの反発を招くだけだと思います。

そこで、息子さんの良いところや強いところ（学校心理学では、「自助資源」といいます）を誉めたり、認めてあげたりするとよいでしょう。積極的に本人の得意とするところを見つけて励ますことで、自信をもつことができます。そして、新たな目標を見つけて、努力しようとする態度が育つと思います。

さらに、息子さんが学習のどこでつまずいているのかわかると援助しやすいと思います。わからないところの復習を、タイミングを見て少しずつしましょう（あまりできないところに焦点をあてすぎると自信をなくします）。

また、学習のプロセスごとに、できているところを認め、フィードバックしましょう。息子さんは、このような関わりで、徐々に学習意欲も深まり、「僕もやればできるんだ」と学習に自信をもてるようになると思います。

学習面の苦戦は、心理・社会面、進路面、健康面にも影響します。学習の苦戦が解決すると、勉強だけでなく、学校生活全般に意欲的に取り組むようになると思います。

（茨城県教育委員会「家庭教育通信　みち」小学生，第84号，1995を参考に作成）

（山口豊一）

事例❸　非行友達との交際を断ち切れない息子（高１・男子）

【相談】

私は、夫と別居し、相談の息子を含めた子ども５人を抱え、生計を維持するために休みなく仕事に励んでいます。

順調に高校生活をスタートしたと思っていた息子は、非行に走り退学した友人たちと知り合い、無断外泊や喫煙などを繰り返すようになってしまいました。

非行仲間との交際をやめるように何回か注意したのですが、耳を貸そうとしません。よい方向に導くためにはどうしたらよいでしょうか。　（高１男子の母）

【答え】

一般的に高校生の時期は、親からの自立と親への依存との葛藤で悩みが多いものです。その悩みの解決にあたって、大きな影響をおよぼすのは友人との関係のようです。そのため、親や教師が一方的な思いで無理に交際を断とうとしても、決して切れるものではないと思います。

そこで、息子さんの自立する力を促進できるような関わり方を考えたいものです。例えば、父親の同居が望めないならば、家族全体がどんなささいなことも苦楽を共にし、一人ひとりの存在の意義を認め合い、助け合う雰囲気を意識的につくるよう努力することが大切だと思います。

また、息子さんの行動に対しては、あたたかく思いやりのある言動で接し、本人の意思で決めたことを尊重することも大事だと思います。さらに、交友相手の親や、学級担任との連携を密にし、家庭生活の中で良くなった点を中心に励ましたいものです。

ともかく、息子さんが身近にいる人々の愛の絆を感じとることができ、次第に自分を見つめ直すことができるような方向に援助していきたいものです。

（茨城県教育委員会「家庭教育通信　みち」高校生，第77号，1993を参考に作成）

（山口豊一）

第7章 生徒指導における援助サービスの実際

生徒指導上の問題状況が、複雑化・多様化している。適切な児童生徒理解に基づいて適切な援助をすることが強く求められている。このような中では、チームで援助することが効果的である。

本章では、学校心理学の一次的援助サービス、二次的援助サービス、三次的援助サービスにおけるそれぞれのチーム援助のあり方について、実践に基づいて述べる。

1　チーム援助の理論

チーム援助とは、複数の援助者が、共通の目標をもって、役割分担をしながら、チームで援助することである（石隈・田村，2003)。そして、その子どもの援助を一緒にする集まりを援助チームという。八並（2002, 2003）も、生徒指導におけるチーム援助に期待している。

チーム援助の必要性として、次の三点が指摘できる（石隈・田村，2003)。

第一に、子どもを効果的に援助するためには、援助者一人だけ（例えば、担任あるいは保護者）の情報では、不十分だからである。担任は、授業や特別活動などを通して子どもを援助している。子どもが学校生活に適応しているときはよいが、いったん不適応状況になると、担任のもっている学級における情報だけでは不十分である。他の教師からの情報や保護者からの家庭の情報も必要になる。保護者も同様に、学校生活で子どもが苦戦している場合、学校や学級の情報も集める必要が出てくる。

このように、担任、保護者、他の教師がチームを組んで情報を集めたり、まとめたりすることで、子どもの苦戦している状況が理解しやすくなる。

第二に、援助者が一人で行える援助には限界がある。担任が、前述のように、授業や特別活動を通して子どもを援助している。保護者は、家庭で子どもを援助している。他の教師は、学校行事や部活動などで援助している。しかし、担任だけ、保護者だけでは援助は限られる。そこで、担任や他の教師、保護者などが援助チームで話し合い、学級における援助、学校全般における援助、家庭における援助について意見を出し合って役割分担すると、苦戦している子どもにできる援助は増える。

第三に、援助者がそれぞれ異なる援助方針で関わると、子どもを混乱させることになるからである。例えば、不登校の子どもに保護者は登校を勧め、一方担任はゆっくり家で休むよう勧めたとすると、子どもは担任と保護者の間で揺れ、悩むことになる。

さらにつけ加えると、学校内における「インフォーマルな話し合い」の機会が減った。例えば、かつては業間の休み時間、昼休み、土曜日の午後、放課後などのちょっとした時間に、自分の受けもちの児童生徒の情報交換をしていたが、そのような機会は減っている。そのため、あらためてフォーマルな話し合い（チーム会議）をもつ必要性が高まったのである。

チーム援助の主な機能は、以下のようになる（石隈・田村，2003；山口・石隈，2001；山口，2004a）。

①子どもを総合的に理解し、援助できる
②教師が学校や学級で行う具体的援助案を提供できる
③保護者が家庭で行う具体的援助案を提供できる
④援助者の中心である担任や保護者を情緒的にサポートする
⑤援助者の援助能力を高める

2　チーム援助の方法

チーム援助は、①パートナーとしての人間関係づくり、②問題状況の具体的な定義と目標の仮の設定、③問題状況の生態学的アセスメント、④目標の設定および問題解決の方針と方略の選択、⑤問題解決方略の実践・評価・フォローアップ、というように、問題解決型コンサルテーションのステップ（石隈，1999）で進める。

具体的には、援助チームシート（p.122，表７－２；p.134，表７－４）を使いながら、「情報のまとめ（いいところ、気になるところ、してみたこと）」

を話し合い、苦戦の状況を総合的に理解する。次に、「この時点での目標と援助方針」を話し合う。「目標」は子どもが主語であり、例えば「Ａ男が、安心して学校にいけるようになる」である。そして、「援助方針」は援助者（教師、保護者、スクールカウンセラーら）が主語であり、例えば「Ａ男のよいところを見つけて、ほめる」である。次に、「援助案（これから援助で何を行うか、誰が行うか、いつからいつまで行うか）」を話し合う。援助案は、「何を（what）」「誰が（who）」「いつ（when）」行うかを具体的に提案する。そして、援助チームシートにこれらを書き込み、理解を深めたり、共通理解を図ったりする（山口，2002）。

また、苦戦している子どもの援助者の一覧を書き込む援助資源チェックシート（p.123，図７－３；p.135，図７－５）を活用する。援助者が、子どもの周りにはどのような援助者がいるか意識できたり、共通理解したりできる。

チーム援助は、この２つのシートを道具として使う。話し合いの結果を、この２つのシートに記入し、次の話し合いに生かすのである。

（石隈　利紀・山口　豊一）

３　チームによるプログラムづくり（一次的援助サービス）

（１）チームによるプログラムづくりとは

①ー一次的援助サービス

開発的生徒指導は、一次的援助サービスにあたる。一次的援助サービス（開発的生徒指導）は、子どもが発達上の課題や教育上の課題を遂行する上でもつ援助ニーズに対応する（石隈，1999）。すべての子どもは、学校で様々な課題に取り組んでいる。その際、何らかの援助を必要とする。しかし、一人ひとりの子どもの援助ニーズは異なり、大きかったり小さかったりする。そこで、一次的援助サービスでは、「すべての子ども」がもつと思われる「基礎的な援助ニーズや多くの子どもが共通にもつと考えられるニーズに応じる」ことをめざす（石隈，1999）。

一次的援助サービスには、促進的援助と予防的援助とがある（石隈，1999）。

促進的援助は、対人関係スキルや問題対処スキルなど、学校生活を通して発達課題や教育課題に取り組む上で必要とする「基礎的能力」（石隈，1999）を開発する援助である。

例えば、授業における一人ひとりの児童生徒の教育ニーズに応じたサポート（教師の４種類のサポート）をすることによって、授業への参加意欲が高まり、学習に積極的に取り組むようになり、学校適応感が高まる（山口，2001c）。また、教師と児童生徒や児童生徒相互の人間関係を高めるために構成的グループ・エンカウンター（國分，1996）を実施することなどは促進的援助である。促進的援助をすることによって、不登校やいじめの未然防止につながり、その意義は極めて大きい。さらに学校行事を通した援助もこの例である（山口ら，2020）。

予防的援助とは、多くの子どもが出会う課題遂行上の問題を予測して、事前に援助するサービスである。例えば、中学校の一日入学や体験入学などは、入学後学校生活に適応する課題に取り組む上で起こり得る問題状況を事前に予防する援助サービスであり、その意義は大きい。

②ーチームでプログラムをつくる

一次的援助サービスとして学校行事や授業づくり、構成的グループ・エンカウンターの実践等のプログラム（計画）づくりを複数のメンバーで行うと、より子どもの援助ニーズにあった計画ができると考える。

当然、運動会等の学校行事は企画・運営会議で話し合われ、職員会議でさらに話し合われるというプロセスを経て実践に移される。これを、授業や学級活動等の学級単位のプログラムづくりにも生かすと、学習意欲の向上や積極的な取り組みが期待できる。それは、それぞれの専門の立場からの意見が出され、話し合われることで、よりよい実践、つまり子どものニーズに合った、そしてその教育活動の目標の達成に効果的なプログラム作成が可能になるからである。

（２）チームでプログラムを作成する実践

①ーチーム会議から

Ａ小学校の６年生担任Ｂ教諭より、５月に、「今のところこれといった問題はないが、クラスが全体的落ち着きがなく、すぐにキレて暴力的な行動をとる子どもが数人いる」という相談があった。

そこで、筆者は、開発的援助サービスとして、児童間の人間関係を深め、がまんする力を育てるために、学級活動の時間等を活用して、構成的グループ・エンカウンターの導入を勧めた。その際、学年主任、教育相談担当と話し合い（チーム会議）をもち、進め方などについて指導・援助を受けるようアドバイスした（Ａ小学校の教育相談担当は、構成的グループ・エンカウンターの実践を多くもっていた）。その結果、構成的グループ・エンカウンターのプログラムを筆者、学年主任、教育相談担当とＢ教諭の４人で作成し、実践することになった。

②ーがまんのできる子が育つ学級にーまずは子どもの理解から

授業中、注意するとふてくされて他の子どもに暴力をふるう子ども。何でも自分が中心でなくては気がすまない子ども。そのような子どもがクラスにいて、「指導」が成り立たないと、小学校の先生方から相談が多く寄せられる。最近の子どもはがまんする力が弱くなったのだろうか。

筆者は、そのようなとき、相談してこられた先生から、その子どもの状況（どのようなときそのような行動をとるのか、家庭でもその状況は同じか、学習状況はどうか、家庭環境はどうか、友人はいるかなど）をよく聞くことにしている。なぜなら、その子が「なぜそのような行動をとるのか」、きちんと理解した上で対応を考えることが大切だからである。

③ー人間関係（リレーション）はがまんのできる子を育てる

桜井（1999）は、「がまんできる・できない」という現象を「フラストレーション・トレランス（フラストレーション耐性）」という観点から検討している。人間には、生来欲求があり、何らかの障害があってその充足を阻止された場合、人間は不快感をもつ。そのとき感じるのが、フラストレーション、つまり欲求不満である。そのフラストレーションに耐える力がフラストレーション耐性（欲求不満耐性）である。フラストレーション耐性の高い子はがまんのできる子、低い子はがまんのできにくい子ということになる（山下・望月，1982）。

ところで、多くの人がフラストレーションを感じるのは、人間関係においてである（磯貝・福島，1987）。周知のように、なかなか人間関係とは難しいものである。子どもも、友人関係で苦戦している。また、人間は、人間関係（リレーション）があるとき（もっているとき）フラストレーション耐性が高まるという側面もある（國分，1998）。

そこで、ここでは「がまん」という心理現象をフラストレーション耐性という観点から考え、とりわけ学校においてどのように人間関係をつくり、フラストレーション耐性を高めるかについて検討する。そこで、学校心理学におけるすべての子どもを対象とした一次的援助サービスとして、構成的グループ・エンカウンターを取り上げる（石隈，1999）。

④－人間関係を育てる構成的グループ・エンカウンター

人間は、人間関係があるときは、フラストレーション耐性が高まると前に述べた。それでは、現在の子どもたちの人間関係を育てるにはどうしたらよいのだろうか。

人間関係を育てる方法として、構成的グループ・エンカウンターがある。國分（1998）は、「構成的グループ・エンカウンターを実施することを通して、人間関係（リレーション）を作ることができる」と述べている。構成的グループ・エンカウンターは、集団の中の相互の人間関係を深め、集団の中での体験による自己の成長を目的としたグループ活動である（片野，2003）。つまり、構成的グループ・エンカウンターは、子どもの成長を促進する一次的援助サービスとなる。

⑤－構成的グループ・エンカウンターの実践と結果の考察

表７－１は、Ａ小学校６年、特別活動で行った構成的グループ・エンカウンターの流れである。

図７－１は、構成的グループ・エンカウンターの実践前と実践後子どもアンケート調査質問紙（図７－２）の結果である。児童相互の関係（６項目）、教師・児童の関係（６項目）、がまん強さ（６項目）に関する内容を質問紙法による５件法で調査を行い、「とても」「わりに」と答えた子どもの割合を集計し、グラフ化したものである。

児童相互の人間関係が、実施前（47.0％）から実施後（50.9％）と高くなっている。また、教師・児童の人間関係も実施前（45.3％）から実施後（55.1％）と高まっている。がまん強さについても、実施前（26.5％）から

表７－１　構成的グループ・エンカウンターの流れ

回	活動の内容	実施上の留意点
第1回	【２人組・３人組】 ねらい：信頼体験 方　法： ○音楽に合わせ各自自由に移動。 ○音が止まったら指定された人数で手をつないで座る。	・音楽に合わせて体育館を自由移動させる。 ・他の人の後をついて行かないようにさせる。 ・指定された人数がそろわないグループは座れない。 ・そろわないグループには、次の成功を期待し励ます。 ・指定する人数を変えて何回か実施する。 ・エクササイズを通して、感じたこと、考えたことを話し合わせる。
第2回	【ビンゴゲーム】 ねらい：他者理解 方　法： ○自分の好きな食べ物16品を記入する。 ○自分の書いた品物から一つ選んで発表する。 ○同じ品物が書いてあるところに印をつける。 ○印が４つ並んだらビンゴとなる。	・16品書けるマス目を書いた用紙を配る。 ・16品の中に同じものを書かないように伝える。 ・教師が指名して発表させる。 ・同じ品物が書いてあったら、そこに○印をつけさせる。 ・４つの並び方は、たて・よこ・ななめ、いずれでもよいことを伝える。 ・発表する児童は、自分がビンゴになる品物は発表できないことを言う。 ・エクササイズを通して、感じたこと、考えたことを話し合わせる。

（山口，2003b『児童心理』２月号，金子書房，p.80）

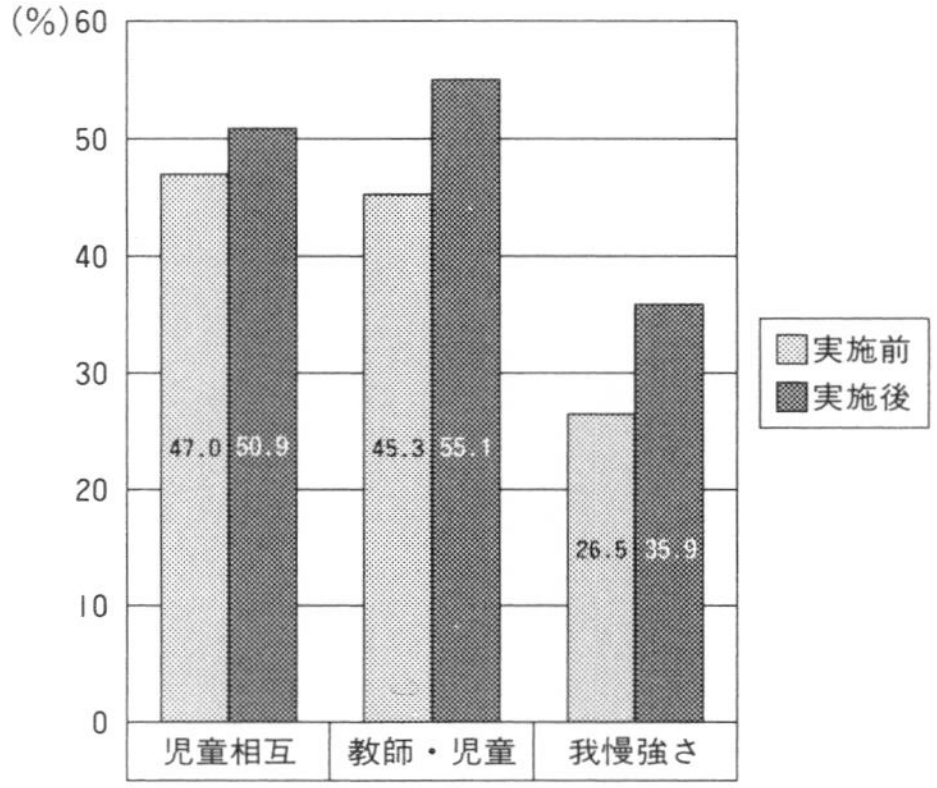

（実施前：Ａ小学校６年　男20名　女19名　計39名）
（実施後：Ａ小学校６年　男20名　女18名　計38名）

図７－１　人間関係・がまん強さの変化
（山口，2003b『児童心理』２月号，金子書房，p.81）

人間関係とがまん強さに関するアンケート調査

5…とてもそう思う。　4…わりにそう思う。　3…ふつう。
2…あまり思わない。　1…まったく思わない。

○児童相互の人間関係	5	4	3	2	1
1　友だちは、私に親切にしてくれます。					
2　私の学級では、みんなで助け合って勉強しています。					
3　私の学校では、みんなが明るくほがらかです。					
4　私の学級では、よくまとまっています。					
5　私の学級には、親しくしている友だちがいます。					
6　私の学級には、私の気持ちをわかってくれる友だちがいます。					

○教師・児童の人間関係	5	4	3	2	1
7　先生は、私たちに笑顔で接してくれます。					
8　先生は、私たちの発表や話をよく聞いてくれます。					
9　先生は、私たちの気持ちを分かってくれます。					
10　先生は、よく分かるように教えてくれます。					
11　先生は、できない人をはげまして、元気づけてくれます。					
12　先生は、だれに対しても公平に接してくれます。					

○がまん強さ	5	4	3	2	1
13　こわさや不安を感じても、自分の気持ちを落ち着かせてがんばることができる。					
14　決まったことがあれば、自分の考えとは違っても、それを受け入れる。					
15　友だちの頼みをできるだけ聞く。					
16　友だちから悪く言われたときに、かっとしない。					
17　友だちから引き受けたことは最後までやり通す。					
18　自分の本当の気持ちを伝える。					

（参考文献）　茨城県教育研修センター，2000b
阿部　希，2002「学級単位によるソーシャルスキルトレーニングのための尺度の作成－児童と教師の視点から選定して－」東京学芸大学教育学部卒業論文

図7－2　人間関係とがまん強さに関するアンケート調査
（山口，2003b『児童心理』2月号，金子書房，p.82）

実施後（35.9%）と高くなっており、いずれも実施後のほうが高い。構成的グループ・エンカウンターを実施することで、児童相互および教師・児童の人間関係が深まり、児童のがまん強さも高まったと考えられる。

⑥―がまん強さが高まった学級

がまんができる子が育つ学級について、フラストレーション耐性と人間関係の視点から述べてきた。学校心理学における一次的援助サービスとしての構成的グループ・エンカウンターを実践することによって、児童相互および

教師・児童の人間関係が深まり、さらにがまん強さも高まることが示された。

構成的グループ・エンカウンターを効果的に活用し、児童が「がまんしやすい学級」をつくりながら、苦戦している子どものサポートを行う必要があると考える。がまんできない行動をとるのが、その子の発達障害（ASD、ADHD、SLD など）が主な要因となっている場合がある。その子どもの状況から発達障害の可能性がある場合は、ていねいなアセスメントを行い、必要に応じて専門医や専門機関との連携を図りながら、適切な援助サービスをすることが必要である。

（山口　豊一）

※茨城県公立小学校校長・萩谷孝男先生に実践協力いただきました。

※「3.　チームによるプログラムづくり」は「がまんできる子が育つ学級－学校心理学の視点から」（山口,『児童心理』2003年 2 月号，金子書房）をもとに加筆・構成したものです。

4　チームによる早期対応（二次的援助サービス）

（1）チームによる早期対応とは

①－二次的援助サービスとは

予防的生徒指導は二次的援助サービスに相当する。登校をしぶる、学習意欲が低下してきたなどの困難をもちはじめたり、今後問題状況をもつ可能性が高まったりという生徒に対する援助である。すなわち、すべての生徒を対象とする一次的援助サービスだけでは満たされない「一部の生徒」のニーズを初期の段階で発見し、それに対して行われる予防的援助サービスなのである。

この場合、担任、生徒指導主事、教育相談係、保護者などで援助チームをつくり、生徒の状況について心理教育的アセスメントの実施とそれに基づく援助サービスを計画する。

従来の「特別の学習指導」と異なる点は、例えば、生徒をより深く理解するためにていねいな「アセスメント」を実施し、それに基づく援助のため、作戦会議を通して「カウンセリング」や「コンサルテーション」などをチームで実践することがあげられる（石隈，1999）。

②―気になる生徒の発見

ところで、二次的援助サービスで重要なことは、数多くの生徒の中から、いかに援助対象となる生徒を早く発見するかという教師の目である。ややもすると、生徒のわずかな変化が見過ごされ、気がついたときには三次的援助サービスの対象となるまでに問題状況が深刻化し、援助が困難となるということも少なくない。

問題状況が深刻化した三次的援助サービスの場合、むしろ相談機関や医療機関などの専門機関との連携が重要になり、学校内のネットワークだけでは対処しきれない場合が多くなる。だからこそ、いかにその兆候（小さなサイン）を発見し、二次的援助サービスを早期に開始するかが重要なのである（石隈，1999）。

教師や保護者の観察力には個人差があり、一人ひとりで傾向も違う。ある人は学習面には敏感だが、健康面にはそれほどでもなく、またある人は心理・社会面には敏感だが、進路面にはそれほどでもないといったこともある。そこで、客観的な判断基準としてチェックリストを作成し、常にそれを意識するように心がけることによって、問題状況を見過ごすことを防ぐとともに教師や保護者の観察力を養うようにするとよい（「SOSチェックリスト」pp.129-130参照）。

早期発見が大切なことはいま述べたとおりだが、その反面、鋭い目をもった教師の意見は、ときに他の教師には「大げさだ」と映ることもある。例えば、実際には取り組みの結果、問題が解消されたにもかかわらず、周囲から「問題はなかったではないか。それほど大騒ぎすることではなかったんだ」というような反応が出る場合も予想される。生徒の状況の改善が教師の取り組み（二次的援助サービス）の成果として認められないのである。

しかし、結果的に問題状況にならないことは何よりも意義深い。二次的援助サービスの中核となる教師は、そのことを自負し、そして、幾度となくコミュニケーションを繰り返し、実践を積み重ねることによって、理解者・協力者を増やしていくことが大切である（山口・石隈，2001）。

③―援助チームによる指導・援助

援助チームの目的は、生徒の学習面、心理・社会面、進路面、健康面における問題状況の解決を、複数の専門家と保護者とで行うことである。援助チームの主な機能としては次の点があげられる。

①多方面の専門家からなり、生徒を総合的に理解できる
②生徒の問題状況の効果的な解決をめざすことができる
③教師が生徒を効果的に指導・援助するための案を具体的に提供できる
④教師を情緒的にサポートする機能をもつ
⑤保護者を含む。保護者が家庭でできる指導・援助案を具体的に提供する。保護者の情緒的サポートも行う
⑥構成員の援助力が向上する。その援助力は他の生徒にも生かされ予防的に働く

④ーチーム編成の仕方

生徒に対する二次的援助サービスのニーズは極めて高い（石隈・小野瀬，1997；山口・石隈，2001)。そこで、ケースごとにそのつど特別なチームを編成する方法のほかに、日常活動している学年を母体としてチームを編成する方法の活用が実際的だと考えられる。例えば、あるケースにおいては、学年職員プラス養護教諭でチームを編成し、別のケースでは学年職員プラス情緒障害学級（特別支援学級）担当教諭で編成するという具合である。

その利点は大きく二つある。一つは、通常の学年会議の延長として相互コンサルテーション（作戦会議）が設定できるため、単独で相互コンサルテーションを設定することに比べて時間的障壁が少なく、メンバーを集めるための労力も少ないということ。もう一つは、多くの職員が参加することにより、援助にあたって適材適所の取り組みがしやすいという点である。

相互コンサルテーションの場を設定し情報収集や援助案を検討する段階では、雛形となるべき援助チームシート（表７－２）や援助資源チェックシート（図７－３）を作成し、その項目を埋める形で会議を進行することが有効である。

⑤ー援助チームシートと援助資源チェックシート

援助チームシートは、援助の立案のためのシートである。児童生徒の学習面、心理・社会面、進路面、健康面という四つの枠が用意されていて、生徒についての情報が心理・社会面に偏ったり、学習面に偏ったりすることを防

表7－2　A子の援助チームシート

【石隈・田村式援助チームシート自由版】実 施 日：平成※年11月10日（※）16時40分～17時30分　第1回
次回予定：平成※年11月20日（※）16時20分～17時00分　第2回
出席者名【担任(担)、学年主任(学)、教科担当(教)、部活動顧問(部)などＴ１～Ｔ10、養護教諭(養)】
苦戦していること【友人関係で悩んでいる】

	援助対象生徒名 2年○組○番 氏名 A　子	学習面 （学習状況） （学習スタイル） （学力） など	心理・社会面 （情緒面） （ストレス対処スタイル） （人間関係） など	進路面 （得意なことや趣味） （将来の夢や計画） （進路希望） など	健康面 （健康状況） （健康面の様子） など
情報のまとめ	（A） いいところ 子どもの自助資源	・成績は上位 ・まじめな取り組み（担） ・グループ発表なら大きな声で（教）	・優しく素直 ・人に話を聞いてもらいたい気持ち有（担） ・友達関係を改善したい気持ち有（学）	・高校進学希望（担）	・部活動（テニス）はほとんど休まず体力はある（部）
	（B） 気になるところ 援助が必要なところ	・自分から進んで発表できない ・意欲にムラがある（教）	・友達の会話が自分の悪口のように感じてしまう ・最近急に笑顔が見られなくなった（担）	・漠然と高校進学を希望しているだけで将来の夢がない（担）	・最近になり腹痛や気分不良を訴えるようになった（担）
	（C） してみたこと 今まで行った、あるいは、今行っている援助とその結果	・グルーピングに配慮した結果、グループ内の活動はなんとかできる（担）	・本人との面接実施その直後は元気だが長続きしない（担）	・三者面談をきっかけに具体的な目標を考えた（担）	・保健室で休養させ話を聞くと落ち着く（養）
援助方針	（D） この時点での目標と援助方針	・友達関係を改善し、1学期のころの元気な笑顔を取り戻す。			
援助案	（E） これから援助で何を行うか	①　学級での構成的グループ・エンカウンター ②　ジグソー学習	①　本人との面接 ②　母親との電話相談 ③　本人とのピア・カウンセリング ④　友人（B子）との情報交換	①　家事の役割分担 ②　部活動でのグルーピング時の配慮	①　休養と面接
	（F） 誰が行うか	①　学級担任 ②　教科担当（社）	①　学年主任 ②　学級担任 ③　友人（B子） ④　学級担任	①　母親 ②　部活動顧問	①　養護教諭
	（G） いつから いつまで行うか	①　11～3月まで月に1～2回 ②　12月の特定単元	①　11～12月週1 ②　11月～随時 ③　11月～随時 ④　11月～週1程度	①　11月から毎日 ②　チーム編成時	①　保健室来室時

（石隈，1999『学校心理学』誠信書房；石隈・田村，2003『石隈・田村式援助シートによるチーム援助入門』図書文化を参考に作成）

田村・石隈式【援助資源チェックシート】1997〜2003

記入日　※年　11月　10日

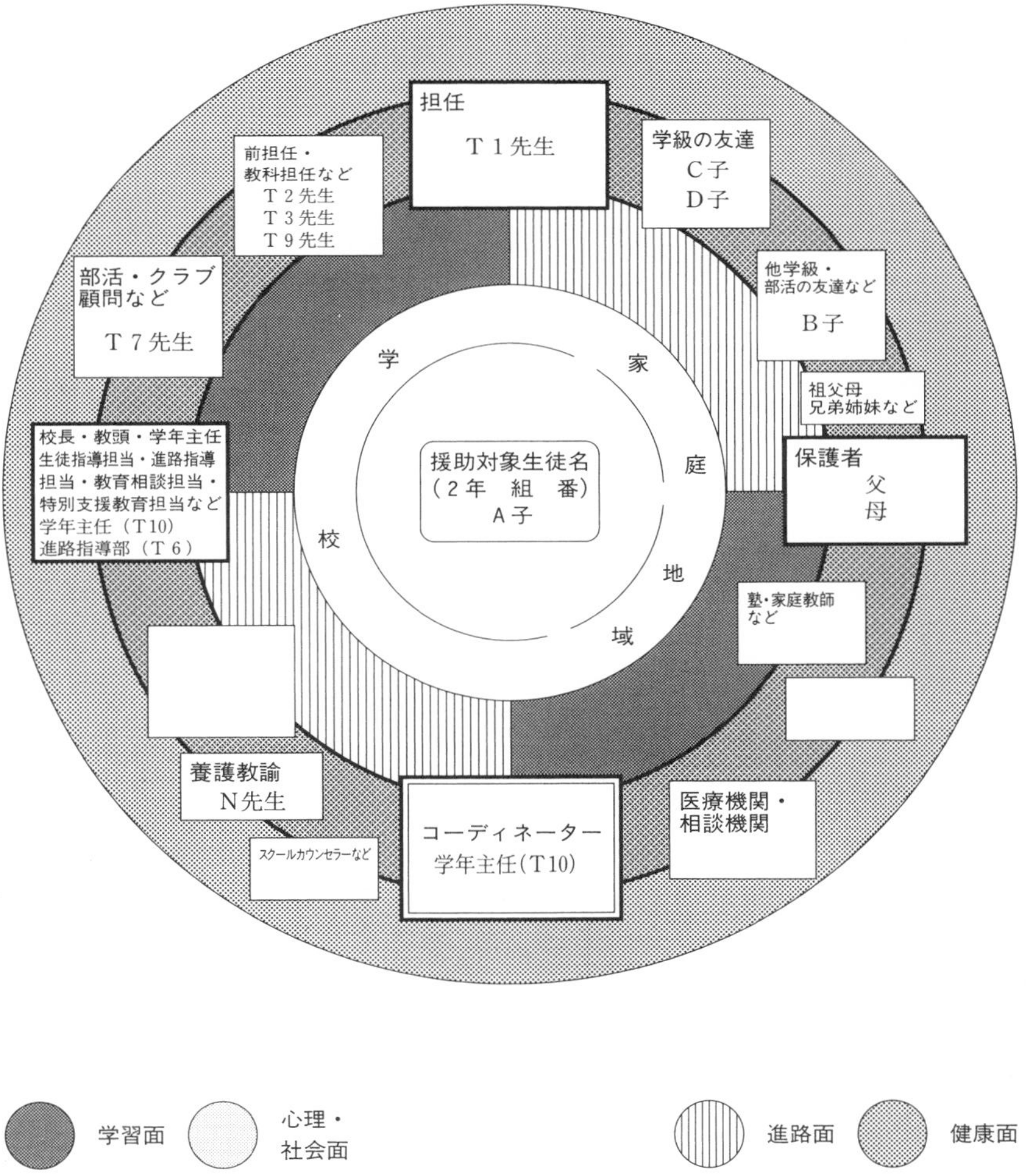

図７－３　Ａ子の援助資源チェックシート

（石隈，1999『学校心理学』誠信書房；石隈・田村，2003『石隈・田村式援助シートによるチーム援助入門』図書文化を参考に作成）

ぎ、援助ニーズをもつ生徒の多方面な情報や自助資源に気づけるようにしてある（石隈・田村，2003）。

援助資源チェックシートは、児童生徒の問題解決に援助的な機能をもつ人的資源や物的資源発見のためのシートである。児童生徒に関係のある友人、教師や関係機関などを一目で把握できるように工夫されている。チームを組んで援助する際のメンバー選択のアセスメントにも利用できる（石隈・田村，2003）。

これらの援助シートの活用の利点には、次のような事項があげられる（山口・石隈，2001）

①参加者が共通の視点に立って話し合いを進めることができる
②様々な領域の情報を総合的にとらえることができる
③問題点ばかりでなく、自助資源に目を向けることができる
④空欄を埋めようとすることによって、今後の観察の視点がわかる
⑤援助に際し、「誰が・いつ・どこで・何を・どうする」等の役割分担が明確になる
⑥比較的短時間で援助案をまとめることができる
⑦コンサルテーションの回数を重ねた際の変容が明らかになる

（山口　豊一）

（２）二次的援助サービスのチーム援助の実際（中学校）

次に、気になるＡ子への二次的援助サービスの実際について、援助チームシート（表７－２）の活用例を示す。

①－Ａ子の状況

Ａ子は、明るく活発で学習能力が高い中学２年の女子生徒である。しかし、２学期以降、友達関係の変化から急に元気がなくなってしまった。Ａ子の変化に気がついた学級担任が学年主任（コーディネーター）に相談し、チームによる援助サービスを行うことになった。

②－チームによる援助サービス

［Ａ子への個別的アプローチ］

個別的アプローチとしては、一対一のカウンセリングや遊戯療法が一般的

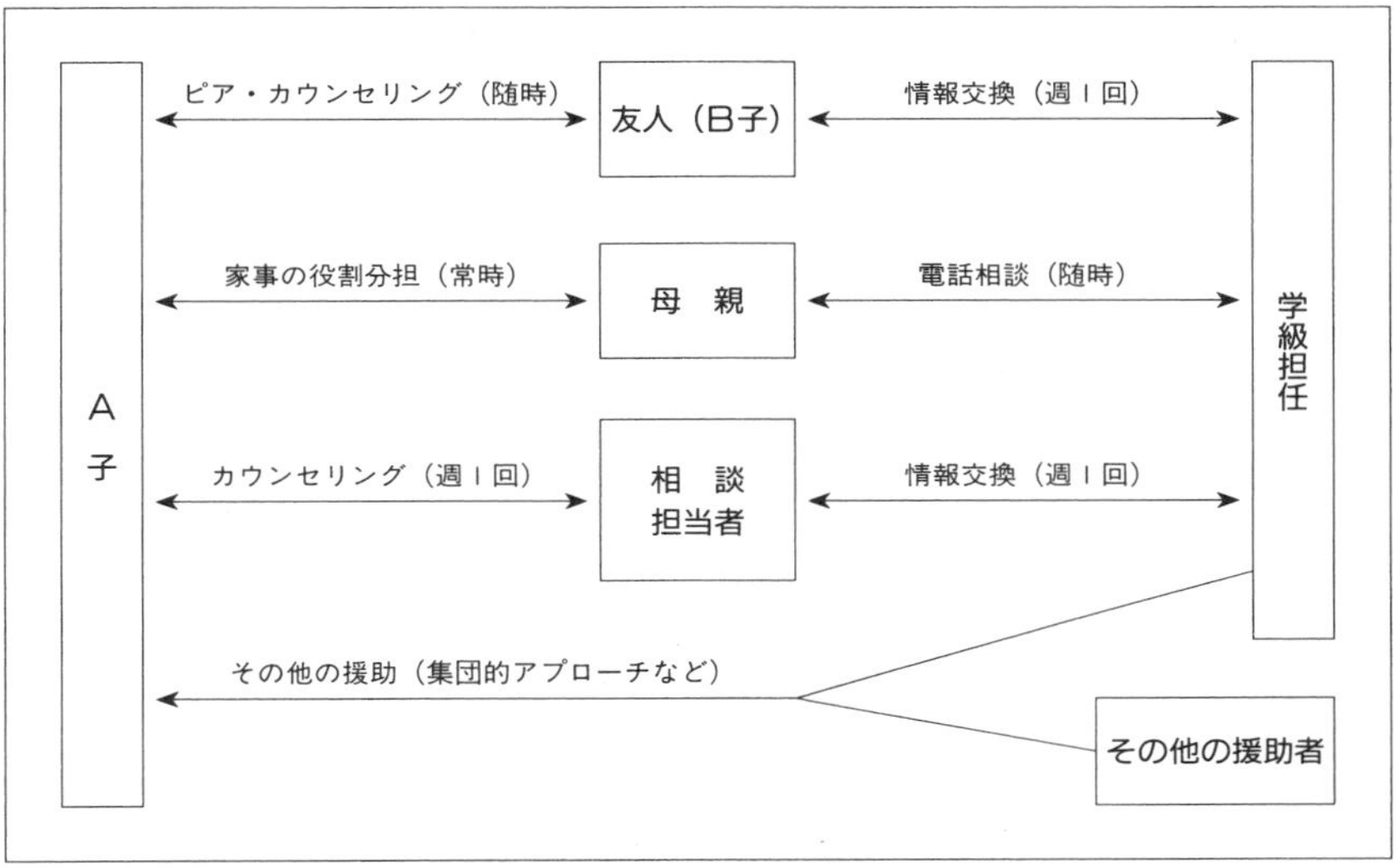

図７－４　Ａ子に対するチーム援助の構造図
（茨城県教育研修センター，2002より作成）

だが、チームの力を最大限に発揮するため、Ａ子に直接的に関わるチームメンバーによる援助も加えることにした。つまり、Ａ子を取り巻く様々な人的援助資源を活用し、多方面からのＡ子へのアプローチを試みた（図７－４）。

なお、上記のアプローチを設定するにあたっては、以下の３点を考慮し、特に、学級担任が他のメンバーを支えることを重視した。

①　Ａ子は「人に話を聴いてもらいたい気持ち」をもっており、カウンセリングに対する抵抗感は少ないことが予想されるので、より高い専門性を有する相談担当者（学年主任）がカウンセリングを担当する。学級担任は、相談担当者と週１回情報交換を行う。

②　友人Ｂ子が、Ａ子のサポート役となる。担任はＢ子との情報交換を、情報収集とＢ子のフォローアップを兼ねて行う（Ｂ子の負担に対する配慮）。

③　Ａ子の責任感や所属感を高め、家庭においてもＡ子の成長が促進されるよう、母親がＡ子の家事の分担をさせる。母親との相談は面接が望ましいが、まだ問題が深刻化していない今の段階で母親に頻繁な来校を求

めることは、抵抗感を生じるおそれがあるので、担任が電話相談を継続的に行うことで代替する。

【Ａ子への集団的アプローチ】

集団的アプローチとしては、構成的グループ・エンカウンター（國分，1992）をはじめ、いくつもの方法が考えられる。いずれも一次的援助サービスだけでなく二次的援助サービスとしても有効だが、その際教師が対象生徒の反応にいっそう敏感に対応する必要がある。

▶実践例１：構成的グループ・エンカウンター

構成的グループ・エンカウンターのプログラムの構成にあたっては、このＡ子を中心とした人間関係を改善することを主眼として、他者理解と他者受容に焦点をあてたエクササイズを組み合わせた（プログラムは略）。

▶実践例２：ジグソー学習法

ジグソー学習法(1) とは、共同学習と教え合い学習を組み合わせたグループ学習方式で、学習が遅れ気味の生徒や学習に取り組む意欲が低下しがちな生徒が積極的に学習に取り組んだり、そうした生徒に対し周囲の生徒が好意的に教えたりするなどの効果がある（山内，1988）。

ジグソー学習を行う際、二次的援助サービスが必要な生徒について、その生徒が持ち味を発揮できるよう意図的に課題を設定することにより、よりいっそうの効果が期待できる。

【学校行事を通した援助】

学校行事は、日常の学校生活とは異なる特別の場面であるので、Ａ子にとっても教師にとっても、気持ちを切り替えて意欲を高めることが比較的容易である。特に、学校生活の大半を占める学習場面において自信を喪失し、生活意欲が低下している生徒が、活力を取り戻すための第一歩として活用すると効果がある。

近ごろ、何事に対しても消極的なＡ子だったが、忘れ物をした友達に進んで物を貸してあげるなどの優しい一面があることがわかった。そのころ、宿泊学習が予定されていたので、面倒見のいいＡ子に保健係になることを勧めてみた。

Ａ子が宿泊学習の期間、保健係として友人を温かく面倒を見たことで、クラスメイトの彼女に対する見方が変わり、積極的に彼女に話しかける生徒が増えるなど、交友関係が改善された。

③ー生徒指導の観点から

【自助資源の活用と生徒の成長をめざす生徒指導】

援助チームシート活用の利点については前述のとおりだが、実践を通し、特に「自助資源に目を向けること」の重要性が強く感じられた。

気になる生徒への援助サービスに際しては、とかく気になる点の解消にばかり目が奪われ、ややもすると、その子にとって一番嫌な弱い面をつつくことに終始しがちである。それでは、その子は救われない。

自助資源に目を向け、子どものよさを伸ばす方向で援助することのほうがよほど教育的であり、生徒指導のねらいである「一人ひとりの生徒の個性の伸長を図る」指導・援助につながると考える。

【援助資源チェックシート活用とチーム援助】

援助資源チェックシート（図７－３）活用により、生徒に関わるより多くの援助資源に気づくことができたことは有効であった。

本事例では、母親に対してＡ子の家事の分担を依頼し、そのことでＡ子の責任感や所属感を高め、家庭においてＡ子の成長が促進されるよう配慮した。また、母親に対して、担任が電話相談を実施した。

保護者の協力を得ることは、生徒指導上の問題状況を解決するのに大変有効であることから、本事例でも、母親のＡ子への関わりへのコンサルテーションと母親自身のサポート（電話相談）を行ったわけである。

【個別アプローチについて】

Ａ子に対する個別アプローチでは、相談担当者によるカウンセリングを含めながらチームを編成して、多方面から援助を展開した。その結果、一つ一つの援助そのものは十分とはいえないが、それぞれの援助が相互に関係し合って短期間で成果をあげることができた。

生徒指導における二次的援助サービスをチームで実施することの有効性が確認されたのである。

【集団的アプローチについて】

集団的アプローチでは、方法の選択ならびにエクササイズや課題の与え方を工夫した。例えば**実践例１**の構成的グループ・エンカウンターでは、単に構成的グループ・エンカウンターなら何でもよいということではなく、「人間関係を改善するのであるから、他者理解と他者受容に焦点をあてたエクササイズを組み合わせる」ということであったり、**実践例２**のジグソー学習では、「対象生徒の自助資源を考慮して課題を設定する」といった具合である。

そうした集団的アプローチを数回積み重ねた結果、対象生徒の自信回復や人間関係改善が達成されると同時に、学級集団の許容性も高めることができた。

生徒は生徒（集団）の中で癒やされ、成長すると考えられる。集団の力動性を生かした指導・援助も有効である。

【学校生活を通した援助について】

学校行事を通した指導・援助においても、生徒の自助資源と行事をいかに結びつけるかがポイントであった。

実際の指導・援助にあたっては、まず生徒自身の自助資源を探り、その中から学校行事に生かせるものを見つけ出すことが必要である。安易に学校行事を利用しようとしても、生徒自身の特性に合致しなければ、効果があがらないばかりか、ときには逆効果にもなりかねない。「いつ・どの場面で」生かすかを教師が常々探っておき、生徒の自助資源に合致した行事が到来した際に、即座に活用することが大切である。このように、援助チームシート等を活用して事前に生徒の自助資源を把握しておくことにより、行事を有効に活用することが可能になる。

二次的援助サービスにおいては、対象となる生徒や問題の発見をより早くすることが大切である。つまり、子どもの変化を見逃さない観察力を養うことが必要となるわけだが（菅野，1999）、チェックリストの活用は、そのための方法としても有効である（石隈，1999）。

また、援助チームで指導・援助にあたる際、保護者を交えたチームを編成する必要が生じた場合には、保護者の心理的負担を考慮して、チームを少人数（４～５名程度）に絞ったほうがよい。

二次的援助サービスは、生徒指導の積極的な側面、つまり「積極的にすべての生徒のそれぞれの人格のより良き発達を目指す」（「生徒指導の手引」

1981，文部省）というねらいに沿ったものであり、より強調されるべき側面である。
※事例については、プライバシー保護のため修正を加えてあります。

（３）SOSチェックリスト

①ー目的

児童生徒の変化を早期に発見するためのチェックリストである。この表を使って、学級の児童生徒全員についてチェックしながら、援助の必要な児童生徒や問題状況の発見をより早くする。

②ー活用の仕方

表７－３のように、Ａ子さんは学習面（３）、心理・社会面（３）、進路面（１）、健康面（１）、その他（０）で合計８点である。このように使えば、８点以上の児童生徒がいたら、チーム会議をもつ（何点かは学校や学級等の実態による）、というように、ルールを決めて早めにチームで援助する。問題状況が大きくなってその児童生徒の成長・発達の障害とならないようにする。

（安達　英明）

注（１）ジグソー学習法

ジグソー学習法とは、児童生徒がジグソーグループと課題別グループの二つのグループに所属し、それぞれの仲間と教え合い学習するという方法である。一人ひとりのロールが明確であり、責任をもって課題に取り組むという効果がある（山内，1988）。

５　チームによる大きな援助ニーズへの対応（三次的援助サービス）

（１）チームによる大きな援助ニーズへの対応とは

本稿「チームによる大きな援助ニーズへの対応」については山口（2004a）の論文を基に述べる。

表７-３　SOS チェックリスト〔名簿形式〕Ver.1（2001）

１年○組　　　　　　　　　　　　　　　　　　　　　　　　　　　　調査年月日：平成○○年11月４日

No.	氏名 ＼ チェック項目	学習面					心理・社会面							進路面				健康面				全般			合計
		勉強への取り組みの変化	テスト成績の急激な降下	授業中投げやりな態度	授業中ぼんやり	授業中眠ることの増加	自分への否定的イメージ	学校での暗い表情	イライラすることの増加	学級内での孤立	家族との関係の変化	教師に対する態度の変化	服装や言葉遣いの変化	関心がもてる対象の減少	得意なことの減少	決心がつきにくい	進学についての態度変化	食事の様子の変化	けがや病気	頭痛や腹痛	眠そうな顔	遅刻・早退	理由の不明確な欠席	事件の発生	
1	○○　○○																								
2	○○　○○																								
3	○○　○○																								
4	○○　○○																								
5	○○　○○																								
6	○○　○○																								
7	○○　○○																								
8	○○　○○																								
9	○○　○○																								
10	○○　○○																								
11	○○　○○																								
12	○○　○○																								
13	○○　○○																								
14	○○　○○																								
15	○○　○○																								
16	○○　○○																								
17	○○　○○																								
18	○○　○○																								
19	○○　○○																								
20	○○　○○																								
21	○○　○○																								
22	○○　○○																								
23	○○　○○																								
24	○○　○○																								
25	○○　○○																								
26	○○　○○																								
27	○○　○○																								
28	A　子	×	×		×			×		×		×				×		×							8
29	○○　○○																								
30	○○　○○																								
31	○○　○○																								
32	○○　○○																								
33	○○　○○																								
34	○○　○○																								
35	○○　○○																								
36	○○　○○																								
37																									
38																									
39																									
40																									
		1	1		1			1		1		1				1		1							8

（石隈利紀，1999『学校心理学』誠信書房，参照）

①ー三次的援助サービス

治療的生徒指導とは、学校心理学でいう三次的援助サービスにあたり、不登校、いじめ、障害、非行などにより「特別な重大な援助ニーズをもつ特定の生徒」を対象とする。二次的援助サービス（予防的生徒指導）の場合と同様に援助チームをつくるが、より緻密なアセスメントを実施して対象の生徒の指導・援助を行うことが重要である。また、援助ニーズの大きさによっては、相談機関や医療機関などの専門機関との連携を視野に入れておく必要がある。

②ーチーム援助を取り入れる

学校での個別的な援助サービスで、学校が十分その力を発揮できるのは二次的援助サービス（予防的生徒指導）であろう（山口・石隈，2001）。さらに問題状況が深刻化した三次的援助サービス（治療的生徒指導）の場合、むしろ相談機関や医療機関などの専門機関との連携が重要になり、学校内のネットワークだけでは対処しきれない場合が多い。だからこそ、外部の専門機関等と連携を図り、いかにチームで指導・援助するかがポイントとなる。つまり、援助ニーズの大きい生徒のためには、生徒の学級担任の教師、保護者、スクールカウンセラー、スクールソーシャルワーカー、外部の専門家などがチームとなって援助サービスを行うことが望ましいといえる（石隈，1999）。

ところで、相互コンサルテーション（チーム会議）の場を設定して情報収集や援助案を検討する段階では、雛形となるべき援助チームシート（表７－４参照）や援助資源チェックシート（図７－５参照）を作成し、その項目を埋める形で会議を進行することが有効である（石隈・田村，2003）。

③ー三次的援助サービスの基本的な考え方

三次的援助サービスは、不登校や障害、非行などの重大な問題状況を抱える生徒、すなわち、「特別な援助ニーズをもつ特定の生徒」に対する援助サービスであることは前述した。したがって、二次的援助サービスに比べて援助者のより高い専門性が求められる場合が多く、コンサルテーションや援助サービスネットワークの活用がより重要になってくる。

ここでのコンサルテーションとは、個別コンサルテーションと相互コンサルテーションのことであり、異なった専門性や役割をもつ者同士が、生徒の問題状況を検討し、今後の援助のあり方について話し合うプロセス（作戦会議）である（石隈，1999）。また、援助サービスネットワークとは、援助サービスに関わる援助資源（人的資源や専門機関等）の「つながり」のことである（山口，2004a）

一般的に、個々の生徒への対応は学級担任が中心だが、より専門性が必要となる三次的援助サービス（治療的生徒指導）においては、学級担任個人の指導・援助力だけでは対応しきれない場合が多い。かりに生徒に直接対応するのは学級担任であるとしても、それ以外の専門的な立場からの助言や支援が不可欠である。そこで、コンサルテーションの必要性が生じてくる。

実施のコンサルテーションにおいては、従来の個別コンサルテーションに加えて、数人からなる援助チームを編成し、異なる専門家や役割をもつ者同士が意見交換をしながら相互に助言や支援をし合うプロセス（石隈，1999）である相互コンサルテーション（チーム会議などの双方向性のあるコンサルテーション）を並行して行うことが効果的であると考えられる。

ところで、専門家と学級担任、教師と保護者などの個別コンサルテーションには、思い立ったときすぐに助言や指導を求めることができるという利便性がある。反面、助言などを求める側にとっては、それなりの勇気と決断が必要とされ、与える側にも、相手を敬う気持ちを見失いがちになるという危険性がある。円滑なコンサルテーションのためには、求める側の積極性と熱意、与える側の専門性と謙虚さ、そして何より、日ごろの信頼関係の確立が大切なのである。

学校では、一人の生徒に対し、それぞれ別の立場や役割から数人の援助者が関わることが多くある。また、あるときは直接的な援助者になったり、別の場面では援助者をフォローしたりするというように、場面によって役割が変化することも多い。そのため、関係者がチームを組み、相互コンサルテーションの機能を生かしながら、協力して援助にあたることが必要になると考えられる。

さて、さらに多方面の専門性が要求される三次的援助サービス（治療的生徒指導）においては、援助サービスネットワークの活用が有効であると考えられる。学校内外において生徒に関係の深い人たちや、生徒の問題に関する専門性を有する人や機関によるネットワークを確立しておき、その時々の援助ニーズに合わせたメンバーをピックアップしてチームを編成することにより、より効果的な援助チームが実現する。このことは、援助サービスネットワークの資源をどれだけ有しているか、別の言い方をするならば、どれだけの選択肢を有しているかがポイントとなる。

例えば、不登校生徒への援助サービスのために外部専門機関に協力を依頼しようとしたとき、具体的にどのような専門機関があるのかを知らなければ依頼のしようがない。また、いくつかの専門機関を知っていたとして、その生徒の状況に最も合致した対応ができる専門機関はどれかが判断できなければ効果的ではない。

これは、外部の専門機関に限ったことではなく、校内の人的資源についても同様である。したがって、三次的援助サービス（治療的生徒指導）をコーディネートする立場にある者（コーディネーター）は、日ごろから援助サービスネットワークに関する情報収集を心がけておかなければならない。

（２）三次的援助サービスのチーム援助の実際（中学校）

①－Ａ男の状況

中学校１年生のＡ男は、９月の夏休み明けから登校しぶりが始まった。最初の数回は、学級担任が迎えに行くと登校することができたが、その後、迎えに行っても部屋から出てこなくなり、10月から全欠状態となってしまった。

②－Ａ男への援助サービス

学級担任から個別コンサルテーションを依頼された学年主任が、校内の関係教師、養護教諭、スクールカウンセラーによる相互コンサルテーション（チーム会議）の場を設定。その後、第２回には保護者ならびに公立の教育相談室、第４回には児童相談所を加えて、定期的に相互コンサルテーション（チーム会議）を継続した。援助の経過を次に示す。

【第１回相互コンサルテーションとその後の経過（１年生・９月）】

主な取り組みは、学級担任による家庭訪問と、保護者に対する教育相談室での面接の勧めである（表７－４「援助チームシート」参照）。

表７－４　A男の援助チームシート

【石隈・田村式 援助チームシート自由版】実 施 日：平成※年９月29日（※）17時00分～18時00分　第１回
次回予定：平成※年10月19日（※）16時00分～17時00分　第２回
出席者名【学級担任(T1)、学年主任(T2)、学年生徒指導担当(T3)、養護教諭(Y)、学年職員(T4～T10)、スクールカウンセラー(SC)】
苦戦していること【登校できなくて悩んでいる】

援助対象生徒名 中１年○組○番 氏名 A　男		学習面 （学習状況） （学習スタイル） （学力） など	心理・社会面 （情緒面） （ストレス対処スタイル） （人間関係） など	進路面 （得意なことや趣味） （将来の夢や計画） （進路希望） など	健康面 （健康状況） （健康面の様子） など
情報のまとめ	（A） いいところ 子どもの自助資源	・落ち着いた授業態度（T3、T4、T5）	・友達に優しい（T1）	・高校進学希望（T1）	・体格がよく体力もある（T1） ・保健室来室無（Y）
	（B） 気になるところ 援助が必要なところ	・基礎学力が不十分（T1） ・発表はほとんどない（T4、T5）	・全欠で、迎えに行くと部屋から出て来ない（T1）	・現実的な目標がない（T1）	
	（C） してみたこと 今まで行った、あるいは、今行っている援助とその結果		・家庭訪問（T1） ・朝の迎え時には会うことができなくなった（T1）		
援助方針	（D） この時点での目標と援助方針	・家庭訪問により学級担任と本人との人間関係を構築する。 ・保護者に、専門機関（公立教育相談室）での相談を勧める。			
援助案	（E） これから援助で何を行うか	①　補充学習	①　本人との面接 ②　父母と面接 ③　教育相談室との連絡調整		
	（F） 誰が行うか	①　T１	①　T１ ②　T２ ③　T２		
	（G） いつから いつまで行うか	①　家庭訪問時の様子によって開始	①　今週～週１ ②　今週 ③　父母との面接後		

（石隈，1999『学校心理学』誠信書房；石隈・田村，2003『石隈・田村式援助シートによるチーム援助入門』図書文化を参考に作成）

田村・石隈式【援助資源チェックシート】1997～2003

記入日　※年　９月　29日

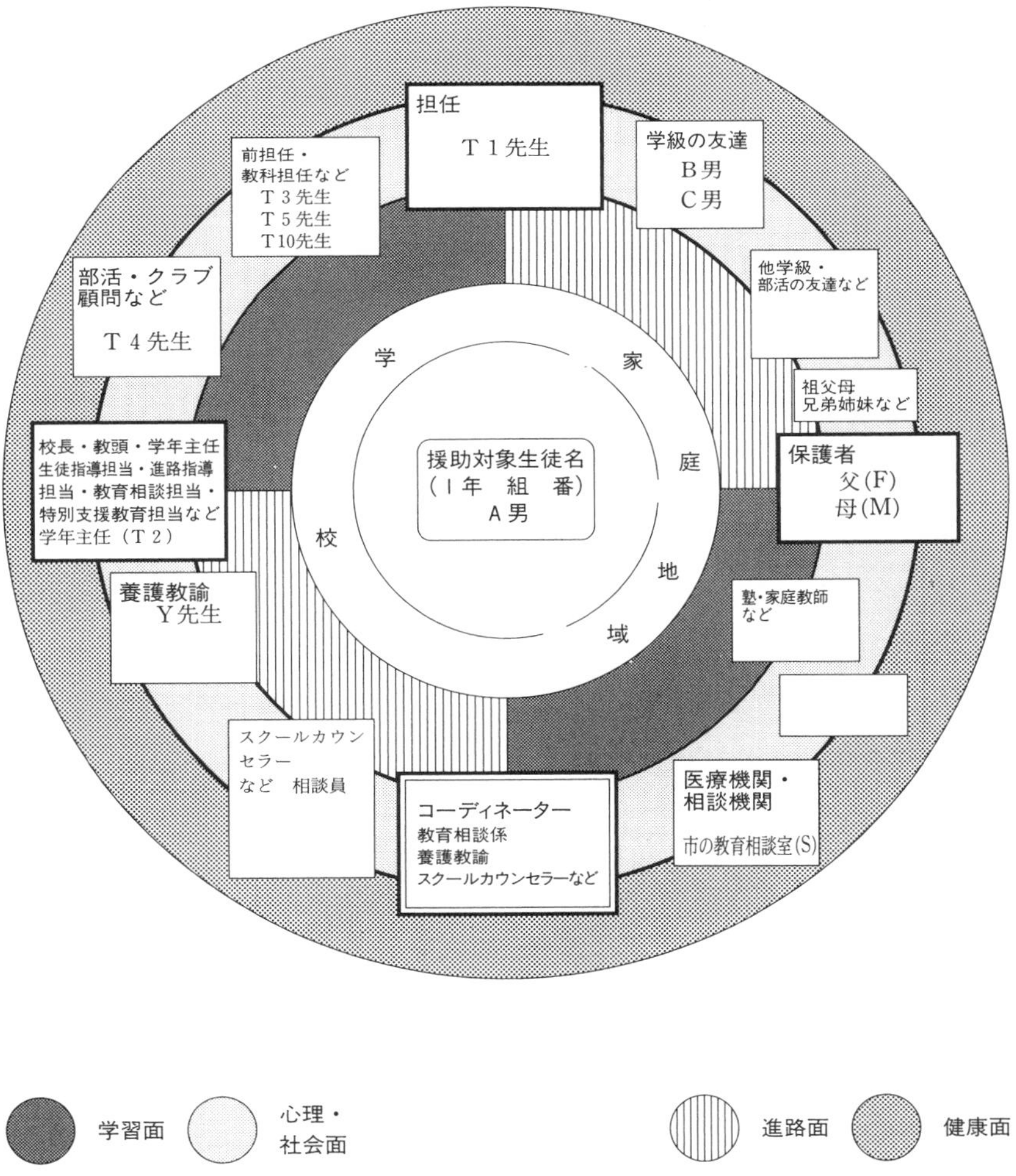

図７－５　Ａ男の援助資源チェックシート

（石隈，1999『学校心理学』誠信書房；石隈・田村，2003『石隈・田村式援助シートによるチーム援助入門』図書文化を参考に作成）

学校に行けないＡ男に対し、どう対応したらいいかわからず苦慮していた保護者は、学校側の提案に賛同して、即座に教育相談室での面接を開始した。

しかし、学級担任が家庭訪問を行っても、Ａ男は部屋から出てこようとはせず、会うことはできなかった。さらに、Ａ男は、保護者との会話の中で出てくる学校や友達の話題に対しても拒否反応を示すようになってしまった。

【第2回相互コンサルテーションとその後の経過（1年生・10月）】

保護者が教育相談室に通うようになったことから、保護者と教育相談室の相談員にも相互コンサルテーションに加わってもらうことにした。

Ａ男の状況から、登校刺激を避けるために家庭訪問や電話連絡は一切中止し、学級担任は、構成的グループ・エンカウンター（國分，1992）などによる、許容的な学級集団づくりに全力をあげることにした。

この時点でコーディネーター（学年主任）が配慮したことは、Ａ男に関わりたい気持ちを最も強く抱いている学級担任にがまんしてもらうわけなので、その意義を理解してもらえるよう十分な説明をすることと、学級担任のつらい気持ちを受け止めフォローすることだった。

Ａ男には、保護者から教育相談室または適応指導教室への来室を勧めてもらったが、本人の同意は得られなかったため、無理に来室させることはせず、家族のふれあいの時間を多くもつことで、本人の心理的安定を図ることにした。具体的には、休日を利用して家族での釣りやドライブで、これまでもそうした家族のふれあいの機会をもつことはあったが、それらはいずれも、父親の強いリードによって行われたものだった。そこで今回は、Ａ男自身に計画を立ててもらったり、Ａ男の判断で行動したりするよう心がけてもらうことで、Ａ男の自己思考や自己決定能力を養う機会としても役立つようにした。

【第3回相互コンサルテーションとその後の経過（1年生・11月）】

登校刺激を中止した結果、学校の話題に対する拒否反応が減少するなど、わずかながら回復の兆しが認められるようになった。

しかし、この時点でＡ男と関係がもてる相手は家族しか存在しなかったため、本人へのアプローチとしてメンタル・フレンド[1]の導入について検討することにした。メンタル・フレンドの仲介という立場から、児童相談所の担当者に次回の相互コンサルテーション（チーム会議）に加わってもらうよう要請した。

このころ、保護者は、週１回の教育相談室での面接を継続しており、来校した際の表情にも笑顔が見られるようになった。

【第４回相互コンサルテーションとその後の経過（１年生・12月）】

メンタル・フレンドによる家庭訪問を開始。最初は室内での会話だけだったが、Ａ男の趣味でもある釣りの話題をきっかけにメンタル・フレンドとの関係が深まり、キャッチボールを皮切りに徐々に外にも出られるようになった。

また、メンタル・フレンドを介して適応指導教室に通うことを勧めた結果、メンタル・フレンドとともに適応指導教室に来室。二人での来室を数度繰り返した後、母親と二人で来室することが可能となり、週に１～３回の割合で適応指導教室への来室が継続できるようになった。

その結果、当初あれほど拒否反応を示していた学校や友達の話題を、自分から口にするようになるなど、かなりの回復が見られるようになったため、第５回と第６回の相互コンサルテーションを経て、学級担任による家庭訪問の実施に踏み切った。家庭訪問では会話は少ないものの、キャッチボールを通して心の交流を図ることができた。

【次年度以降の経過と現在の状況】

１学年10月から全欠状態にあったＡ男であったが、メンタル・フレンドとの交流や担任とのキャッチボールを継続した結果、登校の意欲が現れ始め、半年ぶりの登校を実現することができた。そこで、本人との関わりは主に担任とメンタル・フレンドが行い、両親との面接は学年主任が引き継ぐことにした。さらに、休日は友達の力を借りて一緒に遊んでもらうことにした。

２学年の夏休みには、友達との関係からＡ男が部活動に対して興味を示すようになったため、部活動顧問と連携を図りながら援助した。９月以降も、Ａ男は部活動参加の意欲をもち続け、それが登校への動機づけにつながり、出席日数も格段に増えた。

１月以降は、メンタル・フレンド側の都合でメンタル・フレンドの訪問は終結してしまったが、Ａ男が心理的にかなり成長していたため、マイナス面の影響は見られなかった。

３学年に進級してからは、欠席もごくわずかとなり、現在、高校進学に向けて意欲的に学習に取り組んでいる。

（3）三次的援助サービスのチーム援助のあり方

不登校生徒Ａ男に対する今回の指導・援助の実践（援助サービス）を振り返る。

①ー援助サービスネットワークを活用したチームづくり

今回の援助サービスでは、学校内の人的資源以外に、学校外の人的資源として父母、教育相談室相談員、児童相談所職員、メンタル・フレンドに援助チームへの参加を依頼した。

それらはいずれも、初めから参加していたわけではなく、何度か相互コンサルテーションを繰り返した後、必要に応じて参加を要請したものである。また逆に、最初は学年職員全員がチーム構成員であったが、実際の関わりがほとんどないという事実から、構成員から除いたメンバーも数名いる。

このように、Ａ男という同一の生徒に対する援助チームであっても、現状に応じてチームの再編があるのはやむを得ない。大切なことは、「今、その子の援助にとって」一番必要なメンバーを考えながら、相互コンサルテーションを進めることである。そうして様々な特性をもったメンバーからなるチームが編成されたとき、対象生徒への援助に多様な可能性が生まれる。

例えば、Ａ男に直接関わる援助者としては、まず学級担任を設定した。しかし、その時々の状況や結果に応じ、そのつど「父母→メンタル・フレンド→適応指導教室→友達」といった具合に変更し、成果をあげてきた。これは、それだけの人材を有した援助チームが編成されていたから成し得たことなのである。ここに、援助サービスネットワークを生かしてチームを編成する意味がある（図７－５「援助資源チェックシート」参照）。

②ーコンサルテーションの有効性

コンサルテーションを行うには場の設定が必要だが、そのこと自体、かなりの労力を必要とするものである。特にポイントとなるのが、その際のコーディネーターの問題、時間の問題、メンバー選定の問題であろう。

まず、第一にコーディネーターの問題である、別の言い方をするならば

「誰が音頭をとるか」という問題である。

実際のケースでは、生徒に直接関わる学級担任や養護教諭、保護者が問題状況を発見する場合が多い。しかし、それらの立場の者が、多くの教師や関係者を集めることは容易ではない。相互コンサルテーションを実施するにあたっては、メンバーを集めやすい立場の者、例えば生徒指導主事とか学年主任等の立場にある者が音頭をとることが望ましいといえる。

Ａ男のケースでは、問題状況を発見した学級担任から個別コンサルテーションを依頼された学年主任が、メンバーを集めて相互コンサルテーションに発展させ、その後の援助を組織的・計画的に推進した。

第二に、時間の問題である。これは、第三のメンバー選定の問題とも関連があるが、中学校の現状を考えたとき、相互コンサルテーションのためだけに改めて時間を確保するのははなはだ困難である。そこで、定例で行われている職員会議や学年会議等の延長として設定する方法が考えられる。

Ａ男のケースでは、毎週１回位置づけられている学年会議のうち、月に１回は援助ニーズの大きい生徒に関する相互コンサルテーションをつけ加えるという方法を取り入れた。ただし、それにしても勤務時間外におよぶおそれも大きいので、相互コンサルテーションを位置づけたときの学年会議では、できるだけ無駄を省いて短時間で切り上げ、スムーズに相互コンサルテーションに入れるようにするなどの配慮が必要である。

第三に、メンバー選定の問題である。前述したとおり、メンバー選定には援助ネットワークの存在が大きい。三次的援助サービス（治療的生徒指導）をコーディネートする立場になる者は、日ごろから援助ネットワークに関する情報収集を心がけておかなければならない。

Ａ男のケースでは、父母をはじめ、教育相談室相談員、児童相談所職員等にもメンバーとして加わってもらい成果をあげたが、これは、かなり大がかりな事例であり、現実には校内の人的資源＋保護者という形が大半であろう。その場合であっても、校内の人的資源に関して十分な情報収集を行っておくことが有用である。立場としての人材ばかりでなく、立場を越えて個人の特性としての人材にも目を向けておくことが望ましい。

（山口　豊一）

※事例については、プライバシー保護のため修正を加えてあります。

注（1）　メンタル・フレンド制度

　不登校などの児童生徒を対象に、遊び相手や相談相手になるお兄さんやお姉さん役の大学生等を家庭に派遣する制度である。児童相談所等が窓口となり、派遣の相談に応じている（加藤，1997；東京都福祉保健局，2020）。

コラム 8　『桃太郎』に学ぶチーム援助

チーム援助とは、異なる立場や役割をもつ専門家が、共通の目標をもって、問題を抱えている児童生徒をチームで支援し、問題解決にあたることです。

また、ある児童生徒に対して、一緒に支援を行う集まりを「援助チーム」といいます（石隈・田村，2018）。

ところで、援助チームが児童生徒の問題解決をよりよく行うためにはどのようなメンバーを集めればよいのでしょうか。この問いにとても参考になるのが、童話『桃太郎』です。ここでは、桃太郎はコーディネーターの役割を果たしているといえます。自分一人だけでは鬼を退治するという問題（課題）解決が困難と考えた桃太郎は、同行者に犬と猿とキジを選び、チームを組んだのです。では、チームのメンバーである犬、猿、キジは何を象徴しているのでしょうか。筆者は犬には行動力（船をこいで鬼ヶ島へ行った）、猿には知恵（舵を取った）、キジには情報（物見をした）が象徴されていると考えます。これは、コーディネーターがメンバーを選ぶ際、行動力、知恵、情報のあるメンバーでチームを作る必要があるということを示唆しているように思えるのです。

つまりそれぞれのメンバーがもつ、知恵、行動力、情報を活用するということです。例えば、コーディネーター役の学年主任は学校組織についての知恵をもち、連絡・調整のフットワークで行動力を発揮し、学校・学年の先生方に関する情報を活かします。また養護教諭は心身の健康についての知恵をもち、保健室の持ち味を活かして行動し、児童生徒の心身の状況についての情報からアセスメントに貢献します。また保護者は、親としての知恵をもち、家族や地域の援助資源を活用して行動し、子どもの日々の生活についての情報を援助チームに提供します。このように、『桃太郎』の話から、チーム援助への手がかりを読み取ることができます。

（山口　豊一）

コラム❾ LD（SLD）・ADHD・ASD

【SLD：限局性学習症】（LD：学習障害）

LD（Learning Disabilities）は学習障害と訳されます。

文部省（1999）の定義では、「学習障害とは、基本的には全般的な知的発達に遅れはないが、聞く、話す、読む、書く、計算する又は推論する能力のうち特定のものの習得と使用に著しい困難を示す様々な状態を指すものである。学習障害は、その原因として、中枢神経に何らかの機能障害があると推定されていますが、視覚障害、聴覚障害、知的障害、情緒障害などの障害や、環境的な要因が直接の原因となるものではない」（p.3）とされています。

つまり、知的発達に遅れがないのに、学習面で何らかの特異的な困難があることが判断基準となります。学習の基盤となる「聞く、話す、読む、書く、計算する、推論する」という能力の中に、とても弱いところがあります。最近では、定義が更新され、アメリカ精神医学会が2013年に出版したDSM（Diagnostic and Statistical Manual of Mental Disorders）の第５版（DSM-５）においては限局性学習症（Specific Learning Disorder：SLD）という名称で定めています。下位区分として読みの障害、書き表現の障害、算数の障害があります。また、援助や配慮の必要程度による重症度分類もあります。

【ADHD：注意欠如 / 多動症】（注意欠陥 / 多動性障害）

ADHD（Attention-Deficit/Hyperactivity Disorder）は以前、注意欠陥 / 多動性障害と訳されていましたが、DSM-５において、注意欠如 / 多動症となりました。文部科学省（2003a）の定義では「ADHDとは、年齢あるいは発達に不釣り合いな注意力、及び／又は衝動性、多動性を特徴とする行動の障害で、社会的な活動や学業の機能に支障をきたすものである。また、７歳以前に現れ、その状態が継続し、中枢神経系に何らかの要因による機能不全があると推定される。」（p.43）とされていますが、基本的には感情や行動のコントロールが困難という症状です。ADHDの子どもは、「気が散りやすく、集中力を維持させることができない、忘れっぽいなどの不注意な行動、待てない、我慢ができないなどの衝動的な行動が幼児期から様々な場面で認められる」とされています（大塚，2018, pp.6-７）。このように、ADHD は行動面に焦点が当てられますが、学習と行動は密接に関係しています。学習を進める上で、このような行動は重要です。

【ASD：自閉スペクトラム症 / 自閉症スペクトラム障害】（自閉症）

ASD（Autism Spectrum Disorder）はかつて自閉症という名称で精神障害に分類されており、1980年にアメリカ精神医学会が出版した DSM の第３版において広汎性発達障害というカテゴリで発達障害に組み込まれていました。そして、DSM の第４版においてアスペルガー障害（症候群）や高機能自閉症等、細分化されていきました。その後、2013年に出版した DSM-５において ASD として分類され、自閉スペクトラム症 / 自閉症スペクトラム障害と訳されています。多くの学者や医者がこの定義について議論を重ねており、近年では DSM の基準と WHO（世界保健機関）の国際疾病分類（International Classification of Diseases：ICD）による基準が主に引用されています（梅永，2018, pp.8-９）。文部科学省（2013c）の「教育支援資料」において、ASD について「自閉的な特徴がある人は、知能障害などその他の問題の有無・程度にかかわらず、その状況に応じて支援を必要とし、その点 では自閉症やアスペルガー症候群などと区分しなくてよいという意味と、自閉症や アスペルガー症候群などの広汎性発達障害の下位分類の状態はそれぞれ独立したものではなく状態像として連続している一つのものと考えることができるという二つ の意味合いが含まれた概念である。したがって、自閉症スペクトラム障害には下位分類がなく、自閉的な特徴のある子供は全て自閉症スペクトラム障害の診断名となる。」としています。このような障害のある子どもへ関わる際、個々のニーズを的確に把握し、一人ひとりのニーズに応じた援助サービスを行うことが何よりも大切です。　（山口　豊一）

コラム⑩　虐待　―児童自立支援施設入所の被虐待児童―

児童自立支援施設に入所する児童の処置理由の大半は、非行だけでなく養育的な保護が不十分であることがあげられます。1999年に全国児童自立支援施設入所児童1,405名に対して行った調査（国立武蔵野学院，2000）によれば、入所児童1,405名中、身体的虐待、心理的虐待、性的虐待、ネグレクト（養育の怠惰あるいは拒否）のうち、いずれかの被虐待経験のあった児童は、48.7％であったことが報告されています。これは、非行の問題と虐待の問題とは何らかの関わりがあることを示唆しています。

私が、児童自立支援施設の職員だったときに、親から虐待を受けた経験をもつ生徒に出会うことが多くありました。Ａ男は、私が自分の前髪に手をやろうと手を上げると、自分のおでこをかばうようにしました。それは反射的に自分をかばうような動作でした。その瞬間に「叩かれる」とでも思ったのでしょう。何度か同じようなことがあったので、その度に、私は「Ａ男を叩いたりはしないよ」と伝えました。

Ｂ男は、小学生の頃母親がいなくなり、兄に育てられました。母がいなくなってからは、電気も止められ、夜になると兄弟３人でろうそくを灯したそうです。Ｂ男は、私たちのところに来てからもなかなかうち解けず、しばらくはあまり話もしませんでしたが、徐々におしゃべりな子どもになりました。

子どもたちが成長する過程では、まず、心身の安全が保障されることが必要だと思います。そして、安心して接触できる大人と出会うことや、信頼できる大人との関わりを積み重ねることは、自分の親とのそれまでの関係を修復するきっかけになるのではないかと思います。（事例は変えてあります。）

（家近　早苗）

事例❹　食事の量が極端に減り、やせてきて、不登校状態になった娘（高２・女子）

【相談】

高２になってから急に食事の量が減ってきて、どんどんやせてきました。原因をたずねても「別に」と不機嫌そうに答えるだけです。２学期から不登校状態となり、何かと言うと「うるさい」と怒鳴ったり、「あんたのせいだ」と一段と攻撃的になってきました。以前は素直ないい子だったのに、娘をどう扱ったらいいかわからず途方に暮れています。高校だけは卒業してほしいと思っているのですが、今後どのように関わっていたらよいのでしょうか。　（高２女子の母）

【答え】

娘さんは、学校生活などでの強い緊張やストレスを言葉にできず、身体の方に先に出ているのかもしれません。自分の本心をうまく表現できずに、「別に」「うるさい」という言葉になっているのではないでしょうか。まず、娘さんが語ることを受容していくように心がけ、一緒に考えたり、悩んだりし、心の中をわかっていこうとすることが大切かと思います。

また、担任の先生や相談機関、医療機関との連携を図るなどして、本人を取り巻く人々が信頼に満ち、安定したものであると娘さんが感じられるように配慮することも大切です。そして、お母さん自身も自分の不安な気持ちを聴いてもらい、安心して娘さんと接することのできるような環境をつくることが必要ではないでしょうか。親側にゆとりがないと、子どもの言葉に耳を傾け、子どもとのより良い関わりをしていくことが難しいのではないかと考えます。

「高校だけは卒業してほしい」と、子どもを望ましい方向に向けようという焦りから、娘さんの今の気持ちとどんどんかけ離れた関わりをして、娘さんを苦しめていることに気づかないでいるかもしれません。娘さんの体だけでなく、その背後にある苦しみ、悩みから立ち直れるような心理的な援助が必要だと思います。娘さんが学校や家庭に居場所があると感じ、心から安心してリラックスできるとき、少しずつ立ち直ろうと努力し始めていくでしょう。

（茨城県教育委員会「家庭教育通信　みち」高校生，第80号，1994を参考に作成）

（山口豊一）

第8章　コンサルテーションが支える生徒指導

学校は社会に対して、「学校に在籍するすべての児童生徒の成長を援助する」ことを契約している。そして、子どもが生きる力を獲得するのを援助する生徒指導において、教職員と地域社会の資源すべてが一体となってこそ、一人ひとりの子どもの援助資源といえる。コンサルテーションは、複数の援助者が協働して生徒指導を行うときの協働関係の鍵を握る。

本章では、生徒指導を支えるコンサルテーションの方法やプロセスなどについて学校心理学の観点から述べる。

1　コンサルテーションの基本的な考え方

（1）生徒指導におけるコンサルテーション

生徒指導とは前述のように「一人一人の児童生徒の人格を尊重し、個性の伸長を図りながら、社会的資質や行動力を高めることを目指して行われる教育活動」のことである（文部科学省，2010, p.1）。つまり生徒指導とは「個人として生きる力」や「社会で生きる力」を育てる教育活動である。

学校心理学は、子どもが学校教育活動を通して生きる力を身につけていく過程において出会う様々な問題状況の解決と子どもの成長促進をめざす援助サービスのモデルを提供する。前述のように、学校心理学では、援助サービスの活動を、アセスメント、カウンセリング、コンサルテーション、コーディネーションから整理している（石隈，1999）。

アセスメントとは、援助の対象となる子どもの問題状況に関する情報を収集し意味づけすることで、援助サービスにおける判断（援助方針の決定など）の基盤となる資料作成のプロセスである（石隈，1999）。

カウンセリングとは、授業、部活動、面接などを通した、子どもへの直接的な援助活動である。

そして、コンサルテーションとは、子どもの問題状況を直接的援助者である学級担任や保護者が、その仕事や役割の中で、よりよく解決できるよう援助するプロセスである。

本章では、生徒指導におけるコンサルテーションの基本的な考え方について説明したい。

（２）学校教育におけるコンサルテーションの意義と種類

①ーコンサルテーションとは

コンサルテーションは、「異なった専門性や役割をもつ者同士が子どもの問題状況について検討し今後の援助のあり方について話し合う作戦会議」（石隈，1999, p.261）といえる。

換言すれば、コンサルテーションとは、二人の専門家（一方をコンサルタント［consultant］、他方をコンサルティ［consultee］と呼ぶ）の間の相互作用の一つのプロセスである。そして、コンサルタントがコンサルティの抱えている子どもの問題状況を、仕事の中でよりよく解決できるよう援助する関係である（Caplan, 1961，山本和郎訳，表８－１）。

では、どんなときにコンサルテーションが求められるのであろうか。それは、コンサルティが子どもの生きる力を育てるという職業上、あるいは役割上の課題を遂行する上で問題状況や危機状況に遭遇したときである。そんなとき学級担任や保護者は、できるだけ自分で解決しようとする。そして、学級担任は同僚教師に、保護者は配偶者に相談する（石隈・小野瀬，1997）。それでも困難なとき、専門性や役割が異なる者へのコンサルテーションを考える。したがって、コンサルテーションはタイミングが大変重要な鍵を握る（山本，1986）。

ところで、コンサルテーションの第一の目的は、子どもへの援助ということでコンサルティの職業上、あるいは役割上の課題遂行における問題解決の援助である。そして、コンサルテーションの第二の目的は、コンサルティの援助能力の向上である。コンサルティは、今後、同様の子どもの問題状況についてより効果的に援助サービスを行えるようになることが期待される。つまり、コンサルテーションは、子どもの問題状況に対して予防的に機能する

表８－１　生徒指導におけるコンサルタントとコンサルティの例

コンサルタント	コンサルティ
生徒指導・教育相談担当	学級担任、保護者、あるいは学校組織
スクールカウンセラー、養護教諭	学級担任、保護者、あるいは学校組織
学級担任	保護者

（石隈利紀，1999『学校心理学』誠信書房，p.261を一部改変）

活動といえる。コンサルテーションは、コンサルティの問題状況を「今」援助しながら、コンサルティの「明日」の援助能力の向上を促進する（石隈，1999）。

②ーコンサルテーションとカウンセリング・スーパービジョンの違い

ここではカウンセリングを狭義にとらえ、「カウンセラー、またはカウンセラーに準じる専門家による問題解決をめざす援助活動」と定義する（石隈，2001b）。では、コンサルテーションと（狭義の）カウンセリングの違いを述べる。

コンサルテーションとカウンセリングは、互いの信頼関係に基づいて問題状況の解決をめざすプロセスという点で共通している。けれどもカウンセリングがクライエントの個人的・情緒的な問題状況を扱うのに対して、コンサルテーションはコンサルティの職業上、役割上の課題に焦点をあてている。つまり、生徒指導・教育相談担当は、学級担任の子どもへの援助サービスという職業上の課題や、保護者の子どもへの援助サービスという家族としての課題に関して援助する（石隈，1999）。

したがって、コンサルテーションにおいては、コンサルタント（生徒指導・教育相談担当）は、コンサルティ（学級担任や保護者）の社会的防衛の「ヨロイ」や職業や役割に基づく経験や誇りを大切にする。つまり、学級担任や保護者が、自分の立場や能力を生かして子どもを援助する方向で働きかけるのである。

一方、カウンセリングとは、クライエントは「ヨロイ」をはずして、自覚していなかったヨロイの点検をするということになる（山本，1986）。

次に、コンサルテーションとスーパービジョンの違いについて述べる。

スーパービジョンとは、共通の専門性や役割をもつ者同士の関係で、上級者が後輩、部下、初心者、研修生に対して行う「指導・監督」ともいえる。

大学院でカウンセリングの訓練を担当する教員（スーパーバイザー）が大学院生（スーパーバイジー）の事例において指導することを、スーパービジョンという。スーパービジョンにおいては、スーパーバイザーの責任が大きい（石隈，1999）。

では、生徒指導主事が問題状況を抱える子どもへの援助サービスにおいて、学級担任の相談にのるのは、コンサルテーションであろうか、それともスーパービジョンであろうか。石隈（2001b）は、以下のように説明している。

生徒指導主事と学級担任は、ともに学校教育の専門家である教師としての共通の専門性をもつが、同時に生徒指導の役割と学級の担任の役割という異なる役割をもつと考えられる。生徒指導主事は学級担任に、異なる役割をもつ者としてコンサルテーションを行うことができる。

そして、生徒指導主事は、学級担任等に対して「連絡・調整・指導・助言」の範囲で援助するのである。

③―コンサルテーションの種類と機能

コンサルテーションには、問題解決型、研修型、システム介入型がある（石隈，1999）。

問題解決型コンサルテーションには、一人のコンサルティを対象としたもの、複数のコンサルティを対象にしたものがある。第７章で紹介した「特定の子どもの援助チーム」における生徒指導・教育相談担当の働きかけは、問題解決型コンサルテーションのひとつの形態といえる。

また生徒指導・教育相談担当は、教師や保護者の子どもへの援助のあり方等について研修会を企画することがある。これは、研修型のコンサルテーションといえる。

また、システム介入型は、学校組織をコンサルティとして、学校教育システムが、子どもの生きる力を育てる援助サービスをよりよく行うよう働きかけるものである。生徒指導・教育相談担当が自分の立場から提案して、運営委員会で卒業式や運動会のあり方の改善を行うなどが、その例である。

④－コンサルタントに求められる能力

コンサルテーション（特に問題解決型）において、コンサルタントに求められる専門性には、①人間関係能力、②問題解決のプロセスを進め促進する能力、③生徒理解能力がある（石隈，1999)。

つまり、コンサルテーションにおける専門性は、アセスメントで求められる能力とも共通するが、問題解決という共同作業（プロセス）の能力と子どもの問題状況と教師や保護者の子どもへの関わりについての情報を整理・理解し、問題解決に向けて仮説を立てる能力である。もちろん、コンサルテーションを成功させるためには、コンサルタントの人間性（人間としての魅力や親しみやすさ）も大切な要因である。

（3）コンサルタントとコンサルティの人間関係

コンサルテーションにおけるコンサルタントとコンサルティの人間関係について主なものをあげる。

①－対等のパートナー

コンサルティはコンサルタントの部下でもないし、指導を受ける者でもない。両者は対等の立場にあり、協働する関係にある。言い換えれば、コンサルタントとコンサルティは、「横の関係」つまり「対等な関係」をもつ（石隈，1999)。しかし、コンサルテーションにおいて大切なことは、コンサルタントとコンサルティが活発に自由に話し合える関係であって、横の関係でなければならないというわけではない。実際には、「斜めの関係」がうまくいくことが多いようである（石隈，1999)。

「斜めの関係」について、石隈（2004）は以下のように説明する。

「生徒指導・教育相談担当が年下の学級担任にコンサルテーションを行うとき、コンサルティである学級担任が、生徒指導・教育相談担当という役割を尊重してくれると同時に年長者として『立てて』くれることがある。そのときは年長者として、その学級担任の敬意をありがたく受け止め、『教えてほしい』という『依存』もある程度受け入れる。しかし同時に、コンサルタントがその年下の学級担任をサポートする際、学級担任として尊重するのはもちろんである。

一方、コンサルティが年長の学級担任や保護者であって、年下の生徒指導・教育相談担当がコンサルタントになるときには、相手を学校教育（あるいは子育て）の専門家としてと同時に、人生の先輩として立てる。また、自分が人生の後輩であることに甘えて、いろいろと教えてもらう。そうしながら、生徒指導・教育相談担当として、相手がこちらを活用しやすいよう工夫しながら、お役に立てるようベストを尽くすのである」（石隈，2004，p.113）。

つまり、コンサルタントはコンサルティと「横の関係」を結べるときはそれでいき、「斜めの関係」が両者にとって折り合いがつけやすいときはそれでいくのがいいのである。

②―コンサルティの積極的な関与

コンサルテーションは、コンサルティの役割上の課題に関する問題状況の対処や解決を、コンサルタントとコンサルティが協働でめざすプロセスである。したがって、コンサルテーション成功の鍵は、コンサルティが問題解決に自主的かつ積極的に関与することである（石隈，1999）。

基本的に、コンサルテーションはコンサルティの自主的な申し込みで開始する。現実的には、生徒指導におけるコンサルテーションはコンサルタントからの誘いで始まることも少なくないが、コンサルティの自主性を尊重することが大切である。

③―守秘義務

コンサルタントは、コンサルテーションにおいて得られた情報に関して守秘義務を負う。このことは、コンサルティが安心して、問題状況について話す基盤となる（石隈，1999）。

コンサルティ（例：学級担任）は、子どもの問題状況や学級経営上の問題を語る。そこでコンサルティは、他の教師や子どもとの関係における不安や悩みなどを話すかもしれない。コンサルテーションにおいては、コンサルティの微妙な心持ちが語られることがある。

それでは、守秘義務の対象となる情報と、報告義務の対象となる情報との分け方はどうすればよいだろうか。特に、校長は学校教育に関しての責任者であり、教職員は、校長に対して教育活動に関する報告義務をもつからである。

基本的には、コンサルテーションについて校長や他の教師に伝えるのは、コンサルテーションの結果として、行うことを決定した教育活動（例：「学級担任、保護者、生徒指導主事、養護教諭の4名で援助チームの会議をもつことにした」という決定事項）であり、コンサルテーションで知り得た参加者のプライバシーに関する問題（例：「学級担任は校長が嫌いである」「学級担任は養護教諭を嫌っている」という内面的な情報）ではないのは当然である。大切なことは、コンサルテーションで得られた情報について、どの情報を二者間だけにとどめ、どの情報を他者に、必要に応じて伝えるかについてよく話し合い、確認することである（石隈，1999）。さらに、情報の有用性や必要性の上からも検討すべきである。

（4）コンサルテーションの心得

コンサルテーションは、生きる力を育てる生徒指導において、子どもへの援助を直接担当する学級担任や保護者を支える活動である。生徒指導・教育相談担当、養護教諭、スクールカウンセラーなどが、コンサルテーションを適切に行うために積むべき研修は多い。

しかし最も大切なのは、子どもの援助に関わる大人（援助者）がお互いの専門性や役割を尊重し、かつ支え合う態度をもつことである。

（石隈　利紀・家近　早苗）

2　生徒指導におけるコンサルテーションの実際

（1）生徒指導とコンサルテーション

前項では、コンサルテーションを「異なった専門性や役割をもつ者同士が子どもの問題状況について検討し今後の援助のあり方について話し合う作成会議」ととらえ（石隈，1999）、生徒指導におけるコンサルテーションの基本について説明した。前述のように、コンサルテーションには、問題解決型、研修型、システム介入型がある。本書の第7章で紹介した「援助チームによる生徒指導」は、問題解決型コンサルテーションの一つの形態といえる。

（2）コンサルテーションの実際のプロセス

本項では、生徒指導・教育相談担当などによる学級担任または保護者に対する一対一のコンサルテーションの実際のプロセスを取り上げる。おそらく、多くの教師は「コンサルテーション」を行っていると思うが、ここでは、コンサルテーションのプロセスを整理し、実践を検討する際の枠組みについて述べたい（コンサルテーションの詳細については石隈利紀著『学校心理学』10章を参照してほしい）。

コンサルテーションを通しての問題解決のプロセスは、協力関係づくり、問題状況の定義、アセスメント、目標および援助案決定、援助の実践とフォローアップの５つのステップ（図８－１参照）から整理できる（石隈，1999）。

①－〈ステップ１〉パートナーとしての協力関係づくり

コンサルテーションの基盤は、相互の信頼関係である（石隈，1999）。学内の生徒指導・教育相談担当がコンサルタントである場合は、コンサルテーション開始時のコンサルティ（例：学級担任、保護者）との人間関係を確かめ、信頼関係の形成や維持を心がける。重要なことは、コンサルタントがコンサルテーションを求めたコンサルティの熱意と積極性を受容することである。

コンサルテーションの最初に行うことは二点ある。

第一に、必要に応じて、コンサルテーションについてのガイダンスを行う。例えば「これからＡ男くんの状況についての情報をまとめ、援助の方法について一緒に考えましょう」などと言って、コンサルテーションの目的を確認する。そして、生徒指導の主役は学級担任や保護者（コンサルティ）であり、生徒指導・教育相談（コンサルタント）は、コンサルティの役割、経験、知識を尊重することをきちんと伝える。

第二に、コンサルテーションの内容について、コンサルテーションの中だけで秘密にすることと、学校の他の教師などに必要に応じて話すことをどう分けるかについて話し合い、確認する。

ここで、留意するべきことの一つは、コンサルティの抵抗である。コンサルティの抵抗を受け止め、コンサルティの不安が少なくなるよう働きかけたい。もう一つは、コンサルテーションへの過剰な期待である。コンサルテー

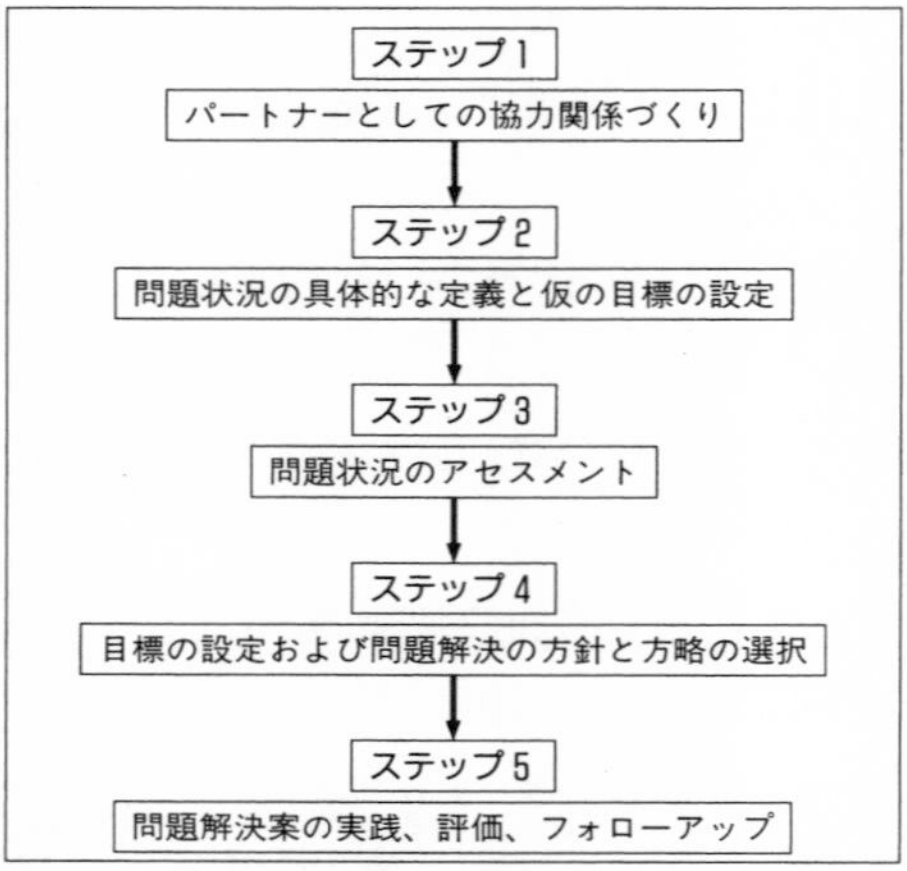

図 8－1　問題解決型コンサルテーションのプロセス
（石隈利紀，1999『学校心理学』誠信書房，p.268）

ションは協働作業であり、コンサルティの積極的な参加抜きに成功しないことを伝えることが大切である。

②－〈ステップ 2〉問題状況の具体的な定義と仮の目標設定

コンサルタントは学級担任や保護者が、子どもの問題状況を具体的な行動レベルで説明できるよう配慮しながら、質問や要約をし、問題点を明確にする。石隈（2001b）は、このことを例にあげて、以下のように説明している。

例えば、中学 2 年生の A 男に関するコンサルテーションで、学級担任が「服装や行動が乱れています」と言ったとする。その表現に対して、コンサルタントは「もう少し具体的に説明してもらえませんか」と聞く。その結果、A 男の問題状況は、「2 学期の最初から、茶髪、ピアスで登校している。複数の先生に対して『うるせえんだよ』と言う」という定義になる。

ここで重要なのは、コンサルタントは「コンサルティの子どもへの関わりにおける問題状況」の解決を援助することである。したがって、コンサルテーションを行うのは、子どもの問題状況（苦戦状況）の把握と学級担任や保護者の関わり（それに対してどう援助するか）の検討になる。「A 男の茶髪・ピアスでの登校を、どう理解して、どう関わるか」が、このコンサルテーションにおける焦点である。つまり〈ステップ 2〉では、子どもの「問題」に対するコンサルティの関わりにおける問題状況について定義するのである。

このステップの最後の課題は、問題状況の解決へ向けての目標（子どもがどうなるか）の仮の設定である。例えば「Ａ男の服装が校則どおりになり、行動が落ち着く」ということである。この時点では、子どもの問題行動が落ち着くことなどが、仮の目標になることがある。子どもの問題行動が収まることだけが援助的であるかという議論、つまり仮の目標の妥当性の検討は、十分なアセスメントののちに行うことができる。

③－〈ステップ３〉問題状況のアセスメント

次のステップでは、定義した問題状況についてアセスメントを行う。アセスメントとは、子どもの問題状況に関する情報を収集し、意味づけすることで、援助に関する判断のための資料を提供するプロセスである（石隈、1999）。

〈ステップ３〉では、子ども自身の学習面、心理・社会面、進路面、健康面など学校生活についての情報、子どもと環境（学校・学級）の「折り合い」（田上，1999）、コンサルティによる子どもや環境への関わりを検討する。言い換えれば、コンサルタントとコンサルティが協働で、①子どもの問題状況、②問題状況下での子どもの援助ニーズ、③子どもの自助資源・援助資源、④コンサルティの関わりにおける問題状況とコンサルティの自助資源・援助資源についてのアセスメントを行うのである。

重要なことは、コンサルティがコンサルテーションを求める理由、子どもへの関わりに関する自信、知識や技能、客観的な理解の有無に焦点をあてることである。コンサルタントは、コンサルティの援助サービスにおける問題のアセスメントを行い、その結果をコンサルティにフィードバックする必要がある。コンサルティの客観性の欠如の要因としては、子どもへの感情（例：愛情、責任感、罪悪感、怒り）、子どもへの同一視、自分の問題の転移、ワンパターンな見方（例：この子どもは非行少年だから、同級生に悪い影響を与える）などがある（山本，1986）。

④ー〈ステップ４〉目標の決定、援助方針および問題解決案の検討、実践案の選択

コンサルタントとコンサルティは、問題状況についての全体的な把握をしたら、問題解決における目標（子どもがどうなるか）を決定する。最終的な目標は、コンサルテーションの初期に立てた、仮の目標と異なることもある。

例えば、前述の中学２年生Ａ男の学級担任へのコンサルテーションにおいて、初期の目標は「Ａ男の服装や行動が落ち着く」であった。しかし、子どもの状況と子どもへの学級担任の関わりをアセスメントした結果、Ａ男は厳しい家庭状況（母と２人で暮らしている。兄は家出している）の中、学校での部活動の顧問や仲間が援助資源になっていること、学級担任とは話せる関係があること、学級にはＡ男の友人がいることがわかった。そして当面の援助目標は、「Ａ男が登校を続け、学校生活を通して、情緒的に安定を取り戻す」ことに修正された。Ａ男の茶髪・ピアスの背景として、厳しい家庭状況の中で、自分は自分だと主張する気持ちがあること、学校は重要な援助資源であるという仮説を、〈ステップ３〉で得たからである。

そして自由に解決案を出す。時間の制限は大きな問題だが、できるだけ自由に、問題状況に関係するところで、解決案を出していく。そして解決案を出しながら、統合したり、修正したりしていく。提出された解決案の中から、実施する解決案（方略）を決定する。

コンサルティである学級担任や保護者が問題状況の解決プロセスに不慣れで、解決案が出にくいときがある。そのときは、コンサルタントは、コンサルティが具体的に今すぐ自分の置かれた状況で取り組める現実的な方法をいくつか提案して、コンサルティに選択してもらうことも便利である。問題解決案の選択には、コンサルティ側の問題も考慮し、コンサルタントによる資料提供やコンサルティの技能向上の場の提供・紹介もする。

問題解決案を選択するときに考慮したいのは、生態学的な要因である。つまり、問題解決の方略が、他の子どもに与える影響を検討するのである。例えば、学級担任が茶髪・ピアスで登校する中学２年生Ａ男に、Ａ男が登校する意義を評価して、茶髪・ピアスについてはしばらく黙認するという方略をとると、学級の子どもたちはどのような影響を受けるであろうか。この方略

で、Ａ男（個人）が得るメリットと学級の子ども（集団）が被るデメリットを考えてみる必要がある。

⑤ー〈ステップ５〉問題解決案の実践、評価、フォローアップ

問題解決案の実践を予定の期間行った後に、コンサルテーションにおける目標を基準にして、その評価を行う。必要に応じて、方略の修正や新たな方略の選択を行う。その際、コンサルテーションのプロセスのステップをもう１度やってみるとよい。

もし方略が成功していても、適度にフォローアップのセッションを短時間でもいいからもつことが重要である。

このコンサルテーションのプロセスは、基本的なモデルである。コンサルタントは、自分の専門性、役割によって、またコンサルティとの関係によって、柔軟にコンサルテーションを進められるとよい。重要なことは、コンサルテーションを通して複数の援助者が協働することで、生徒指導（援助サービス）の質が向上して子どもの問題が解決すること、そしてコンサルティの生徒指導における援助能力が向上することである。

（石隈　利紀）

３　コンサルテーションにおける生徒指導主事の役割

（１）生徒指導についてのコンサルタント

開発的生徒指導、つまりすべての児童生徒を援助対象とする一次的援助サービスを行う際の生徒指導主事の役割は何だろう。まず校内における生徒指導の中核である生徒指導主事は、児童生徒の人間関係づくり、保護者との人間関係づくり、教職員の人間関係づくりを進め、児童生徒の環境を成長促進的にするサービス（例：構成的グループ・エンカウンター、ソーシャルスキルトレーニング）を行う。生徒指導主事による学校環境への働きかけは、問題行動が起きるのを未然に防ぎ、児童生徒一人ひとりの「生きる力」をはぐくむ援助サービスとなる。

そして、生徒指導主事は、学校や学級で実施できる一次的援助サービスのプログラムを計画することが望まれる（システム介入型）。さらに、学級懇談会にサブ・ファシリテーターとして保護者の研修会を担当したケースのように、教職員が援助サービスをしやすいようにサポートすることも要求されている（研修担当型）。

第７章で触れたように、生徒指導主事は特別の配慮を要する子どもに関するチーム援助に関して、コンサルタントとして機能することが期待されている（問題解決型）。つまり、生徒指導主事は、一次的援助サービス、二次的援助サービス、三次的援助サービスすべての場面において、コンサルタントの役割を求められているといえる。生徒指導主事の責任は、今日における学校教育でますます大きくなってきたといえるだろう。

（２）教師や保護者の研修会を担当する生徒指導主事

①ー教師の研修会

学校における生徒の人間関係の脆弱化が懸念され、そのことが様々な問題行動の発生につながることがいわれている。そのため、各学級担任等が自分の学級で構成的グループ・エンカウンター、ソーシャルスキルトレーニングを実践できる能力を身につけることが求められている。そこで、教師一人ひとりが実践力を高めるための校内研修の一環として、生徒指導主事が全校集会の「○○先生のお話」の時間（20分）を活用し、ファシリテーターとなって構成的グループ・エンカウンターを実施した。

ここで、全校生徒775人を対象とし、各学級担任をサブ・ファシリテーターと位置づけて取り組んだ実践を紹介する。

構成的グループ・エンカウンターは、一次的援助サービスとして、生徒一人ひとりの自尊感情を高め、人間関係能力（ほめる能力）を向上させることをねらいとした。

【①ウォーミングアップ】

▶ジャンケン大会

ウォーミングアップのための「ジャンケン大会」を実施する。

○「ファシリテーター」対「全校生徒」によるジャンケン大会

①全員立ってジャンケンをし、負けた者は座る。

②残りの数名になったら、残った者同士でジャンケンする。

③優勝者を全校生徒でたたえるため、拍手を贈る。

▶ファシリテーターの自己開示

ファシリテーターの自己開示を兼ねての趣旨の伝達をする。

○「ファシリテーターの子どもについて」を話す。

①甘えん坊で困る兄、気が強くて困る妹

②でもどちらもよいところがあって大好きな家族

③やさしい兄、がんばり屋の妹

【②エクササイズ】

一人ひとりの生徒のレディネスにはかなりの差があると考えられるので、できるだけ簡単に、ていねいに順を追って行う。各学級１列に並んだ隊形をそのまま利用してエクササイズを行う。

▶すばらしいあなた

①各学級担任が先頭になる。

②先頭の者が、次の者のよいところを見つけ、「○○さんには、こんなよいところがありますね」と伝える。

③次の者は、前の者に対して、「どうもありがとう」とお礼を言う。

④同様に、次々と列の終わりまで「よいところ」を伝えていく。

⑤学級担任は進行に合わせて移動し、うまく流れない場合などには助言を与える。

⑥最後まで終わったら、学級担任は列の最後尾に立つ。ファシリテーターはそれを確認して、全クラスの状態を把握する。

【③シェアリング】

４～５人でグループをつくり、エクササイズを実施しての（よいところを言ってもらっての）感想を発表し合う。ファシリテーターが簡単なまとめをする。

【④まとめ】

生徒指導主事が生徒指導の研修として、全校生徒を対象に、構成的グループ・エンカウンターを実施した。その結果、次のような成果が得られた。

①生徒指導主事が全校生徒の前で実践することにより、それがモデルとしての効果をあげた。各学級担任が自分の学級で、一次的援助サービスとして積極的に構成的グループ・エンカウンターを実践するようになった。

②単発の構成的グループ・エンカウンターであったが、全校生徒の雰囲気づくりができた。

②ー保護者の研修会

保護者とのコミュニケーションを向上させたいと願う担任の学級懇談会に生徒指導主事がサブ・ファシリテーターとして参加し、必要に応じて介入した。

そこで、一次的援助サービスとして、援助者（保護者や担任）の援助能力の向上と保護者同士の連帯感を高めることをねらいとして、構成的グループ・エンカウンターを実施した。

【①　ウォーミングアップ「私の好きな動物」】

▶目的

互いの意見を尊重し合うことによって参加者の自己承認欲求を満たすとともに、参加者同士の親密度を増して連帯感を高める。

▶方法

①教室入場時に、自分の好きな動物が描いてあるカードを１枚選んで取る。（１グループ４～５人になるように動物の種類を調整しておく。）

②同じ動物を選んだ者同士でグループをつくる。

③各グループ内でジャンケンをし、リーダーを決める。主目的は、リーダーを決めることではなく、ジャンケンをすることによって雰囲気を和らげ、場を盛り上げることである。

④グループ内で、握手しながら全員と自己紹介をし合う。

⑤グループ内で、自分たちで選んだ動物のよいところをできるだけ数多く見つける。このとき、参加者全員が最低一つは発言するようにする。

⑥グループ内の意見のすべてを、ホワイトボードに記録する。ただし、同じ意味の意見は一つに集約してもよい。

⑦グループごとに、自分たちのグループの意見を全体の前で発表する。

【②エクササイズ「名探偵登場」】

▶目的

生徒の問題行動についてバズ・セッション[(1)]を活用して集団思考することで、今後の家庭教育や学校と家庭の連携に役立てられるようにする。

▶方法

①１グループ４～５人のグループをつくる。効果をあげるためにウォーミングアップ「私の好きな動物」のグループで行う。
②問題行動の例を提示する（例、友達の写真へのいたずら書き）。
③なぜ、そのようなことをしてしまうのか、その子の身になって考え、グループで意見を出し合う。
④③で出された理由をもとに、どのような解決策が考えられるか、グループで意見を出し合う。
⑤④で出てきた解決策は誰が実施するのがよいか（あるいは実施可能か）を考える（学校、家庭、地域社会など）。
⑥⑤でまとめられた意見を、全体の前で発表し合う。
⑦発表をもとに、教師がまとめを行う。「すばらしい意見がたくさん出たこと」「学校、家庭の双方が、少しでもよいから実践していけたらすばらしいこと」など。

【③シェアリング「感じたこと、考えたこと」】

①振り返りカードに記入する。
②グループ内で、さらに全体の前で発表する。

【④保護者の感想から】

（学級通信より抜粋）

・「最初は皆で、『何をするんだろうね』と話していたのに、思いがけない内容に驚きました。しかし、ただ先生のお話を聞いて質問するだけの学級懇談会よりも、とてもよかったと思います。」
・「自分も何だかワイワイしゃべっていろんな話ができて、子どもの気持ちが少しわかったような気がしました。また、結果も皆さんが考えていることが同じで安心しました。今日から、また子育てに頑張ります。」
・「実は、私も話が苦手なところがあります。話してしまえば楽しいのですが、最初の一言が出ないことがよくあります。話のキッカケは大事ですね。そこからどんどん話が広がると思います。」
・「子どもには、誰とでも会話できるようにと努めてきたつもりですが、相手の気持ちを思いやれるような子どもに成長してくれたらと思っています。」

・「懇談会ありがとうございました。始まるまでは、『何かあったのかな……』と少し不安交じりで参加しました。先生の工夫のある懇談会で、改めて子どもとのつながりの大切さを知りました。（中略）先生がとても一生懸命に子どもたちのことを思っていてくれることも今回の懇談会で改めて感じました。またぜひ、保護者が進んで参加できる懇談会にしていただきたいと思います。これからもよろしくお願いいたします。」

【⑤まとめ】

一次的援助サービスとして、保護者や担任の援助能力の向上と保護者同士の連帯感を高めることをねらいとして構成的グループ・エンカウンターを実施した。その結果、保護者同士はもちろん、保護者と担任との連帯感が高まり、チームでの援助サービスが取り組みやすくなった。

③ー研修型コンサルテーション

ここでは、一次的援助サービス（開発的生徒指導）のコーディネーターとしての生徒指導主事の役割について、まず全校生徒を対象とした構成的グループ・エンカウンターの実践、次に学級懇談会における構成的グループ・エンカウンター実践のサポートの二つの実践例を取り上げた。全校生徒対象の構成的グループ・エンカウンターの実践は、全校生徒の雰囲気がよくなり予防的に機能したようである。また、学級懇談会の場合は、保護者や担任の援助能力が高まり、予防的に働いた。つまり、人間関係能力（スキル）の向上、集団の雰囲気づくり、援助者の援助能力向上は、すべて子どもの援助ニーズに対応する一次的援助サービスにつながるのである。

（3）心理教育的援助サービスのコーディネーター

学校心理学は、子どものニーズに応じて、一次的援助サービス、二次的援助サービス、三次的援助サービスの３段階の援助サービスモデルを提唱している（石隈，1999）。授業は、先にも述べたようにすべての児童生徒を対象とする一次的援助サービスである。

また、特別活動としての学校行事、学級活動なども一次的援助サービスの大切な場といえる。そして、それらは児童生徒の一人ひとりの教育ニーズに応じる心理教育的援助サービスであり、人格あるいは精神をより望ましい方向に指導・援助する機能をもつ。また、それらは、児童生徒の人間関係能力や問題解決能力の向上を図ったり、問題状況を予防することにつながったりするという点で、積極的（開発的）生徒指導である。したがって、学校内のコーディネーターとしての生徒指導主事の役割は、授業や学校行事などの特別活動における援助サービスのプログラムづくりや実践のリーダーシップといえる。

（安達　英明・山口　豊一）

注（1）バズ・セッション

バズとは、英語の buzz から来ており、ハチなどがブンブンということで、人間ではガヤガヤおしゃべりをすることである。バズ学習方式を発表した塩田（1962）は、バズ・セッションを端的に言えば、「ガヤガヤ討議法」と考えればよいと述べている（小島，2003）。

４　関係機関との連携－チーム援助からネットワークへ－

（１）関係機関との連携の必要性

学校で生起する生徒の問題行動は多岐にわたっており、必ずしもすべてが学校や保護者の力だけで解決できるものとは限らない。むしろ早期に関係機関や専門職員と連携を図ることによって、問題が複雑化せず解決の道を見出せる場合が多い（文部省，1990）。問題行動の複雑さ、困難さによっては、学校だけで抱えるのではなく、早期に関係機関と連携し、適切な対応をめざすことが必要である（文部科学省，2015）。

平成13年に公表された「少年の問題行動等に関する調査研究協力者会議報告」（文部科学省）や平成15年に公表された「今後の不登校への対応の在り方について（報告）」（文部科学省）においても、単なる「情報連携」にとどまらない、学校と関係機関との実効ある「行動連携」が重要であることが訴えられている。

また、「生徒指導の手引（改訂版）」（文部省，1981）では、「教育相談の限界と他機関との連携」のところで、対象、方法、問題の程度の三つの限界をあげ、他機関との連携の必要性が以下のように述べられている。

①ー対象としての限界による連携の必要性

教育相談は、A：身体的な問題、特に脳神経系や内分泌機能異常等の器質的原因に基づく問題、B：盲、聾、養護学校（特別支援学校）の児童生徒の問題、C：生活保護その他の公的な扶助が必要な場合などの事例は扱わない。

②ー方法の限界による連携の必要性

学校における教育相談の担当者は、教師の職務においては専門的な知識や技能をもっているが、医学や臨床心理学の専門家ではない。したがって学校においては、教育的見地から考えれば限界がある。

③ー問題の程度の限界による連携の必要性

一般的に学校における教育相談では、学校教育として対応できないような問題の程度の重いものは、外部機関との協力によって対応すべきである。

以上の３つの限界について、今日の学校教育の状況を踏まえて検討する。

第一に、身体的な問題など医療的な援助ニーズが大きい場合である。このような場合は、学校は医療の専門機関と適切な連携をとる必要がある。思春期の心理的に不安的な問題や妊娠等の問題、また発達障害に関わる問題等で、医療機関との連携はますます大きくなっている。

第二に、①で指摘されているような福祉的なニーズが大きい場合である。今日、教育困難や経済的な問題など家族の福祉的な援助ニーズが大きいケースが増えている。スクールソーシャルワーカー、福祉機関とのタイムリーな連携が重要である。

第三に、心理的な援助ニーズの大きい場合である。②で指摘されているように、教師による生徒指導には限界がある。しかし今日では、スクールカウンセラーとの連携で多様なニーズをもつ児童生徒への対応が可能になってきている（半田，2020)。ただし、学校の中でのカウンセリングには限界があるのはもちろんである。

第四に、「特別支援教育」の対象となる児童生徒の場合である。①にあるように、従来の生徒指導では、障害のある子どもの問題は対象外とする傾向があった。しかし今日「特殊教育」から「特別支援教育」への移行において、通常学級にいるASD、ADHD、SLDなどの発達障害のある児童生徒を含めた援助サービスを学校教育の中で充実させることがめざされている。つまり、生徒指導は、障害のある児童生徒も含めてすべての児童生徒を対象とする。例えば、ADHDなど発達障害のある児童生徒のもつ情緒面や行動面での苦戦は、生徒指導における重要な課題である。

また、専門機関との「連携」は、児童生徒への援助のすべてを「任せる」ことではないことを強調したい。教育の専門機関である学校の生徒指導では満たせない子どもの多様なニーズに関して他の機関と協働して、子どもをトータルに援助することをめざすのである（文部科学省，2015）。

（2）関係機関との連携の留意点

「学校における教育相談の考え方・進め方－中学校・高等学校編」（文部省，1990）には、関係機関との連携の留意点として、以下の3点があげられている。

①－関係機関についての情報を収集し、その特徴や利用法について十分な理解をもつこと

教育相談に関する機関として、どのような機関があるのかなど理解を深めておくことが大切である。また、これらの機関については、最新の情報を整理・保管して、常に最新のものを利用できるようにしておくことが必要がある。

②－事前に関係機関と連絡をとり、その意見を踏まえて保護者によく内容を説明しながら教育相談を進めること

教育相談所や児童相談所、病院の精神科・神経科・心療内科などとの連携を進める必要のある事例については、事前に専門機関との連絡をとって、具体的にどの機関を利用するのがよいかについて専門機関の意見を聞き、その意見を踏まえながら保護者との相談を進めていく必要がある。

また、学校は専門機関と連携するとき、すべて任せてしまうのではなく、学校としての役割をはっきりさせ、連携体制をつくっておく必要がある。この際、コーディネーターが鍵を握る（石隈・田村，2003, 2018）。

③ー学校としてできること、できないことをはっきりさせておくこと

学校は、学級担任を中心として全体としての指導体制（チーム）をしっかりとつくり、いつでも児童生徒の実態に応じて、専門機関と連携しながら、きめ細かな援助サービスをしていく必要がある。その際、学校としてできること、できないことを明確にすることが大切である。教育相談においては、特に医学をはじめ専門的な見地から判断を必要とする場合が多いことから、このことが十分検討される必要がある。

（3）関係機関一覧

学校が連携を図る可能性のある機関としては、例えば次のようなものがある（表8－2）。

（山口　豊一・石隈　利紀）

表8-2　校外のネットワーク

〈おもな公的機関〉

相談機関	相談の内容等
都道府県や市町村の教育研究所・教育相談所	教育委員会が管轄している施設である。多くの場合、教育センターなどにおける一事業として、教育相談事業を進めている。教育相談の研修にも携わり、また、学校と有機的に連携しやすい立場にあるなどの特徴をもっている。 不登校、いじめ、非行、障害など、子どもの教育に関連する様々な問題に関して、子ども、保護者、学校を援助する。電話相談、来所相談を中心に進めている。
児童相談所	児童福祉法により設置されている。14歳未満の触法少年と、18歳未満の要養護児童、情緒障害児、心身障害児など、福祉上の援助を要する児童について、保護者・教師・警察官などの通告や相談に基づき、児童およびその家庭に必要な調査、並びに医学的、心理学的、教育学的、社会学的および精神保健上の判定を行い、必要な指導を行う機関である。 具体的には、児童福祉士、心理判定員、医師などが、児童虐待、不登校、いじめ、非行、障害など、児童に関する様々な問題に関して、相談面接、一時保護、児童福祉施設への入所指導などの援助をしている。
児童自立支援施設	入所する児童たちの性格及び行動の改善や社会的自立への指導・援助を目的に、職員（児童自立支援専門員、児童生活支援員、精神科医、栄養士等）が生徒と生活を共にしながら、生活・作業指導、学習指導、進路・職業指導、自活訓練、家庭調整等を実施している。
家庭児童相談室	福祉事務所に設けられ、社会福祉主事、家庭相談員が、専門的な相談と指導にあたっている。子ども（18歳未満）の養育に関する悩みごとおよび子どもに関わる家庭内の人間関係等の問題の相談をしている。特に、子どもに生じている問題が、家庭内に起因する場合に、家庭に対しても指導を行う。保護者はもちろん、子どもの関係者、子ども本人も相談できる。
少年鑑別所	少年非行の科学的な鑑別を行う法務省所管の施設である。家庭裁判所や少年院、保護観察所等と協力して彼らの更生をめざして活動している。 そこには、非行問題に精通した心理学や精神医学、教育学の専門家が配置されており、心理検査やカウンセリングを行っている。学校の教師や保護者からの相談を受け、また、継続指導も行っている。
少年サポートセンター 少年安全課 （警察署）	全国の警察では、少年サポートセンターや警察署少年安全課、交番で青少年の非行・いじめ等に関する悩み、犯罪・虐待等の被害者の悩みなどに関する援助を行っている。 少年サポートセンターは、少年やその家庭などへの援助を充実するため、少年相談専門職員や少年補導職員等が指導にあたり、少年相談や不良行為少年の補導、被害少年の保護といった活動を行っている。
人権相談所 （法務局）	いじめなどあらゆる人権問題に関する相談にのる。法務局職員や人権擁護委員が相談に応じている。
都道府県 精神保健 福祉センター	精神保健福祉全般に関わる相談を実施している。具体的には、ひきこもり、薬物依存、精神障害などの相談を行う。電話相談、来所相談などで対応している。 この相談には、精神科医、精神保健福祉士、臨床心理技術者、保健士などの専門職員があたっている。
保健 センター	市町村の保健施設で、住民の健康問題に関するサービスを提供している。子育てに関する悩み相談もそのひとつである。子どもの発育・発達の心配や育児上の悩みなどの相談に応じてくれる。 保健師が対応している。

福祉事務所	社会福祉の総合的な行政機関である。 経済的に生活が困難な人、一人親家庭、高齢者、身体障害者、知的障害者の方たちへの援護、育成や更生の仕事をしている。施設入所や在宅生活が行えるよう処置援助の仕事も担当する。
少年 補導センター	地方自治体が設置する非行防止と健全育成を図るための施設である。 少年補導関係機関の職員などによる街頭補導や臨床心理技術者や相談専門員による相談も実施している。
教育支援 センター (適応指導教室)	不登校の小学生・中学生を対象とした教育支援センターは、地方自治体の教育委員会により設置されている。児童生徒の学習面、心理・社会面、新路面、健康面における援助サービスが行われている。 教育委員会所属の相談員が対応している。学校と連携しながら、児童生徒の学校復帰を援助し、社会的自立に資することをめざしている。
子ども ホットライン	子どもたちの不安や悩み、不満等を電話で相談を受け、子どもたちをサポートしていく機関である。 24時間体制で進めている機関が多い。都道府県の教育委員会が運営している場合が多い。 カウンセリングに関する有資格者、電話相談の経験者等が相談員として対応している。

〈おもな医療関係〉

相談機関	相談の内容等
思春期外来／ 精神科	思春期に起こりがちな心身の問題や、精神疾患の可能性のある異常な行動やひきこもりなど、教育関係者だけでは対応が困難な問題について治療や相談を行う。
心療内科	ストレスなど心理的な要因によって身体に症状が出ているとされる「心身症」などに関して、心身に対する治療や相談を行う。

※以下の著書を参考にまとめた。

石隈・田村，2003『石隈・田村式援助シートによるチーム援助入門』図書文化社
文部省，1991『小学校における教育相談の進め方』
小林・嶋崎（編），2000『子どもの相談機関利用ガイド』ぎょうせい
全国児童自立支援施設協議会編，1999『新改訂　児童自立支援施設（旧教護院）運営ハンドブック』山学出版

コラム⑪　体罰

保護者や児童生徒等からの訴えや報告のあったものを含め、体罰ではないかとして、公立小学校、中学校、高等学校および特別支援学校で事実関係を調査した事件は、平成30年度、578件で、被害を受けた児童生徒人数は1,144人です（文部科学省，2018a)。教員が児童生徒に体罰を加えることは、学校教育法第11条で禁止されています。体罰を行った場合には、懲戒処分（免職、停職、減給、戒告)、訓告等の対象となります。

ところで、教師の児童懲戒権はどの程度まで認められるのでしょうか。文部科学省（2013c)「体罰の禁止及び児童生徒理解に基づく指導の徹底について（通知)」における「学校教育法第11条に規定する児童生徒の懲戒・体罰等に関する参考事例」には以下のように示されています（一部抜粋)。

（1）体罰（通常、体罰と判断されると考えられる行為)

○　身体に対する侵害を内容とするもの

- 体育の授業中、危険な行為をした児童生徒の背中を足で踏みつける。
- 立ち歩きの多い児童生徒を叱ったが聞かず、席につかないため、頬をつねって席につかせる。

○　被罰者に肉体的苦痛を与えるようなもの

- 放課後に児童を教室に残留させ、児童生徒がトイレに行きたいと訴えたが、一切、室外に出ることを許さない。
- 別室指導のため、給食の時間を含めて児童生徒を長く別室に留め置き、一切室外に出ることを許さない。

（2）認められる懲戒（通常、懲戒権の範囲内と判断されると考えられる行為)（ただし肉体的苦痛を伴わないものに限る。)

※　学校教育法施行規則に定める退学・停学・訓告以外で認められると考えられるものの例

- 放課後等に教室に残留させる。
- 学習課題や清掃活動を課す。

（3）正当な行為（通常、正当防衛、正当行為と判断されると考えられる行為）

○　児童生徒から教員等に対する暴力行為に対して、教員等が防衛のためにやむを得ずした有形力の行使

・　児童生徒が教員の指導に反抗して教員の足を蹴ったため、児童生徒の背後に回り、体をきつく押さえる。

○　他の児童生徒に被害を及ぼすような暴力行為に対して、これを制止したり、目前の危険を回避するためにやむを得ずした有形力の行使

・　休み時間に廊下で、他の児童生徒を押さえつけて殴るという行為に及んだ児童生徒がいたため、この児童生徒の両肩をつかんで引き離す。

・　全校集会中に、大声を出して集会を妨げる行為があった児童生徒を冷静にさせ、別の場所で指導するため、別の場所に移るよう指導したが、なおも大声を出し続けて抵抗したため、児童生徒の腕を手で引っ張って移動させる。

（山口　豊一）

事例❺　友人ができないと訴え、登校できなくなってしまった娘（高１・女子）

【相談】

娘は小学校高学年のときに主人の転勤の関係で転校しました。明るく活発なので、友達もすぐにでき、楽しく過ごしていました。その後、市内の中学校へ進み、希望する高校へも合格したので安心していました。

ところが、５月の中頃から学校へ行く様子に変化が見られ始めました。朝になると元気がなく、はつらつさが見られなくなってきました。時折「自分のふるさとに帰ろう」と言い出したり、「気軽に付き合える友達ができない」と嘆いたりするようになりました。そのたびに娘を励ましたり、話し合いをもったりしましたが、とうとう欠席日数が30を超えてしまいました。このまま休み続けて留年してしまうのではないかと、とても心配です。また、転校した頃から、友達のことで傷ついたり悩んだりしていたことを、最近初めて知らされて、驚いています。今後どうしたらよいのでしょう。

（高１女子の母）

【答え】

新しい土地にも慣れ、娘さんも高校に進学して安心された直後だけに、母親としてのとまどいを隠しきれない様子が十分に伝わってきます。娘さんの「友達ができない。このままでは自分はどうなってしまうんだろう」という悩みを十分理解した上で、親の思いを伝えてはいかがでしょうか？

友達関係の悩みは、娘さんにとって大きな壁のように感じられ、立ちすくんでいるのかもしれません。この時期の子どもたちは、一見友達と仲良さそうに行動していますが、自分の意見をはっきり言うと友達から異質なところを指摘されてしまうことが多くあります。そのため、娘さんはどのように振る舞えばよいかわからなくなってしまい、自信をなくしてしまったのかもしれません。

まずは、娘さんの言葉や思いを十分に聴ける人が必要なことと思います。そして、娘さんのあるがままの心を受け入れてくれる人が一人でも二人でも増えていくとよいでしょう。

（茨城県教育委員会「家庭教育通信　みち」高校生，第93号，1997を参考に作成）

（山口豊一）

コラム⑫　学校心理学が支える特別支援教育ーイギリスの先進例からー

日本における障害のある児童生徒への教育は、「障害の程度等に応じて特別の場で指導を行う『特殊教育』から障害のある児童生徒一人一人に応じて適切な教育的支援を行う『特別支援教育』への転換を図る」（文部科学省，2003a）ことが目指され、2007年４月から「特別支援教育」が学校教育法に位置づけられ、盲・聾・養護学校が「特別支援学校」になりました。また、特別支援教育とは「従来の特殊教育の対象の障害だけでなくLD（学習障害）、ADHD（注意欠陥多動性障害）、高機能自閉症を含めて障害のある児童生徒の自立や社会参加に向けて、その一人一人の教育的ニーズを把握して、その持てる力を高め、生活や学習上の困難を改善又は克服するために、適切な教育や指導を通じて必要な支援を行うものである」（文部科学省，2003a）とされています（コラム⑨参照）。

学校心理学は、「学校教育において一人ひとりの子どもの学習面、心理・社会面、進路面、健康面などの課題に取り組む過程で出会うお問題状況の解決を援助し、子どもの成長を促進する心理教育的援助サービスの理論と実践を支える学問体系である」（石隈，1999）と定義されます。換言すれば「学習支援、学校教育相談、特別支援教育、養護教諭の活動、スクールカウンセラーの活動等」（石隈，2004）に関する理論と実践の体系です。つまり、学校心理学は、子ども一人ひとりの問題状況を学習面、心理・社会面、進路面、健康面の４つの側面からトータルにアセスメントし、一人ひとりのニーズを把握しながら、そのニーズに応じた心理教育的援助サービス（アセスメント、カウンセリング、コンサルテーション）をチームで行うことをめざします。その際の、アセスメントを大切にする（一人ひとりの教育的ニーズを把握する）、一人ひとりのニーズに応じる、チームで援助するという考え方が、今の特別支援教育の発想と一致します（拓植，2004）。

ところで、英国のSPECIAL EDUCATION（特別支援教育）はどのように実施されているのでしょうか。筆者が、2003年と2005年の英国での教育視察で得た情報から説明したいと思います。英国では特別な教育的ニーズ（special education needs：SEN）のある子どもたちは、教育を受けている子ども全体の20％にあたります。そして、その子たちへの援助サービスは３段階にわかれます。

①スクールアクション　このレベルの子どもたちは、校内の支援委員会（チーム）によって支援され、そのチームをコーディネートするのはSENCO（特別支援教育コーディネーター）です（熊谷，2004）。

②スクールアクションプラス　このレベルの子どもたちは、校内支援チームの援助に加えてプラスα《アルファ》の援助サービスが求められます。プラスα《アルファ》の援助サービスとしては、地方教育局（Local Educational Authority：ＬＥＡ、日本では市町村の教育委員会にあたる）にいる教育心理士（Educational Psychologist）によるアセスメントサービス、学習障害専門家による学習支援サービス、行動支援専門家による行政支援サービスという３種類のサービスが行われます（熊谷，2004）。

③ステイトメント　このレベルの子どもたちは、ステイトメント（公文書）の出る段階です（熊谷，2004）。前述の教育心理士によるアセスメントレポートを基に、審議され決定されます。教育心理士の大きな仕事は、アセスメントレポートの作成ということになります。

英国では、SENCO（特別支援教育コーディネーター）が各学校にいて、特別支援教育のコーディネートを行っています。主に、教頭がこの職にあたっています。また、教育心理士は、地方教育局に常勤で勤務し、アセスメントサービスが職務の中心です。この英国のシステムは、これからの日本の特別支援教育に大きな示唆を与えると思います。

日本においても、特別支援教育コーディネーターが各学校に配置されました。特別な配慮を必要とする児童生徒の援助サービス（特別支援教育）への貢献が期待されています。

（山口　豊一）

第9章　幼稚園・保育園での面接の進め方

保育園や幼稚園で面接を行う場合、まず保護者との面接になると考えられる。保護者が子どもに対して心配に思っているについて、話し合うことになる。子どもに対しては、遊んでいるところを観察しながら様子をみて、その場で会話をすることになる。応接室での子どもの面接は難しい。そこで子どもの行動観察を行い、特徴を理解して保護者と面接することになるだろう。ではその意義はどこにあるのだろう。

1　保護者面接の意義とは

保護者と面接をすることによって、保護者の気持ちが落ち着くことが一番大切である。面接したことにより、子どものことがさらに気になったり、自分の子育てが良くなかったと感じ、落ち込んでしまったら、面接をした意味がなくなってしまう。その点は十分配慮しながら、家庭での様子や子どもの行動特徴、今までの接し方を聞き、子どもへの理解を深める。保護者は話を聞いてもらえたことで、相談者との間に信頼関係が生まれる。誰かにわかってもらえたことで安心でき、子どもに対して接し方が安定して、子どもとも深い信頼関係をつくることができる。保護者面接の意義は、①保護者が落ち着きを取り戻し、相談できるようになる。②子どもの家での様子がつかめる③保護者の子どもに対する考えが明らかになり、園での方針を伝えることができる、などが考えられる。

（1）保護者が落ち着きを取り戻すとは

相談に来た保護者は、何を話そうか、なんでも話して大丈夫なのか、ここで話したことで、自分の子どもが変わった子・病気を持った子と思われたりしないか、様々な不安を持っていると考えられる。まずはその不安を取り除くために、受容的な雰囲気を作ることが必要である。「今日はお子さんについて、園で楽しく過ごせるためにどうしたらいいのか、一緒に考えられたらいいと思っています」と私たちは、子どもが園で快適に過ごせるための協力者であると、示すことが必要である。人は3分間うなずきながら聞くことで安心すると考えられる。まずは、保護者が話したいことを、じっくり聞くことである。話の途中で、相談者が意見を言ったりすると、保護者は自分の話したいことが聞いてもらえなかったと思い、何度も同じことを繰り返すことになる。保護者の話したいことを、じっと聞くことでやっと落ち着くことができるのである。もちろん園ではそんな対応はしていないとか、そのことには理由がある等、言いたいことはたくさんあるかもしれないが、ここは自分の気持ちは抑えて、保護者がどんな考えかを聞くことに意味がある。人はイライラした時には、相手の話を聞くことができない。アメリカの面接室にはお菓子がおいてあったり、飲み物があったりする。お茶を飲んだり、飴をなめたりすることで、話がスムースになったりする場合もある。少しリラックスして、話をしてもいいもかもしれない。

（2）子どもの家での様子がつかめる

園で子どものことで困っていることがある場合は、保護者も家庭で困っているかもしれない。その場合は、園での様子を伝える前に、家庭での様子を聞くことが良いと考えられる。その際のポイントは「園では元気いっぱいに遊んでいますが、おうちでの様子はいかがでしょうか」と肯定的な話を最初に述べたほうが、話がしやすくなる。「園では一度遊び始めると夢中になり私の声も聞こえないようですが、ご家庭ではいかがですか」と言われると、家ではそんなことはないと拒否した回答になってしまう。相談者を信頼してもらうには、私たちはお子さんや保護者の敵ではなく、子どもの育ちを一緒に協力していく、仲間であることを伝える必要がある。もしご家庭で困っていることがあるなら、協力して考えたい姿勢が重要である。

家庭ではいい子で全く問題がないと保護者から話されたらどうしたらいいだろうか。普段の園では、落ち着きがなく、話を聞かない、友だちとも関われなかったら、そのことをどのように伝えるのだろうか。保育者としては伝えたいことがたくさんあるとは思うが、今大切なのは関係づくりで、園や保育者を信頼してもらうことが重要と考え、園での子どもの楽しい様子を伝えながら、次回につなげるのがいいと思われる。誰でも自分の子どもはかわいいし、一番である。その子どもについて色々と言われたらイライラするし、やるせない気持ちになる。また自分の子どもが否定されていることは、保護者の育て方について、否定されていると感じ、ますます落ち込むことになる。この落ち込みが、子どもにも影響し、もっと行動がはげしくなる場合もある。まずは、信頼関係をつくることと考え、保護者の話に耳を傾け、保育者と話したら色々と聞いてもらえた、この人なら、今後困ったことがあったら、話してみようと信頼感を持ってもらうことが大切である。

子ども同士でトラブルがおき、少し様子をみていたが、泣き出したり、一人だけになっていたら介入が必要になる。泣いている子どもの場合は、落ち着かせるために、職員室などで話を聞くことが良い、泣いているところをお友だちに見られるのも、嫌だと思うし、トラブルを起こした友だちとも距離を置いたほうが、安心できると考える。まずはゆっくり落ち着かせて（水を飲ませたりして）ここは守られていて、安全な場所であることを理解させる。子どもは子どもなりの考えをしっかり持っているので、なぜ泣いているのか聞いてみることが必要である。話せない場合やわからない場合もあるかもしれないが、まずは自分の言葉で語らせることである。何がどうなったのか、まったく何を言いたいのかわからなくてもひたすら聞く、そしてうなずく、このことが私はみんなに守られていると感じることができるのである。子どもは自分が守られている場所があり、初めて自由に遊ぶことができる。幼児が母親の顔をみながら、遊ぶのと同様である。ケンカがあった時には、お互いに相手を想う気持ちを大切にすることを話し、お互いに謝る必要性があるかもしれない。

他児をつかんでしまったり・叩いてしまった場合はどうしたらいいだろうか。まず　どうしてそのような行動をしたのか、話をさせるのがいい。またわけのわからない話になるかもしれないが、子どもが何かを大人に伝えようと努力をしているので、ここはしっかり受け止める必要があるだろう。しかし「幼稚園・保育園」にはルールがあり、それを守らないといけないことを

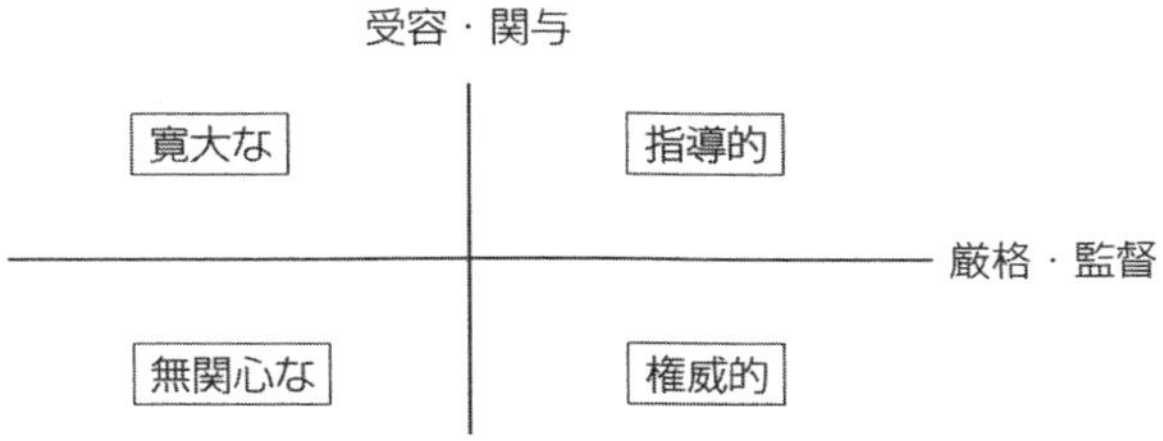

図９－１　バウムリンドによる４つの養育スタイル

伝えることも、重要である。

（３）保護者の子どもに対する考えが明らかになり、園での方針を伝えることができる

保護者が子どもをどのように育てているのかを聞くことと、また、園ではこのような方針で子どもを育てていることを話すことは重要である。

例えば、杉原（2001）は『発達臨床心理学の最前線』の中で、バウムリンド（Baumrind,1967）の子どものコンピテンスに関する子どものしつけ実践について紹介をしている。バウムリンドは養育態度で重要な２つの次元を受容・関与（acceptance/involvement）と厳格・監督（strictness/supervision）を見出した。そして四つの養育スタイルを設定した。

（１）指導的な（authoritative）親；受容・関与項目も厳格・監督項目も高得点を取った親。子どもへの規則を強要したり、不正行為の対応では強いコントロールをする。他方、子どもの個性を尊重し、開放的なコミュニケーションを奨励する。温かくて教育的である。

（２）無関心な（neglectful）親；両項目とも低得点を取った親。あまり子どもに関心がなく、放任的な親である。

（３）権威的な（authoritarian）親；受容・関与項目は低得点で、厳格・監督項目は高得点を取った親。この型をの親は、子どもに従順、協調、権威へ敬意を払うことを強調するが、それに援助や愛情がほとんど伴わない。子どもに厳しいが、愛情を伴っていない親であるといえる。

（４）寛大な（indulgent）な親；受容・関与項目は高得点で、厳格・監督項目は低得点を取った親。子どもに要求をほとんどしないし、子どもに行った不正行為を非難したり、規則遵守を強要したりもしない。常に温かく許容的である。子どもに愛情を持って接するが子どものなすがままにする親である。

ランボーンら（Lamborn,et.al.,1991）は14歳から18歳の青年を対象にバウムリンドの４つのスタイルと、心理社会的発達、学業成績、内的苦悩、問題行動の得点から算出した適応指標との関係を調べた。その結果、指導的な親に育てられた青年が最も得点が高く、無関心な親に育てられた青年が最も得点が低かった。権威的な親に育てられた青年は、成績学業成績は良かったが、自己信頼や自己概念では低得点あった。寛大な親に育てられた青年は学業成績やドラックやアルコールの服用では得点が低く、社会的コンピテンスでは高得点であった。子どもの発達を促進する養育スタイルは、子どもを受容し、かつ子どもに深く関与する「指導的」態度であると述べている。園では、このような理由から指導的な態度で子どもたちに接していると述べる必要性もあるだろう。

2　実際の面接の進め方

面接の進め方については、國分（2002）に添って説明する。人の話を聞くためには頭の中にモデルを持つことが大切で、コーヒーカップモデルを持っていると、相談された際にも焦らないですむと言っている。

①リレーション作り

リレーションとは、感情交流と信頼関係のある、かまえのない人間関係のことです。まず相談者の話を聴き、話を素直に受け止め、つらかった感情や迷いの感情を理解することである。

②問題の把握

相談者の「悩んでいることは何か」「どうなりたいのか」などの問題をつかむ段階に入ることで、話を聴いているだけではなく、悩みの問題が何なのかを一緒に考える段階になる。相談者の問題がたくさんある場合は、「一番困っていること、一番に相談したいことはなんですか」と質問し、答えても

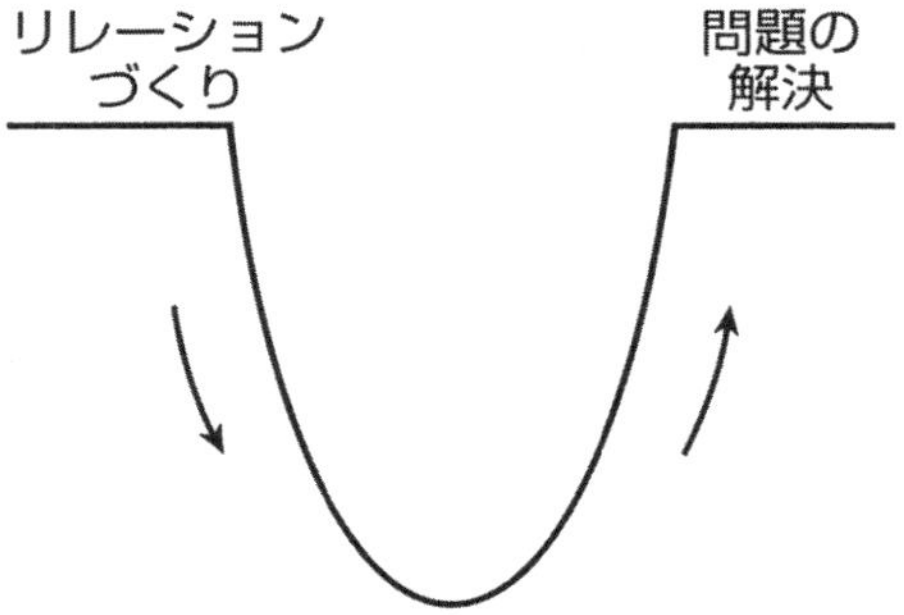

図９－２　問題の把握

らう場合もある。

③問題解決

相談者の問題が明らかになったら、その問題を解決する段階がある。悩みを解決するには何をすればいいのか、具体的な方法も提案する必要はあるかもしれない。その際にはいくつかの提案を考え、相談者が実行できるのか自分で選択する方法をとらないと、配慮したほうがいい場合もあるので、注意が必要である。相談しただけで解決したくないという場合もあるので、相談者が何を感じ・考えているのかに注意が必要である。問題解決の方法については、次に論理情動療法を紹介する。

3　カウンセリング技法

面接を行うのに必要と思われる。五つのカウンセリング技法を國分（2002）は次のように述べている。

①**受容**　判断にとらわれず、評価的にならず、好意の念（関心）を伝えていくこと。相談者の気持ちをそっくりそのままに誠実に理解しようと努めること、また相手を理解しようとしていることを、伝えることも必要である。相手が話している時は「はい」「そうですか」「うん、うん」といううなずきや相づち、「それから」「それで」などである。相談者に対して、受け入れてもらえたという実感がもて、この人は信頼できる人と感じてもらえる

ようになる。

③繰り返し　相手が話した「単語・短文」「要点」を言って返すこと。自分の言った内容について、自問自答をうながし、自分の気持ちや・考えを整理することができる。

「困っているのですね」　　単語の繰り返し

「お子さんのことで困っているのですね」　　短文の繰り返し

「お子さんを叱っていいのか、何も言わないで自発的にやらせたほうがいいのか困っていらっしゃるのですね」　　要点の繰り返し

③明確化　相手がうすうす気づいていることを言語化して、自分の気持ちと対決させることで、感情の明確化、意味の明確化、事実の明確化と３種類ある。明確化すると自分の考えていることの幅を広げたり、より現実的な判断や行動がとれるようになる。

「子どもに怒ったら、泣いてしまい　自分の言い方がきつかったと後悔しているのですね」　　感情の明確化

「子どもにいつも口うるさく言ってしまって、この子が将来委縮して、人生うまく生きいけないのではと考えているんですね」　　意味の明確化

「子どもにちょっとしたことでも、細かく注意するということですね」　　事実の明確化

④支持　相手の言動に賛意を表すること。賛同されることで、「これでいい」と感じ自己肯定感や自尊感情が高かまる。

「たいへんでしたね」「それでわたしはいいと思いますよ」「わたしでもきっとそうしました」

「あなたがそう思う気持ちはよく理解できますよ」

⑤質問　相手の考えや・行動・感情に問いかけることで、リレーションを作ること、現状や過去について理解すること、自分の考えについて深く考え

たり（洞察促進）、自分の知らなかったことに気づかせる（自己盲点）こ
との三つの意味がある。

「ここまで歩いてこられたのですか、寒かった（暑かった）ですか」

リレーションづくり

「いつごろから、子どもを細かく注意するようになったのですか」

「これからは　言うことをきかなかったら　どうしたらいいと思いますか」

現状や過去についての理解

「なぜ、細かく注意したくなるのでしょうか」

洞察促進や自己盲点に気づかせる

また、質問には2種類あり、YES,NOで答えられる閉ざされた質問とYES,NOで答えられない開かれた質問がある。

「子どに注意する時は、声は大きくなりますか」「はい」

閉ざされた質問

「朝と夕方では、どちらの方が、注意する回数が多いですか」「夕方です」

開かれた質問

面接においてはこれらの技法を使って、保護者の気持ちを聴き、リレーションをつくり、問題を把握し、解決していくことが必要である。しかし技法やテクニックばかりを使ってしまうと、作られた会話になり、親身になっていない感じがする場合もある。この点は充分注意が必要である。保護者の話を聴き、何を求めているのか、どうしたらこの人の悩みが軽くなるのか、いつも自問自答が必要である。

4　認知行動療法を使った面接

論理情動論理療法は（論理療法と同様）、REBT（Rational-Emotive Behavior Therapy）といい、1995年にAlbert Ellis（1913－2007）によって創始された。人が落ちこんだり、腹がたったりする問題や、そこから派生する問題行動については、不合理で役にたたない考え方に原因があると述べている。問題の原因は、出来事ではなく、それに対する考え方にある。Ellisは、

図9－3　ABC 理論

役にたたない考えのことを「不合理な信念」と呼び、多くの情緒障害にはこの考え方がある。一方、「合理的な信念」は弾力的で、役に立つ考えで、人を心理的に健康に導くのである。

（1）パーソナリティ理論

ア）人生における目的

努力や目標に向かって活動的に動いているときが最高に幸せで、基本的な目標や目的を達成するために考え、感じ行動するとき、合理的に生きていると考える。

イ）意識化された自己利益

人は、ほとんどの時間を自分のために費やしている。しかし他者に対しても、きわめて自分に近いくらいに時間を費やしたりする。社会的な世界に住んでおり、責任ある行為をすれば、その行為がわれわれをよりよい世界へと導いてくれる。

（2）基礎理論

この理論はＡＢＣ（図９－３）という考え方がある。

Ａとは、その後の反応をおこす原因となる出来事のこと

「子どもがおもちゃを部屋中に散らかした」

Ｂとは、結果としてあらわれた感情が、もたらした考え。

「忙しい時に、どうしてこんなことをするのだ　子どもは私の言うことをきくべき、しっかりしつけられない自分はダメな親だ」

Ｃとは、出来事が起こってどのような感情がわいたのか、どのような行動をしたのか

「どうして　言っているこがわからないの　と激しく怒った。その後また怒ってしまったと深く反省し、落ち込んだ」

何か出来事があると、心の中でBという考えが語りかけをしてくる。そしてCという感情がおこるのである。

実はB（考え）には。ラショナル・ビリーフとイラショナル・ビリーフがある。

ラショナル・ビリーフとは、健康的で合理的な考えのことで、イラショナル・ビリーフとは、不健康で不合理な考えのことである。

このイラショナル・ビリーフ（不合理な考え方）をラショナル・ビリーフに変えてあげれば、人は落ち込まないという理論である。

人間の考えは簡単に変わるのか疑問に思うかもしれないが、落ち込むたびに、自分の考えを合理的な考えに変えていくことができれば、落ち込まない自分をつくることができる。

では、今回のケースの場合は、どのように考えたらいいだろうか。イラショナル・ビリーフとして、「忙しい時に、どうしてこんなことをするのだ子どもは私の言うことをきくべき、しっかりしつけられない自分はダメな親だ」と考えている。ここには二つの考えがある。

①子どもは親の言うことをきくべき
②しっかりしつけられない自分はダメな親

この考えは、論理的ではない。子どもはいつも親のいうことをきくとは考えにくいし、しっかりしつけられないからと言って、ダメな親とは限らない。論理情動療法では、新しい考えができないか提案してみる。たとえば、

①子どもが親の言う事をいつもきいてくれるとは、限らない（だれでも、気分にムラはある）
②しっかりしつけようと努力をしてもうまくいかないことはある。だからといってダメな親とは限らない。

このように、少し考え方にゆとりを持って、冷静に自分の考えに向き合えば、イライラしたり、落ち込んだ気持ちが軽減されるだろう。

（鈴木由美）

第10章 「保護者支援」

1　はじめに

教育相談や生徒指導の支援を考える際、保護者支援については「問題をもつ親を支援する」という観点で行われてきた。しかし、学校心理学（石隈, 1999）では、保護者を「援助チーム」の一員としてとらえ、援助ニーズの大きい子どもの問題状況の解決をめざす複数の専門家と保護者によるチームで取り組むとし、保護者の役割に関して新しい視点が導入され、新しい取り組みが進みつつある。

本章では、教育相談・生徒指導における「保護者支援」について、現在行われている保護者支援の状況と今後の方向性について考えてみたい。

2　幼稚園教育要領・保育所保育指針にみる保護者支援

現代の幼稚園及び保育所において、保護者支援の方向性は「幼稚園教育要領」及び「保育所保育指針」に明らかにされている。幼児期においては、子どもの教育や保育を考える際、家庭との連携は重要であり、子どもに関しての共通理解は全ての土台になるものである。まず、それぞれの特徴を整理してみたい。

【幼稚園における保護者支援】

幼稚園における保護者支援については、「幼稚園教育要領解説（文部科学省, 2018b）」によれば、子育ての支援として保護者や地域に幼稚園の機能や施設を開放して、幼稚園の体制の整備や関係機関との連携や協力に配慮することを重視している幼児期の教育に関する対応は、育児に関する相談、情報提供、幼児と保護者との登園の受け入れ、保護者同士の交流の機会を提供するなど地域における幼児期の教育のセンターとしての役割を果たすように努めることとしている。

具体的には以下のような役割が挙げられている。

〈幼稚園における保護者支援の役割〉

①地域の子どもの成長と発達を促進する場としての役割

②遊びを伝え、広げる場としての役割

③保護者が子育ての喜びを共感する場としての役割

④子育ての本来の在り方を啓発する場としての役割

⑤子育ての悩みや経験を交流する場としての役割

⑥地域の子育てネットワークづくりをする場としての役割

〈子育て支援活動の具体例〉

①子育て相談の実施（現職教員、教職経験者、大学教員、カウンセラー等によるもの）

②子育てに関する情報の提供

③親子登園などの未就園児の保育活動

④子育て井戸端会議などの保護者交流会

⑤園庭・園舎開放

⑥子育て公開講座の開催

地域の幼児の健やかな成長を支えることを目的として、地域の人が気軽に利用できるような雰囲気づくりと、憩いの場の提供を提供できるようにすることが目指されている。また、幼稚園の園児の関係者に限らず、広く地域の人々を対象に行うことが大切であるとされ、各幼稚園において、子育て相談や未就園児の親子登園等が工夫され実施されている。様々なプログラムや活動が展開されることで、入園後の未就園児と保護者との温かいつながりを深めていくことをめざしている。

【保育所における保護者支援】

「保育所保育指針解説（厚生労働省，2018）」によれば、保育所における保護者に対する子育て支援は、すべての子どもの健やかな育ちを実現することができるよう、子どもの育ちを家庭と連携して支援していくとともに、保育者及び地域が有する子育てを自ら実践する力の向上に資することを目的としている。

ここでは、保育士等が保護者と連携して子どもの育ちを支える視点をもち、子どもと保護者の関係、保護者同士の関係、子どもや保護者と地域の関係を把握していくことを目指している。以下に保育所での子育て支援についてまとめてみる。

①保育所の特性を生かした子育て支援

保育所では、保育に関する専門的な知識をもった保育士等が、日常の生活の中で保護者に対する支援を行っている。保育士は毎日の送迎時での対話や連絡帳、電話、面談など様々な機会を利用して、保護者と子どもに関する情報を共有し、保護者の育児に関する不安や悩みに対応している。

保育者には一人一人の保護者を尊重しつつ、ありのままを受け止める受容的な態度が求められ、安心して話せる環境や守秘義務を前提とした信頼関係の中で自己決定をしていけるよう支援することが求められる。とくに、保護者とのコミュニケーションの中で、子育てに自信を持ち、子育てが楽しいと感じることができる働きかけが求められる。また、子どもを深く理解する視点を伝えることも保護者にとって大きな支援となっている。したがって、日々のコミュニケーションだけではなく、行事への親子参加や保育体験への参加などの機会提供が、子どもの客観的な成長をとらえる機会として重要としている。

②保育所を利用している保護者への子育て支援

保育所における保育活動への保護者の参加や個別の支援をする中で、保護者が保育士等の対応や動きを見て、自らの子育ての参考にしたり、自信を持つことができるとしている。また、障害の可能性や、多国籍の家庭、ひとり親家庭、貧困家庭など多様化した様々な課題を持つ家庭への支援をしている。また、少子化や核家族化など地域内におけるつながりの希薄化が進む中で孤立感を抱く保護者への支援も必要とされている。また、不適切な養育が疑われる場合も地域と連携して適切な対応が必要とされている。

③地域の保護者等に対する子育て支援

保育所における地域の保護者に対する子育て支援においては、情報提供と相談、助言が重要な役割となる。特に地域で孤立している保護者が、気軽に保育所を訪問し、相談できることは虐待防止にもつながる。また、一時預かりや休日保育などの展開も、保護者の安心につながるような配慮が必要である。

平成27年度「子ども・子育て支援新制度」、平成28年度「仕事・子育て両立支援」の導入により、「認定こども園」の普及が市町村によって図られ、保護者への支援が一層進んでいる。

3　学校における保護者支援

学校が行う保護者等への対応について、各教育委員会ではその手順等を明らかにして対応している。特に、学校には保護者や地域から多種多様な情報が寄せられ、相談や質問のほかに学校に対する不満や要望、苦情等が寄せられている。保護者にとっては子どものための要望や不満である場合が多く、その対応によって保護者の受け取り方が違ってくる。したがって、保護者の背景にある要望をしっかり傾聴し、対応することが求められる。どのような時も誠意ある対応が必要とされ、具体的な改善に向けて、組織的な対応が求められている。また、対応が困難な場合には、学校だけでなく外部との連携を検討し、保護者と学校にとって適切な解決が求められる。

4　それぞれの課題における保護者支援

幼稚園、保育所、子ども園、小学校、中学校、高校は、子どもたちの健やかな成長のために保護者との連携を重要視している。しかし、保護者が抱える問題や課題は、それぞれ背景が異なっており、保護者支援を考えるにあたりその特徴をとらえる必要がある。

（1）障害のある子どもの保護者への支援　障害受容　専門機関につなぐまで

子どもの心身の発達の異変は、保護者が発見する時と幼稚園・保育園の保育者や学校の関係者が発見する時がある。身体の異変については早期に発見されやすいが、発達障害については発見が遅れる場合もある。保護者にとって障害の理解は難しいが、子どもを取り巻く関係者が子どもの実態を共有することが支援の第一歩である。教師が幼稚園・保育園、学校での様子を、保護者は家庭での様子を共有できることが重要である。

小林（2008）は障害児乳幼児を養育している保護者を理解するために、障害を抱えた子どもを養育する保護者のストレスを引き起こす要因として、障害児の要因、親の態度の要因、生活全般の要因、地域社会に関する要因、配偶者の態度に分類した。

①障害児自身の要因

保護者のストレスは障害児の加齢によって変化する部分と変化しない部分があること、年齢による子どもの発達課題が異なり、親子に対する周囲からの要求や課題の内容が異なってくる。まだ現実の学校教育と保護者の教育観とズレがストレスの背景要因となっている。

②保護者自身の要因

配偶者の障害児に対応する態度への思い、親の家族全体に対する意識、社会に対する期待度、障害児に対する負い目、子どもの育て方についての不安や焦り、母親の自由になる時間や母親自身の交友関係がストレスになる可能性がある。

③家族生活全般

夫婦間の家族に対する意識の違い、配偶者の協力、連帯感、きょうだいの障害に関する理解。

④地域社会との関係

療育や相談機関、医療機関など障害児にかかわる社会資源の不備、福祉制度の不備が不満になる。

障害のある子どもの保護者にとって、子ども自身の障害そのものもストレスの要因になるが、保護者自身の子どもの育て方に対する不安やあせり、障害児に対する負い目などがストレスにつながってくる。その時に、保護者を支える援助資源としてのソーシャルサポートが重要となる。ソーシャルサポートは、〈インフォーマルサポート〉と〈フォーマルサポート〉に分類できる。インフォーマルサポートにおけるサポート源は、母親にとっての配偶者である夫、自分の両親、夫の両親、親戚などであるが、保護者にとって近い場所で、育児や家事の支援、障害児を抱える母親の不安に寄り添うなどの心理的な支援、まだ治療に関することや進路選択（通常級での教育を受けるか、特別支援学級で教育を受けるか等）に関することなどの決定に関する支援などがある。一方で、フォーマルサポートでは、療育機関や保健センターなどの専門機関での療育や保護者の精神的な面で支援や情報提供による支援が考えられる。小林（2008）によれば、養育負担感は専門家によるサポートによって緩和され、時機にあった適切な情報と夫婦や近隣からの情緒的なサポートが保護者のストレスを緩和する可能性があると指摘されている。

保護者支援の中でも、母親同士のサポートネットワークが援助資源として重要な役割を果たしている（足立，1999）。子ども同士が類似した障害を持ち、子育てや教育に対する考えが類似していたり、人間関係を維持しているうえでの共通したモラルを有している保護者同士での会では保護者同士の支えあいが功を奏している。

（2）不登校児を抱えた保護者への支援

不登校とは、文部科学省（2019b）の「不登校児童生徒への支援の在り方について（通知）」の中で、支援の視点として、「不登校児童生徒への支援は、『学校に登校する』という結果のみを目標にするのではなく、児童生徒が自らの進路を主体的にとらえて、社会的に自立することを目指す必要があること、また、児童生徒によっては、不登校の時期が休養や自分を見つめ直す等の積極的が意味を持つことがある一方で、学業の遅れや進路選択上の不利益や社会自立へのリスクが存在することに留意すること」としている。今までの登校支援は、学校に登校することを最終目標にしており、そのための支援が重要視されてきた。しかし、今回の支援の在り方の変更に伴って、不登校という形で表現されている児童生徒の日々の生活を自らの進路を主体的にとらえて自立するというキャリア形成の視点が導入されている。したがって、今後の不登校児を抱えた保護者への支援も、不登校のとらえ方の変化に留意しながら支援することが求められる。

【不登校のプロセスの理解】

不登校のプロセスは大きく分けると「混乱期」「安定期」「転換期」「回復期」の4段階に分けられる。ここでは、児童生徒とともに保護者のプロセスも理解してみたい。

「混乱期」：家庭や学校での様々なきっかけや要因によって登校渋りが始まり、そのうちに欠席が続いて不登校状態になる。この段階では、保護者も「なぜ子どもが学校に行かれないのか」「昨日の夜は元気だったのになぜ朝になると体調が悪くなるのか」ということの繰り返しで、子どもの状態を理解できず、学校に行かせようと必死になる時期である。

「安定期」：保護者も子どもが学校に行かない状態を受け入れ始める時期である。学校に行かなくてもよいことを認められた子どもが登校への不安や圧力から解放されてリラックスして落ち着いてくる。その様子を見て保護者も落ち着いてくる。しかし、この時期が長くなると、このままでいいのかという不安が大きくなってくる。

「転換期」：この時期になると、子どもは少しずつ友達や学校のことが気になりだし、少しずつ学校での生活にも関心が向いてくる時期である。しかし、まだ学校に対して抱く不安は高く、登校はできない時期である。保護者自身も子どもの変化に一喜一憂しながら、日々を過ごす時期である。

「回復期」：担任などが、他の児童生徒がいない放課後等呼び出して対応するのに児童生徒が応え始める時期である。まだ一人では登校できないので、保護者も一緒に登校しながら、登校に向けての準備を始める時期である。

このように、不登校のプロセスによって保護者の心理状態も変化していく。子どもはもちろんのことであるが、保護者に対しても、そのプロセスに応じた支援が必要になる。基本的な保護者の支援には、担任が一番近い存在として支援することが多いが、スクールカウンセラーに相談することもできる。保護者も子どもの援助資源として「援助チーム」に参加することも可能である。また、地域の教育支援センター（適応指導教室）は特に不登校支援に力を入れている機関であり、保護者は子どもの状態に合わせて相談することができる。

文部科学省（2019b）は家庭への支援で、保護者の個々の状況に応じた働きかけが重要であることを示している。その際、保護者と課題意識を共有して一緒に取り組むという信頼関係をつくることや訪問型支援による保護者への支援など気軽に相談できる体制を整えることが重要であるとしている。

（3）「虐待」が疑われる保護者への支援

虐待とは、子どもの身心の成長及び人格の形成に重大な影響を与えるとともに、次の世代に引き継がれる恐れもあり、子どもに対する最も重大な権利侵害である。保護者による虐待は、家庭内におけるしつけと明確に異なり、親権によって正当化されるものではないとされている（文部科学省，2019）。児童虐待は、「身体的虐待」「性的虐待」「ネグレクト（育児放棄）」「心理的虐待」の4つに分類されている。

本章では、保護者支援の観点から児童虐待について検討していく。

【虐待の発生要因】は、大きく分けると、①親の個人的な要因②社会からの孤立の要因がある。

１）親の個人的な要因

親自身の自己中心的な性格、精神疾患、アルコール依存、薬物依存、夫婦関係、などの個人的な要因や親自身の被虐待経験などがある。西澤（2017）によると、虐待につながる親の心理特徴として、①体罰肯定観、②自己の欲求の優先傾向、③子育てに対する自信喪失　④被害的認知、⑤子育てに対する疲労・疲弊感、⑥子育ての完璧志向、⑦子どもに対する嫌悪感・拒否感があげられている。かつての悪い自己や自分を虐待した親、自らの欲求に固執し、依存性を示す子どもに対しての攻撃が生じていることを明らかにしている。

２）社会からの孤立の要因

核家族化に伴い、仕事に忙しい父親が不在状態で、母親一人で子どもを育てている環境が社会からの孤立化を進めている。周囲に子育ての不安や子育てに対する協力のなさへの不満について相談する人もなく、追い詰められてしまう状況がある。

虐待の早期発見や予防のために、保護者の行動チェックが有用である。

①子どもへのかかわりや対応：理想の押し付けや年齢不相応の要求がある。かわいくないなどの差別的な発言がある

②きょうだいへの差別：きょうだいに対しての差別的な発言や特定の子どもに対しての拒否的な態度がある

③心身の状態：精神科への受診歴、相談歴がある　アルコール依存、薬物の使用がある

④気になる行動：些細なことでも激しく怒るなど、感情や行動のコントロールができない

⑤学校等との関わり：長期にわたる欠席が続き、訪問しても子どもに会わせようとしない

【児童虐待への保護者支援】

児童虐待に及ぶ保護者の心理的要因や保護者の行動チェック項目から見えてくる保護者の気になる行動を早期に発見すると同時に、早期の保護者支援が必要となる。園や学校での教育相談機能だけでは支援の限界があるため、管理職を含めた組織的な支援、及び児童相談所等の支援が必要となる。特に、虐待の可能性が疑われる時は、児童相談所への通報が必要となるため、日ごろから虐待通報の流れは確認しておくことが重要である。

虐待は保護者自身の個人的な背景も大きいが、周囲からの孤立することが要因となる場合があるため、地域の子育てプログラムや幼稚園・保育園での相談や行事や支援プログラムも重要である。また、子どもが一時保護されている間の保護者支援の様相を理解しておくことも必要であろう。

【児童相談所における保護者支援プログラム】

児童相談所においては、子育て支援のプログラムと虐待の再発予防を目指したプログラムが実施されている。子どもを一時保護している間に、保護者に対しての支援が行われているものである。子どもの安全を実現するためのプログラムや暴力を使わずに子どもを育てる技を親に伝え、虐待の予防や関係性の回復を目指すプログラムが展開されている。これらのプログラムでは、養育に関する基本的なスキルを教えたり、親自身の心の葛藤を取り上げて安心感を支援し、援助が難しい場合でもその親が持っているモチベーションや強みに焦点をあてて、前向きな姿勢を見出していくことを目指している。

【育児支援家庭訪問事業】

平成29年に児童虐待防止法が改正されているが、虐待の発生予防を支える事業として平成16年に創設されている。この事業は、家事援助サービスや育児スキルの提供を含めた家族支援であり、特に出産後間もない養育者等を対象としたものである。在宅看護師や助産師、保健師などが支援している。

(4) 配慮を必要とする保護者への支援

保護者の中には、保護者自身が配慮を必要としている場合がある。特にストレスが多く、精神病理学的な問題を抱えている保護者も多い。最初にその変化に気づくのは家族であるが、毎日接している保育者や周りの保護者も「最近様子がおかしい」と気づく場合もある。

「統合失調症」：不可解に見える行動が目立ち、「誰かに命令されている」「誰かが私の悪口を言っている」などという被害妄想や幻聴が起こることで周囲がその異変に気がつくことが多い。また、自分の考えがまとまらなかったり、気力が減退して集中力が低下してしまう様子が見られることもある。実際には、幻覚や妄想などの症状の方が目立つため、周囲は心配することが多い。

「うつ病」：うつ病は、憂鬱な気分になったり気力の低下が目立ち、子育てに大きな支障がでる。特に朝の調子が悪いので、子どもを保育園や幼稚園に送ることができず、欠席が続くことで気がつくことがある。また、送り迎え

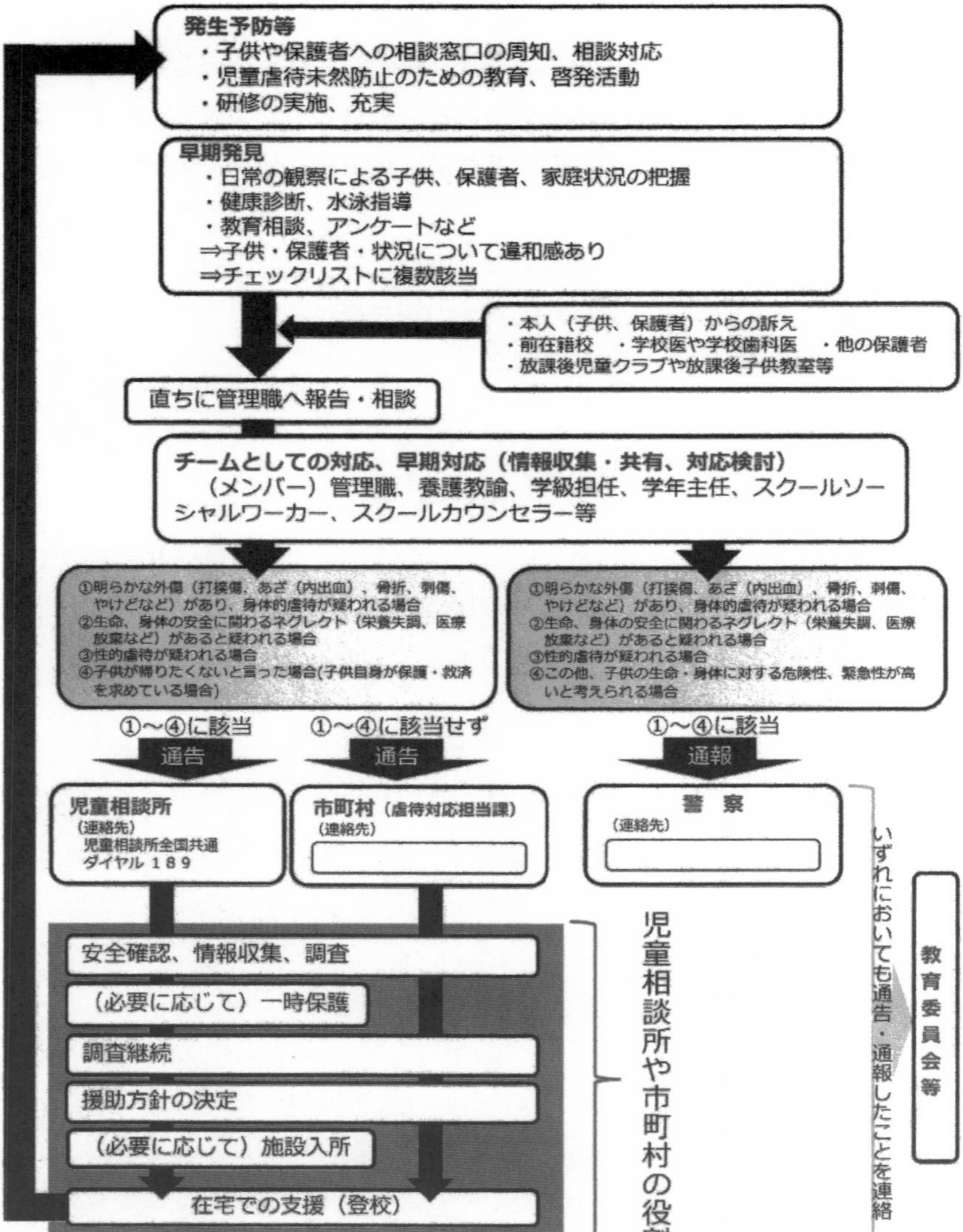

図10-1　学校における虐待対応の流れ
（文部科学省「学校・教育委員会等向け虐待対応の手引き」2019）

等の時に保育者や他の保護者と全くコミュニケーションがとれずにいる様子で気づくこともある。また、子どもの世話ができずにいるため、ネグレクトを疑うような状態のときに気づくこともある。うつ病は、具体的な原因があってうつ状態になる場合と、特に具体的な原因はないものの季節の変わり目などに気分が落ち込んでしまう場合もある。

保護者への支援：精神疾患の場合は、基本的には専門の医師による治療が必要になる場合が多く、保護者本人だけでは治療に進まない場合も少なくない。したがって、家族と連携しながら、保護者自身を保護していく必要が出てくる。

(5) 外部相談機関の利用に関する保護者支援

幼児期及び小中高の学校段階における保護者支援の役割のうち、外部の相談機関とつなぐ役割がある。保護者の中には、教育相談に関する情報に詳しい場合もあるが、ほとんどの場合は、外部相談機関に関する情報がない上に、どのように相談したらよいかについて知らない場合がある。また、子どもの状態に対する不安などによって、相談の時機を逸してしまう場合もある。

学校や園は、地域で連携できる外部相談機関の機能や利用や連携の方法を知っておくことが必要となる。保護者は外部の相談機関や専門の機関に紹介されることを喜ぶ場合と見捨てられ不安を感じる場合がある。そのため、外部に紹介したときは、後日報告をしてもらうことが望まれる。その状況によってその後の保護者への支援が変わってくる。その対応のていねいさが保護者との信頼関係に関連してくるといえる。

また、虐待の通報や学校内で起こるいじめや自殺など学校や園だけでは対応が困難な場合や危機介入を必要とする場合などのために、日ごろから外部機関との連携の準備が必要である。

（沢崎　真史）

最終章

新たな生徒指導を求めて

[石隈利紀]

本書の実践編では「学校心理学が提案する新たな生徒指導」の実践を紹介した。最終章として、新たな生徒指導についてまとめたい。

1　新たな生徒指導とは

生徒指導は、「一人一人の児童生徒の人格を尊重し、個性の伸長を図りながら社会的資質や行動力を高めることを目指し行われる教育活動のことである。」（文部科学省，「生徒指導提要」，2010）と定義される。つまり、生徒指導は子どもの「個人として生きる力」や「社会で生きる力」を育成する学校教育の中核となるものである。

ここで、今後の生徒指導の課題と生徒指導への期待について、「新たな生徒指導」という視点から次の３点で整理する。

①ー指導と援助を統合する

新たな生徒指導の第一の課題は、指導サービスと援助サービスの統合である。

学校心理学では、指導サービスと援助サービスの二つの側面から学校教育をとらえる（石隈，1999）。指導サービスとは、子どもが成長する上で必要な知識や能力を獲得できるよう指導する教育活動である。そして援助サービスとは、子どもが学校生活を通して、発達する人間としてそして児童生徒として、課題に取り組む過程で出会う問題状況の解決を促進することをめざす教育活動である。生徒指導は、指導サービスと援助サービスを含み統合するものである。

しかし、生徒指導は「社会で生きる」ために必要な能力（例：ルールを守る）の指導に力点がおかれることが多い。だからからこそ、カウンセリング的な視点を導入して「個人として生きる」側面や問題解決という側面を強調して、教育サービスとしてのバランスを保とうとしてきた。教師が生徒指導講座でカウンセリングについて学ぶのは、カウンセラーになるためではない。カウンセリングを参考にして、自分の生徒指導の実践における援助サービスの視点や方法を確認し、発展させるためである。構成的グループ・エンカウンター（pp.69-70参照）、危機介入などは生徒指導に生かしたいカウンセリングの方法である。

②ー学校生活全般に関わる

新たな生徒指導の第二の課題は、子どもの学習面、心理・社会面、進路面、健康面にわたる学校生活全般において生徒指導を行うことである。

生徒指導は子どもの心理・社会面に焦点をあてる傾向があるが、子どもの学校生活全般における問題と成長に焦点をあてる必要がある。特に多くの子どもにとって勤勉性（知識や技術を身につけ、仕事を完成させる喜びを感じるようになる）は重要な発達課題であり、その獲得は容易ではないので、学習面での指導・援助は生徒指導の鍵となる。

本書でも、子どもの生きる力の育成をめざす、授業での４種類のサポート（情緒的サポート、情報的サポート、評価的サポート、道具的サポート）を紹介した（第５章）。

また進路面での指導・援助は、子どもの職業や趣味を通した社会との関わり方（キャリア）の発達をめざすもので、生徒指導の柱となるものである。

そして、健康面での指導・援助は、子どもが社会において自己実現する基盤となる心身をつくっていくことをめざすものである。近年、健康面において心の健康ばかりが重視されがちであるが、身体と心の両面の健康が大切であるのはいうまでもない。不登校や非行傾向の子どもの理解において、食べること、眠ること、運動することの様子が重要な焦点となる。例えば不登校の子どもの大きな問題の一つは、室内中心での生活からくる肥満である。

子どもの学校生活全般を通した生徒指導をめざすとき、鍵を握るのが「チームによる生徒指導」の発想と実践である。学級担任、生徒指導主事、教育相談担当だけでなく養護教諭、教科担任などが、子どもを理解し、育てるのである。そして配慮を要する子どもの場合は、「援助チーム」を形成して指導・援助にあたるのである（第７章―４、５）。

③―「積極的な生徒指導」と「消極的な生徒指導」の統合をめざして

新たな生徒指導の第三の課題は、一人ひとりの様々な子どもへの生徒指導の実践である。今日、不登校やいじめなどで学校生活で苦戦している子どもに対して、スクールカウンセラーの導入など、心理臨床的な援助サービスが導入されている。また非行傾向の強い子どもに対しては、出席停止を含めた強い対応が議論されている。

一方、すべての子どもへの予防的・開発的な教育を目指して、積極的な生徒指導が提案されている。「特別な問題をもたない子ども」に対して、構成的グループ・エンカウンターなどを用いた対人関係能力の向上などが盛んに行われるようになった。特別な問題をもつ子どもに対する生徒指導だけでなく、すべての子どもに対する生徒指導が注目されることは大変重要である。

予防的・開発的な教育サービスに注目することで、子どもの問題対処能力を向上する教育活動としての生徒指導の概念を拡大することができるといえる。本書でも、予防的な生徒指導を中心に取り上げてきた。しかし、予防的・開発的サービスを「問題をもたない子ども」を対象とするものとして、「問題をもつ子ども」に対する「消極的な生徒指導」と対極に位置づけられる危険性がある。

生徒指導がすべての子どもを対象にするというのは、様々な援助ニーズをもつ子どもを、学級や学校で援助するということである。特に学習意欲の低下や人間関係の悩みで配慮を要する子ども（二次的援助サービスの対象）は、河村（1999）の調査では学級の３分の２にもなる。「学級全体・学校全体に対する一次的援助サービスを行い、特別の子どもへの三次的援助サービスも行う」というスタイルではなく、「学級・学校の一人ひとりの子どもの状況に応じて一次的援助サービス、二次的援助サービス、三次的援助サービスを積み上げて提供する」というスタイルが求められている。

2　生徒指導のシステムと生徒指導主事の役割

生徒指導が、学校教育というヒューマン・サービスとして行われるために、そのシステムを学校心理学の枠組みから整理して、生徒指導主事の役割について提案する。

①—マネジメント：学校全体の生徒指導に関する「運営委員会」

管理職や主任などからなる「企画・運営委員会」が、「職員会議」を通して教職員の意見を反映しながら生徒指導のマネジメントを進める。子どもの学習面、心理・社会面、進路面、健康面の状況（例：授業に落ち着いて参加しているか）、そして生徒指導サービスの状況について検討し、生徒指導のよりよい運営に関する決定を行う。具体的には、卒業式、運動会、宿泊学習などの行事の実施、そして保健室の運営やスクールカウンセラーの活用方針などが、学校の生徒指導の課題である。

②—コーディネーション：学年・学校のレベルの生徒指導に関する「コーディネーション委員会」

学年、学校レベルでの生徒指導の現状について定期的に検討し、生徒指導サービスの実施について計画し調整する組織が必要である。具体的には、学年部会、生徒指導部会などが生徒指導のコーディネーション委員会として機能している。また、コーディネーション委員会では、学校・学年の気になる複数の子どもについて、あるいは学校全体の生徒指導の状況について話し合う。生徒指導のコーディネーションが進むためには、コーディネーターが鍵を握る。生徒指導主事・教育相談主任、学年主任、養護教諭、管理職などが協力しながら、コーディネーターの機能を果たしているようである（石隈，1999）。

埼玉県のＡ中学校では、学校レベルのコーディネーション委員会は、そこに参加する管理職や生徒指導主事を通して生徒指導のマネジメントの促進の機能をもつ。また、子どもの生徒指導で困っている教師がコーディネーション委員会に自由に参加できるようになっており、援助チームの促進の機能ももつ（家近・石隈，2003）。

③—チーム援助：特定の子どもに関する「援助チーム」

不登校や非行傾向などで個別に指導・援助を計画する必要がある場合がある。その場合は、子どもの学級担任、保護者、生徒指導・教育相談担当、スクールカウンセラー、部活動顧問などからなる「援助チーム」で、子どもの問題状況についての情報を収集し、意味づけながら（つまりアセスメントしながら）、指導・援助の計画立て、指導・援助を実践する。

援助チームの実践では、学級担任と保護者の日ごろからのコミュニケーションが大切である。また担任の被援助志向性（援助を求めることに対する態度；田村・石隈，2001）が援助チーム形成と進行の鍵を握る。

子どもの問題の援助に関して、担任が様々な教師や保護者に相談できることが望ましい。つまり、助けられ上手の教師が、サポート上手な教師となるのである。

3　生徒指導主事の役割

生徒指導主事は学校における生徒指導のマネージャー、コーディネーター、コンサルタントとしての役割が期待されている。

①ーマネージャー

生徒指導主事は管理職とともに、運営会議や職員会議を通して、生徒指導の企画・運営にあたる。

②ーコーディネーター

生徒指導主事は、生徒指導のコーディネーターとして、コーディネーション委員会の促進、生徒指導に関わる学校レベルでの連絡・調整を行う。

③ーコンサルタント

生徒指導主事は、コーディネーション委員会や援助チームなどにおける生徒指導に関する話し合いの場面で、子どもに直接関わる学級担任などのコンサルタントとなる（第 8 章参照）。つまり、子どもへの生徒指導で困っている教師と作戦会議を行うことで、教師に安心、知識・方法、客観的な視点などを提供するのである。生徒指導主事が、管理職にとっても生徒指導に関する作戦会議のコンサルタントとなることで、管理職を支えることができる。

これらの、生徒指導主事がマネージャー、コーディネーター、コンサルタントの役割を果たす能力を向上させる研修、生徒指導の学校組織における位置づけの工夫が必要である。

4　おわりに

学校は、学級担任、教科担任、部活動顧問、養護教諭など、子どもの生徒指導を進める援助資源の宝庫である。いま学校は、ヒューマンサービス機関として改革されることが期待されている。

一人ひとりの子どもが「個人として生きる力」や「社会で生きる力」を獲得するよう支援する生徒指導は、学校教育の中核として教育改革の要となる。生徒指導が様々な子どもの成長を促進する活動としてますます充実し、生徒指導主事がマネージャー、コーディネーター、コンサルタントとして活躍するよう期待するものである。

●引用・参考文献●

・阿部希（2002）「学級単位によるソーシャルスキルトレーニングのための尺度の作成―児童と教師の視点から選定して―」東京学芸大学教育学部卒業論文（未公刊）
・足立智明（1999）『障害をもつ乳幼児の母親の心理的適応とその援助に関する研究』風間書房
・American Psychological Association（2004）「APA Resolution on Bullying Among Children and Youth」（https://www.apa.org/topics/bullying/　4月5日取得）
・Baumrind, D.（1967）. Child care practices anteceding three patterns of preschool behavior.Genetic Psychology Monographs, 75, 43-88.
・Caplan, G.（1961）An approach to community mental health. New York: Grune & Stratton.（山本和郎［訳］/加藤正明［監修］（1968）『地域精神衛生の理論と実際』医学書院）
・Erikson, E. H.（1959）Identity and the life cycle: Selected papers. In Psychological Issues. Vol.1. New York : International Universities Press.（小此木圭吾［訳］（1973）『自我同一性』誠信書房）
・Erikson, E. H.（1963）Childhood and society. New York: Norton.（仁科弥生［訳］（1977, 1980）『幼児期と社会Ⅰ・Ⅱ』みすず書房）
・Goble, F. G.（1970）The third force; the psychology of Abraham Maslow. New York: Grossman.（小口忠彦［訳］（1972）『マズローの心理学』産業能率大学出版部）
・橋本治（2016）「いじめ問題と学校心理士―「いじめの4つの波」と「国の定義・通達」をふまえて―」日本学心理士会年報、8、pp.41-51
・福島脩美［編］（2003）『教育相談による理解と対応』開隆堂出版株式会社
・藤沢市教育文化センター（2001）「「学習意識調査」報告書―藤沢市立中学校3年生・35年間の比較研究―」
・藤沢市教育文化センター（2016）「第11回「学習意識調査」報告書―藤沢市立中学校3年生の学習意識―」
・福沢周亮/石隈利紀/小野瀬雅人［責任編集］・日本学校心理学会［編］（2004）『学校心理学ハンドブック―「学校の力」の発見』教育出版
・半田一郎（1996）「公立中学校での学校カウンセラーとしての体験」『こころの健康』11（2）、18-23
・平木典子（1989）『カウンセリングの話［増補］』朝日新聞社
・平木典子（2004）『新版　カウンセリングの話』朝日新聞社
・茨城県教育委員会（1993）「家庭教育通信　みち」（高校生）第77号
・茨城県教育委員会（1994）「家庭教育通信　みち」（高校生）第80号
・茨城県教育委員会（1995）「家庭教育通信　みち」（中学生）第84号
・茨城県教育委員会（1995）「家庭教育通信　みち」（小学生）第84号
・茨城県教育委員会（1997）「家庭教育通信　みち」（高校生）第93号
・茨城県教育研修センター教育相談課（1998a）「いじめに関する指導・援助方法の在り

方」（研究報告書）
・茨城県教育研修センター教育相談課（1998b）『構成的グループ・エンカウンター　エクササイズ集』（研究報告書別冊資料編）
・茨城県教育研修センター教育相談課（2000a）『教育相談の手引き』
・茨城県教育研修センター教育相談課（2000b）『児童生徒の自己表現を援助する学校教育相談の在り方』（研究報告書）
・茨城県教育研修センター教育相談課（2000c）『授業に生かすカウンセリング実践事例集』（研究報告書別冊資料編）
・茨城県教育研修センター教育相談課（2002）『予防的教育相談の在り方』（研究報告書）
・茨城県教育庁指導課（1993）『生徒指導ハンドブック』
・出井美智子（1991）「養護教諭とカウンセリング」井出美智子・鳴澤實編著『子どもの心が分かる養護教諭に―カウンセリングから学ぶ』学事出版
・一般社団法人日本臨床心理士会（2015）「資格問題の諸情報 No.22」
・家近早苗 / 石隈利紀（2003）「中学校における援助サービスのコーディネーション委員会に関する研究―A 中学校の実践をとおして―」『教育心理学研究』51、pp.230-238
・乾彰夫（2016）「学校から仕事への移行期間延長と青年期研究の課題」『発達心理学研究』27（４）、pp.335-345
・石川満佐育（2014）「いじめ　いじめる子、いじめられる子、いじめを見ている子」黒田祐二［編］『実践につながる教育相談』、pp.67-82、北樹出版
・石隈利紀（1999）『学校心理学―教師・スクールカウンセラー・保護者チームによる心理教育的援助サービス』誠信書房
・石隈利紀（2001a）「サポート上手な先生が作る元気の出る生徒指導：学校教育サービスと学校心理学」『月刊生徒指導』４月号、p.61、学事出版
・石隈利紀（2001b）「サポート上手な先生が作る元気の出る生徒指導：学校教育サービスと学校心理学」『月刊生徒指導』10月号、pp.45-49、学事出版
・石隈利紀（2002a）「養護教諭を生かしたチーム援助」『月刊学校教育相談』１月号、pp125-130、ほんの森出版
・石隈利紀（2002b）「学校における心理教育的援助サービスの現状と展望」沢崎俊之 / 中釜洋子 / 齋藤憲司［編著］『学校臨床そして生きる場への援助』pp.23-56、日本評論社
・石隈利紀（2004）「コンサルテーションとは」福沢周亮 / 石隈利紀 / 小野瀬雅人［責任編集］・日本学校心理学会［編］（2004）『学校心理学ハンドブック―「学校の力」の発見』pp.112-113、教育出版
・石隈利紀（2019a）「はじめに」石隈利紀［編著］『教育・学校心理学』pp.4-５、遠見書房
・石隈利紀（2019b）「教育・学校心理学の意義」石隈利紀［編］『教育・学校心理学』pp.11-26、遠見書房
・石隈利紀（2019c）「教育・学校心理学と公認心理師の実践」石隈利紀［編］『教育・学校心理学』pp.193-207、遠見書房
・石隈利紀 / 大野精一 / 小野瀬雅人 / 東原文子 / 松本真理子 / 山谷敬三郎 / 福沢周亮［編集］/ 日本学校心理学会［編］（2016）『学校心理学ハンドブック第２版』教育出版
・石隈利紀 / 小野瀬雅人［代表］（1997）「スクールカウンセラーに求められる役割に関す

る学校心理学的研究―子ども・教師・保護者を対象としたニーズ調査より」文部科学研究補助金（基礎県有〈c〉〈２〉）研究報告書（課題番号06610095）
・石隈利紀 / 田村節子（2003）『石隈・田村式援助シートによるチーム援助入門―学校心理学・実践編』図書文化社
・石隈利紀 / 田村節子（2018）『新版　石隈・田村式援助シートによる　チーム援助入門―学校心理学・実践編』図書文化社
・石隈利紀 / 山口豊一 / 横島義昭『月刊生徒指導』2001年４月～2002年３月号、学事出版
・礒貝芳郎 / 福島脩美（1987）『自己抑制と自己実現―がまんの心理学』講談社現代新書
・市川伸一（1995）『学習と教育の心理学』岩波書店
・市川伸一（1998）『開かれた学びへの出発―21世紀の学校の役割』金子書房
・Jourard, S. M.（1971）The transparent self. New York:Litton Educational Publishing.（岡堂哲夫［訳］（1974）『透明なる自己』誠信書房）
・嘉部和夫（1990）「ピア・カウンセラー」國分康孝編『カウンセリング辞典』pp.466-467、誠信書房
・片野智治（2003）『構成的グループ・エンカウンター』駿河台出版
・菅野純（1990）『子どもの見える行動・見えない行動』瀝々社
・Kant, I.（1793）Die Religion innerhalb der Grenzen der blossen Vernunft, I. Kant Werke（Cassirer）, Band 6
・加藤純（1997）「メンタルフレンド」國分康孝編『スクールカウンセリング辞典』東京書籍
・河村茂雄（1999）「生徒の援助ニーズを把握するための尺度の開発（２）―スクール・モラール尺度（中学生用）の作成」『カウンセリング研究』32、pp.283-291
・小林正幸（2002）『先生のための不登校の予防と再登校援助』ほんの森出版
・小林正幸 / 嶋崎政男［編］（2000）『教師・親のための子どもの相談機関利用ガイド』ぎょうせい
・小林正幸（2003）『校長のリーダーシップ―協同的な人間関係を基盤にした学校経営』一粒社
・小林倫代（2008）「障害乳幼児を養育している保護者を理解するための視点」『国立特別支援教育総合研究所紀要』35、pp.75-87
・國分康孝（1979）『カウンセリングの技法』誠信書房
・國分康孝（1981）『エンカウンター』誠信書房
・國分康孝（1992）『構成的グループ・エンカウンター』誠信書房
・國分康孝（1996）『カウンセリングの原理』誠信書房
・國分康孝ほか編（1998）『学級担任のための育てるカウンセリング全書』全10巻、図書文化社
・國分康孝（2002）『ピアヘルパーワークブック』日本教育カウンセラー協会［編］、図書文化社
・國分康孝・大友秀人（2001）『授業に生かすカウンセリング』誠信書房
・國分康孝・片野智治（2001）『構成的グループ・エンカウンターの原理と進め方』誠信書房
・近藤邦夫（1994）『教師と子どもの関係づくり』東京大学出版会

- 近藤邦夫（2002）『学校と教師の接近―学校臨床心理学の模索―』沢崎俊之 / 中釜洋子 / 齋藤憲司［編著］『学校臨床そして生きる場への援助』日本評論社
- 国立武蔵野学院（2000）『児童自立支援施設入所児童の被虐待経験に関する研究―アンケート調査を視点にして―』（第一次報告書）
- 国立教育政策研究所生徒指導・進路指導研究センター（2016）『いじめ追跡調査2013-2015 いじめＱ＆Ａ』
- 厚生労働省（2018）『保育所保育指針解説』
- 久保順也（2013）「児童生徒間のいじめに関する心理学的研究の展望」『宮城教育大学紀要』48巻、pp.229-241.
- 久保田真功（2010）「逸脱傾向にある子供たちはなぜいじめを黙ってみているのか？―中学生を対象とした質問紙調査をもとに―」『生徒指導研究』 9 、pp.57-66.
- 熊谷恵子（2004）「イギリスにおける教育心理士の養成と活動」学会連合資格「学校心理士」認定運営機構（企画・監修）松浦宏・新井邦二郎・市川伸一・杉原一昭・田島信元（編）講座『学校心理士―理論と実践Ｉ』学校心理士と学校心理学、pp.236-246、北大路出版
- Lamborn, S. D., Mounts, N. S., Steinberg, L. & Dornbush, S. M.（1991）Patterns of competence and adjustment among adolescents from authoritative, authoritarian, indulgent, and neglectful families. Child Development, 62, 1049-1065.
- Maslow,A. H.（1968）Toward a psychology of being, 2nd ed. New York : D. Van Nostrand Co. Inc.（上田吉一［訳］（1998）『完全なる人間――魂のめざすもの』誠信書房）
- Maslow,A. H.（1970）Motivation and personality, 2nd ed. New York, London : Harper & Row.（小口忠彦［訳］（1987）『［改訂新版］人間性の心理学―モティベーションとパーソナリティ―』産業能率大学出版部）
- Maslow,A. H.（1971）The Farther Reaches of Human Nature. New York : Viking Press.（上田吉一［訳］（1973）『人間性の最高価値』誠信書房）
- 三浦香苗（1999）「なぜ学習不適応が起こるのか」三浦香苗［編著］『勉強嫌いの理解と教育』pp1-14、新曜社
- 宮本みち子（2005）「先進国における成人期移行への実態―イギリスの例から―」『教育社会学研究』76集、pp.25-39
- 文部省（1981）『生徒指導の手引き（改訂版）』
- 文部省（1988）『生活体験や人間関係を豊かなものとする生徒指導―中学校・高等学校編』
- 文部省（1991）『小学校における教育相談の進め方』
- 文部省（1990）『学校における教育相談の考え方・進め方―中学校・高等学校編』
- 文部省（1995）『いじめ問題の解決のために当面取るべき方策等について（通知）』
- 文部省（1998）「教育課程審議会答申」
- 文部省（1999）「学習障害児に対する指導について」（報告書）
- 文部科学省（2000）『中学校学習指導要領』
- 文部科学省（2001）「少年の問題行動等に関する調査研究協力者会議」（報告書）
- 文部科学省中央教育審議会（2000）「新しい時代における教養教育の在り方について」

（審議のまとめ）
・文部科学省（2002）『確かな学力向上のための2002アピール「学びのすすめ」』
・文部科学省（2003a）「今後の特別支援教育の在り方について」（最終報告）
・文部科学省（2003b）『平成14年度文部科学白書』文部科学省編　財務省印刷局
・文部科学省（2003c）「今後の不登校の対応の在り方について」（報告）
・文部科学省（2005）「生徒指導上の諸問題の現状と文部科学省の施策について」
・文部科学省（2006）「生徒指導上の諸問題の現状と文部科学省の施策について」
・文部科学省（2010）『生徒指導提要』
・文部科学省（2012）「通常の学級に在籍する発達障害の可能性のある特別な教育的支援を必要とする児童生徒に関する調査」（調査結果）
・文部科学省（2013a）「いじめ防止対策推進法」
・文部科学省（2013b）「教育支援資料～障害のある子供の就学手続と早期からの一貫した支援の充実～」
・文部科学省（2013c）「体罰の禁止及び児童生徒理解に基づく指導の徹底について（通知）─学校教育法第11条に規定する児童生徒の懲戒・体罰等に関する参考事例」
・文部科学省（2015）「チームとしての学校の在り方と今後の改善方策について（答申）」中央教育審議会
・文部科学省（2016）「いじめの認知について　─先生方一人一人がもう一度確認してください─」
・文部科学省（2017a）「いじめの防止等のための基本的な方針」
・文部科学省（2017b）「いじめの重大事態の調査に関するガイドライン 」
・文部科学省（2017c）「小学校　学習指導要領」（平成29年告示）
・文部科学省（2017d）「中学校　学習指導要領」（平成29年告示）
・文部科学省（2018a）「教育職員に係る懲戒処分等の状況について」
・文部科学省（2018b）『幼稚園教育要領解説』
・文部科学省（2019a）「児童生徒の問題行動・不登校等生徒指導上の諸課題に関する調査結果について」
・文部科学省（2019b）「不登校児童生徒への支援の在り方について」（通知）
・森田洋司 / 清水賢二（1994）『いじめ：教室の病い（新訂版）』金子書房
・諸富祥彦（編集代表）（2011）『チャートでわかる　カウンセリング・テクニックで高める「教師力」第４巻　保護者との信頼関係をつくるカウンセリング』株式会社ぎょうせい
・鳴澤實（2001）「発達危機とカウンセリング」ほんの森出版
・西澤哲（2017）「子ども虐待と親の攻撃性」臨床精神医学 46（９）1127-1133
・野澤純子（2003）「教育相談の手引き」徳田克己 / 髙見令英編著『ヒューマンサービスに関わる人のため教育心理学』pp.102-109、文化書房博文社
・小島弘道（2003）『21世紀の学校経営をデザインする』（上）（下）教育開発研究所
・小野瀬雅人（2016）「学校心理学の方法」石隈利紀 / 大野精一 / 小野瀬雅人 / 東原文子 / 松本真理子 / 山谷敬三郎 / 福沢周亮［編集］/ 日本学校心理学会［編］『学校心理学ハンドブック第２版』pp.6-７、教育出版
・大塚　玲（2018）「ADHD（注意欠陥多動性障害）」『発達障害事典』一般社団法人日本

LD 学会［編］、丸善出版、pp. 6－7
・大野精一（1997a）『学校教育相談―理論化の試み』ほんの森出版
・大野精一（1997b）『学校教育相談―具体化の試み』ほんの森出版
・相楽直子（2002）「保健室登校 A 子へのチーム援助」『月刊学校教育相談』 1 月号、p.147、ほんの森出版
・相楽直子（2020）「養護教諭とスクールカウンセラーの連携」半田一郎編『チーム学校入門』p.89-108、日本評論社
・坂本昇一（1973）『生徒指導の基礎と実際』文教書院
・坂本昇一（1990）「生徒指導」『新教育大辞典』 4 巻、第一法規
・坂本昇一（1999）『生徒指導が機能する教科・体験・総合的学習』文教書院
・坂本昇一（2002）「生徒指導」『現代教育大辞典』第 4 巻、ぎょうせい
・桜井茂雄（1999）「がまんの心理―フラストレーションとその耐性」『児童心理』 7 月号、pp.11-17、金子書房
・塩田芳久（1962）『バズ学習方式―落第者をつくらぬ教育』黎明書房
・清水幹夫（1990）「ファシリテーター」國分康孝［編］『カウンセリング辞典』p.85、誠信書房
・下山晴彦（2001）「青年期の発達」下山晴彦［編著］『教育心理学Ⅱ』東京大学出版会
・総務庁行政監査局（1999）「いじめ・不登校問題などの現状と課題」
・杉原一昭［監］（2001）『発達臨床心理学の最前線』教育出版株式会社
・田上不二夫（1999）『実践スクール・カウンセリング』金子書房
・髙橋超（2000）「生徒指導観に対する現職教師及び教員養成大学学生の意義」平成12年度広島大学教育学部付属実践世インター生徒指導研究会資料（未刊行）
・髙橋超（2002）「生徒指導の意義と課題」髙橋超 / 石井眞治 / 熊谷信順［編著］『生徒指導・進路指導』ミネルヴァ書房
・田村修一（2013）「 2 次的援助サービス①授業における援助」水野治久 / 石隈利紀 / 田村節子 / 田村修一 / 飯田順子［編］『よくわかる学校心理学』pp92-93、ミネルヴァ書房
・田村修一 / 石隈利紀（2001）「指導・援助サービスの悩みにおける中学校教師の被援助志向性に関する研究―バーンアウトと関連に焦点をあてて―」『教育心理学研究』49、pp.438-448
・柘植雅義（2002）『学習障害（LD）』中央公論社
・東平彩亜（2019）「教育実習による「生徒指導」に対するイメージの変化」『愛知工業大学研究報告』（54）、pp.71-76
・特別支援教育の在り方に関する調査研究協力者会議（2003）「今後の特別支援教育の在り方について」（最終報告）
・東京都福祉保健局（2020）「メンタルフレンドとは」（https://www.fukushihoken.metro.tokyo.lg.jp/jicen/ji_annai/m_friend/gaiyou.html 4 月25日取得）
・梅永雄二（2018）「自閉症 / 自閉スペクトラム症」『発達障害事典』一般社団法人日本 LD 学会「編］pp.8- 9 、丸善出版
・八並光俊（2002）「学校進路指導における進路相談―実効性のある進路相談体制の確立に向けて」『進路指導』 2 月号、pp.3-10、日本進路指導協会

・八並光俊（2003）「チームサポートの展開」『月刊生徒指導』1月号 pp.33-37、学事出版
・八並光俊（2008）「チーム援助のプロセス」福沢周亮 / 石隈利紀 / 小野瀬雅人［責任編集］日本学校心理学会［編］（2004）『学校心理学ハンドブック（第1版）』、p.124、教育出版
・八並光俊（2016）「生徒指導とは」福沢周亮 / 石隈利紀 / 小野瀬雅人［責任編集］日本学校心理学会［編］（2004）『学校心理学ハンドブック（第2版）』、p.48、教育出版
・山内隆久（1988）安藤延男［編］『人間関係入門』ナカニシヤ出版
・山口豊一（2001a）「小学校の授業に関する学校心理学的研究」『学校心理学的研究』第1巻第1号、pp.3-10
・山口豊一（2001b）「コンサルテーション」國分康孝［編］『現代カウンセリング辞典』p.101、金子書房
・山口豊一（2001c）「授業における教師の4種類のサポート」國分康孝［編］『現代カウンセリング辞典』p.36、金子書房
・山口豊一（2002）「チーム援助とカウンセリング」『日本教育カウンセラー協会全国大会発表論文集』日本教育カウンセラー協会
・山口豊一（2003a）「教師が行う4つのサポート」國分康孝［監］『学習に苦戦する子』（育てるカウンセリングによる教室課題対応全書8巻）図書文化社
・山口豊一（2003b）「がまんのできる子が育つ学級―学校心理学の視点から―」『児童心理』2月号、pp.78-82、金子書房
・山口豊一（2004a）「チーム援助に関する学校心理学的研究―不登校に関する三次的援助サービスの実践を通して―」『学校心理学的研究』第3巻第1号、pp.41-53
・山口豊一（2004b）「保健室との連携」小林朋子 / 徳田克己 / 高見令英［編著］『ヒューマンサービスに関わる人のための学校臨床心理学』pp.245-250、文化書房博文社
・山口豊一（2018）「教育相談における3段階の心理教育的援助サービス」山口豊一 / 松嵜くみ子［著］『学校心理学にもとづく教育相談：「チーム学校」の実践を目指して』pp.6-10、金子書房
・山口豊一（2020）「学校マネジメントにおけるスクールカウンセラーと教師の連携」半田一郎編『チーム学校入門』pp.125-139、日本評論社
・山口豊一 / 石隈利紀（2001）「予防的教育相談の学校心理学的研究―A子への二次的援助サービスを通して」『教育相談研究』第39巻、p.1-9、筑波大学教育研究科カウンセリングコース
・山口豊一 / 来栖正夫（2002）「構成的グループ・エンカウンターにおける教師のリーダーシップの在り方―生徒の立場を尊重した『参加的な介入』を通じて―」『教育実践学研究』第6号、茨城県教育実践学会
・山口豊一 / 水野治久（2003）「教師の被援助志向性とSCへのニーズに関する学校心理学的研究～ある公立中学校における調査結果～」『日本カウンセリング学会第36回発表論文集』p162、日本カウンセリング学会
・山口豊一 / 水野治久 / 本田真大 / 石隈利紀（2015）「学校コミュニティにおける心理職活用システムの開発に関する研究―学校の管理職及びミドルリーダーに焦点を当てた尺度開発を通して―」コミュニティ心理学研究、19（1）、pp.77-93

・山本和郎（1986）『コミュニティ心理学―地域臨書の理論と実践』東京大学出版会
・山下富美代 / 望月亨子（1982）『忍耐力を育てる』有斐閣新書
・横島義昭（1997）「高校生の親密性形成に影響を及ぼす自己開示」（修士論文、未公刊）
・横島義昭（2000）日本教育心理学会年報編集委員会編『教育心理学年報』第39集、p.38
・横島義昭（2001）「サポート上手な先生が作る元気の出る生徒指導：学校教育サービスと学校心理学」『月刊生徒指導』8月号 pp.58-61、学事出版
・Winnicott,D.W.（1965）The Maturational Process and the Facilitating environment. Hogarth Press.（牛島定信［訳］（1977）『情緒発達の精神分析理論―自我の芽生えと母なるもの―』岩崎学術出版社）
・全国児童自立支援施設協議会［編］（1999）『新改訂　児童自立支援施設（旧救護院）運営ハンドブック』山学出版

●さいごに　―「チーム学校」でサポートする―

学校教育には、大きな社会的期待が寄せられています。けれども、子どもたち、そしてその子どもたちをサポートする教師、保護者、地域社会も苦戦しています。その原因は、超高齢化、高度情報化、現代の感染症などによる急激な社会の変化など様々な要因が絡み合っていると考えられています。

このような中で、生徒指導もさらに新たな枠組みやシステムが求められるようになってきたと考えられます。現代の社会的要請として、日本で最初の心理職国家資格である「公認心理師法」が2015年に成立しました。国民の心の健康の維持・増進が求められているのです。

本書では、「学校心理学」という、日本では1990年代より広まりつつある学問大系から生徒指導のあり方を提案しました。それは、これからの学校教育は、「ヒューマンサービスである。一人ひとりの子どもの教育的ニーズに応じる」ことが鍵をにぎると考えるからです。一人ひとりの子どもの教育的ニーズに応じるためには、チームで援助する「チーム学校」（チーム援助）が効果的です。

学校心理学における一次的・二次的・三次的援助サービスそれぞれのレベルにおいて、チーム援助が有効であると考えます。教師、保護者、スクールカウンセラー、スクールソーシャルワーカー、医師等がチームを組んで子どものサポートにあたるのです。そのことによって、一人ひとりの子どもの学校生活の質（QOSL）が高まるのです。

本書（新版）作成に取りかかって、３年が経とうとしています。計画から校正に至るまでの間、担当の学事出版・花岡萬之様には、特にご支援をいただきました。新版ができあがるまでに、いくどとなく励まされました。ありがとうございました。

最後になりましたが、本書（新版）を執筆するにあたっては、多くの方々の援助を受けました。東京成徳大学の石隈利紀先生、聖徳大学の沢崎真史先生、鈴木由美先生、鎌倉女子大学の石川満佐育先生、山口ゼミの荒嶋千佳様、久野優実様、上村佳代様、菅原彩子様、米澤美冴様、岩井千夏様、渋佐睦月様、蓬田真以子様、そしてここにあげられませんでしたが、ほかにも多くの先生方のお力添えをいただきました。本当にありとうございました。

この本が「苦戦している」子どもたち、その子どもたちを援助している大人たちの一助になれば幸いと思っております。

令和２年５月

山口豊一

執筆者（50音順）

安達　英明（元公立中学校校長）
石川満佐育（鎌倉女子大学児童学部子ども心理学科准教授）
石隈　利紀（東京成徳大学大学院心理学研究科教授）
家近　早苗（大阪教育大学連合教職大学院教授）
久保田　憲（元公立小学校校長）
沢崎　真史（聖徳大学児童学部児童学科教授）
鈴木　由美（聖徳大学児童学部児童学科教授）
横島　義昭（つくば国際大学高等学校校長）
吉岡　良治（元公立中学校校長）
山口　豊一（聖徳大学心理・福祉学部心理学科教授）

〈編者紹介〉

山口豊一（やまぐち　とよかず）

聖徳大学心理・福祉学部心理学科教授、聖徳大学大学院臨床心理学研究科教授、聖徳大学附属心理教育相談所所長。学校心理士 SV、臨床心理士、公認心理師、上級教育カウンセラー、ガイダンスカウンセラー、特別支援教育士 SV。日本学校心理学会副理事長、日本教育心理学会社員、日本学校心理士認定機構理事（事務局長）、日本学校心理士会常任幹事、教育実践学会常任理事、日本公認心理師養成機関連盟監事、日本公認心理師協会倫理委員。

筑波大学大学院人間総合科学研究科生涯発達科学専攻（博士後期）課程修了（カウンセリング科学博士）。茨城県公立小・中学校教員、茨城県教育研修センター指導主事、跡見学園女子大学文学部臨床心理学科教授、跡見学園女子大学大学院人文科学研究科臨床心理学研究科専攻教授、跡見学園女子大学附属心理教育相談所所長を経て、現職。

児童生徒一人ひとりに対する心理教育的援助サービスを基本概念とする「学校心理学」に出会い、これからの学校教育を変えるのは、このセオリーであると確信をもつ。「学校心理学」を全国に広めることをライフワークとする。「チーム学校」「授業のサポート」などの理論や実践を広め、児童生徒一人ひとりの学校生活を豊かにする教育実践のサポートをめざす。

石隈利紀（いしくま　としのり）

1950年山口県生まれ。東京成徳大学大学院心理学研究科長・教授、筑波大学名誉教授（元副学長・附属学校教育局教育長）。学校心理士スーパーバイザー、特別支援教育士スーパーバイザー、ガイダンスカウンセラー。アラバマ大学大学院博士課程修了（学校心理学で Ph.D.）。1990年帰国後、一人ひとりの子どもの援助ニーズに応じる心理教育的援助サービスモデルを提唱し、生徒指導・教育相談、特別支援教育等の活動を支援。神奈川県の「支援教育」、茨城県の「フレックススクール」の立ち上げに関わる。一般社団法人スクールカウンセリング推進協議会理事長、一般社団法人学校心理士認定運営機構理事長、一般社団法人日本心理学諸学会連合副理事長、一般社団法人日本公認心理師協会副会長などとして、子どもの今と未来を支える学校教育の発展に関わっている。主著として『学校心理学～教師・スクールカウンセラー・保護者のチームによる心理教育的援助サービス』『石隈田村式援助シートによるチーム援助入門』『チーム学校における効果的な援助』など。HP「石隈利紀（学校心理学）」。

新版　学校心理学が変える新しい生徒指導
一人ひとりの援助ニーズに応じたサポートをめざして

2020年 6 月15日　初版第 1 刷発行
2022年10月26日　初版第 2 刷発行

編　者　山口豊一・石隈利紀©

発行者　安部　英行

発行所　学事出版株式会社
〒101-0051　東京都千代田区神田神保町1-2-5
電話　03-3518-9655　HPアドレス　https://www.gakuji.co.jp

印刷所　精文堂印刷株式会社

落丁・乱丁本はお取替えします。　2020 Printed in Japan
ISBN978-4-7619-2639-7　C3037

世界通貨を発行せよ！

コロナ不況から人類を救うお金革命

元国税調査官
大村大次郎

ビジネス社

はじめに

本書は、世界各国が協調して新しい通貨「新世界通貨」を発行し、それを新型コロナなどの世界的な災難や「貧富の格差問題」「環境問題」などに役立てようという趣旨を持っています。


現在、新型コロナ対策での莫大な支出で、世界各国政府は四苦八苦しています。

そのため新しい財源のねん出を考えている国々も多々あります。

たとえばEUでは、新型コロナから復興するための資金をねん出するために、共同で復興債券を発行することにしています。

いわゆる「コロナ債」です。

しかしコロナ債というのは国債の一種であり、つまり国の借金です。EU諸国が共同して債券を発行するというだけであって、基本的には国債と同じなのです。だから一時的な資金ねん出をすることはできますが、将来的には国の負担になってしまいます。

新型コロナで財政支出をしている国は多かれ少なかれ、だいたいこの「国債」によって資金をねん出しています。いずれ調達した分のお金に利子をつけて返済しなければなりません。

だから、どこの国も将来において重い負担を背負うことになります。

本書でご紹介する「新世界通貨」とは、そうした「国債」のたぐいではありません。お金そのものを創造するのです。

つまり新世界通貨は、これまでと違う「新しい財源」となりうるのです。

「世界各国が協調して通貨を発行し、それをさまざまな国際問題の費用に使う」というと、なんか非常に当たり前なことを述べているようにも聞こえます。

世界各国が協力すれば、簡単に大きなお金がつくれるし、世界のさまざまな問題の解消につながる、なのになぜ今までそういうことをしてこなかったのだ？　と思われる方もいるでしょう。

そうなのです。実はそういうことは、今まで試みられたことはなかったのです。

詳細は本文で述べますが、現在のお金というのは大きな矛盾を抱えています。

お金というのは、ほとんどの場合、各国の中央銀行が発行しています。そしてそのお金は、誰かが銀行から借り入れることで、世の中に流れます。信じられないかもしれませんが、お金が生まれるルートは、基本的にこれしかないのです。世界中の国で原則として、このルートでしかお金は生じないのです。

つまり今のお金というのは、「誰かが借金をしないと世の中に出ていかない仕組み」になっているのです。

中央銀行がお金を発行しても、国はそれを自由に使うことなどはできません。現在のお金の仕組みには、

「誰か（企業や富裕層、国など）が借金をしないと世の中にお金が回っていかない」

「常に消費や生産を拡大しつづけなくてはお金が社会に回らない」

という矛盾を持っているのです。

それは決して「人類の幸福」とリンクしていないのです。

お金の仕組みの矛盾を象徴するような、わかりやすい話をひとつご紹介したいと思います。

昨今、世界中で食料廃棄の問題が叫ばれています。世界中で飢える人がいる一方で、日々、大量の食料が廃棄されていることです。食料が廃棄されていることは資源の無駄遣いでもあり、「格差問題」「環境問題」「エネルギー問題」という人類の抱えるさまざまな問題が「食料廃棄」に凝縮されているといえます。

日本でも1日おにぎり1億個分の食料が廃棄されている、というCMをACジャパンがよく流しています。ご覧になった方も多いはずです。

が、現在のお金の仕組みでは、もしこの1日おにぎり1億個分の廃棄食料をなくせば、日本経済は大きなダメージを受けるのです。

おにぎり1億個をつくるために、企業は大きな投資をしています。その投資が、世の中にお金を流しているのです。おにぎりを製造し、輸送し、販売するためには、たくさんのお金がかかっています。多くの企業がかかわり、たくさんの人が雇用されています。そうやって世の中にお金が回っているのです。

だから、おにぎり1億個の廃棄をやめれば、おにぎり1億個の生産への投資を削減することになります。それに携わっている企業や人々の収入が減ることになります。その分だけ、経済が縮小してしまうことになるのです。

この矛盾を解消するためには、誰かが銀行からお金を借りなくても、お金が生まれる仕組みをつくらなくてはならないのです。つまり投資や消費を増やさずとも、お金が社会に回るシステムを構築すべきなのです。

そのもっとも手っ取り早い方法は、世界各国で協調してお金を創造し、それを人類のために費消することです。

それが「新世界通貨の発行」なのです。

ところで昨今は仮想通貨（暗号資産）という新しい通貨が登場しています。

仮想通貨はこれまでの通貨のように中央銀行が誰かに貸し付けることでお金を流通させるのではなく、発行した時点ですでにお金として自由に使うことができるものです。いわば、これまでのお金の仕組み以外でつくられた通貨でもあります。

現在、仮想通貨が流通している現実を見たとき、お金というのは必ずしも中央銀行から貸し出される形をとらなくても社会に流通するといえるのです。

そして、この仮想通貨の原理を利用すれば、世界各国が協調して、真に社会の役に立つ新しい通貨を発行することも可能なのです。

本書では、このような現在のお金の矛盾を解き明かし、新しい世界の通貨のあり方を追求していきたいと思っています。

第2章

現代の「通貨」は矛盾だらけ

第3章

貿易戦争は終わらない

第4章

ＭＭＴと仮想通貨

第5章

新しい国際通貨をつくれ！

第6章 新世界通貨が世界を救う

第1章

崩壊していく世界経済

コロナで混乱する世界経済

２０２１年6月現在、世界は新型コロナ禍の嵐の中にいます。

ワクチンが開発され接種が開始されたとはいえ、まだまだ多くの感染者がいますし、毎日、世界中で多くの方が亡くなっています。

もちろん、世界経済にも大きなダメージを与えました。

新型コロナを撲滅するためには、巨額のお金が必要となります。したがって各国の政府の財政は火の車となっています。

またコロナにより経済活動が大きく制限され、さまざまな企業や人々が大きな打撃を受けました。その救済のためにも巨額のお金が必要となります。

ただでさえ財政赤字を抱えている国々が多いのに、新型コロナ対策の巨額の財政支出によりさらに大きなダメージを受けているのです。

２０２１年1月の国際通貨基金（ＩＭＦ）の発表によると、その財政支出は全世界で１４００兆円にのぼっているということです。そして世界各国政府の財政赤字の累積は、世界の一年分の国内総生産（GDP）の額を超えたのです。つまり、世界各国の政府は、全世界の人々の一年分の稼ぎ以上の借金を背負っているということです。

おそらく今後、増税をしなければならない国も出てくるでしょう。いや、多くの国でそうならざるを得ないでしょう。

財政状況の悪い途上国の中には、デフォルトを起こしてしまう国も出てくるかもしれません。このままでは、新型コロナの終息を待つ前に財政破綻してしまう国が出てくるかもしれないのです。

また政府がこれだけの財政支出をしても、苦しんでいる人はたくさんいます。

財政支出により潤った人もたくさんいる一方で、生活が脅かされるほどの打撃を受けている人もたくさんいます。

むしろ貧富の格差はより大きくなったとみられています。

各国政府の金融緩和政策により、金融市場は活況を呈しています。アメリカのニューヨーク株式市場では株価が史上最高値を何度も更新しました。日本の東京株式市場でも、バブル崩壊以降の最高値を繰り返し更新しました。

それでも企業の倒産やリストラなどは相次いでおり、相当数の人が職を失っています。しかもコロナ禍の終息はまだまだ先のことです。世界経済が立ち直るためには、これからさらに多くのお金が必要となるでしょう。

また現在、世界では、新型コロナのワクチンの争奪戦になっています。

筆者としては、ワクチンの有効性や「本当に新型コロナ禍を収束させてくれるのか」「今後、人体に悪影響はないのか」については疑問を持っているところです。が、とりあえず今のところワクチンは有効とされており、経済立て直しのためにも必要とされています。

そのため世界各国が、ワクチンを入手するために躍起になっています。

当然、金のある国、力の強い国がワクチンを独占することになります。途上国、貧困層にはなかなか行き渡らないのが現状です。

かといって先進国も財政的に疲弊しており、途上国を支援する余裕はないと思われます。となると、世界中でコロナ禍がくすぶりつづけ、いつまでたっても世界経済は通常に戻れないことになってしまいます。財政負担に耐えられない国や、国民が貧困化して暴動や紛争が起きる国も出てくるかもしれません。

では国連などの国際機関がこの状況をどうにかしてくれるかというと、これもほとんど期待できません。国際機関もどこも予算不足であり、活動に限界があります。世界中の国々はどこも、ワクチンを行き渡らせるような財政力を到底持っていないのです。

予算不足に苦しむ国際機関

そもそも国際機関がまともに機能していれば、新型コロナの被害はここまでひどくならなかったのです。

世界的に被害が拡大した背景には、周知のように世界保健機関（ＷＨＯ）の初期対応のまずさが大きな原因のひとつになっています。

２０１９年12月に、中国がＷＨＯに初めて、武漢でクラスターが発生していることを報告しました。しかし、それはかなり遅い報告でした。

すでに中国の武漢で正体不明の感染症が発生したことは、先進国のメディアなどで報じられていました。それにもかかわらず中国側はなかなか認めず、感染者が激増し隠しきれなくなってからようやく報告したのです。

それでもＷＨＯは、すぐには動きませんでした。中国からの報告をうのみにし、事態を過小評価していました。中国との海外渡航制限をする国などに、わざわざ「そんなことをする必要はない」というコメントを出したりもしていました。

２０２０年2月の時点では、イタリアなどでもかなり被害が広がっていたにもかかわらず、ＷＨＯはパンデミック（伝染病の世界的大流行）の宣言もせず、渡航や入国の制限などの勧告もしませんでした。

そして、ヨーロッパなどに感染が爆発的に拡大した3月11日になってようやくパンデミックを宣言しました。

ＷＨＯがもっと早い段階でパンデミックを宣言したり、中国との渡航に警戒を呼び掛けていれば、これほど被害が大きくなることはなかったはずです。

このようにＷＨＯの対応が後手に回った背景には、中国に対する遠慮があります。

世界各国がＷＨＯへの拠出金を渋ろうとしている中で、大金を出してくれる中国は大事な「顧客」でもあります。

またＷＨＯのテドロス事務局長の母国はエチオピアであり、同国は中国から多額の支援を受けています。

テドロス氏がＷＨＯの事務局長になれたのも中国のおかげだという見方もあります。それもこれも元はといえば、国連機関が独自の財政基盤を持たないからでもあります。国連機関は加盟国の拠出金によって運営されています。必然的に拠出金の大きい国ほど発言力が強くなります。

これでは真に世界に役に立つ機関がつくれるはずがありません。

先進国はどこも財政赤字を抱えていて、国連の拠出金を出し渋るようになっています。一方、経済成長が著しい中国は財政に余裕があり、国連への拠出金も積極的に増額しています。

だから国連の諸機関は、中国の影響が非常に強くなっているのです。

驚くほど少ない国連の予算

あまり知られていませんが国際機関の財政力というのは、非常に脆弱です。国連の予算というのは、実は驚くほど少ないのです。

国連の通常予算は、２０２１年で約32億ドル（約３３００億円）です。これとは別に平和維持活動（PKO）費というのがあり、それが約66億ドル（約6800億円）です。両方合わせても、約98億ドル（約1兆1000億円）にしかなりません。

1兆1000億円というと、日本の広島県の予算と同じくらいです。東京都と比べればはるかに小さく、わずか6分の1です。

世界中の環境や平和を守り、貧困や災害から救うための費用が日本の一県である広島県の予算規模と同じなわけです。

しかもこの国連の分担金は、近年しばしば未納になっています。そのため国連は慢性的な予算不足に苦しんでいるのです。

昨今、国連の存在意義が問われたりすることもあります。「国連はそれほど役に立っていない」と言われることも多いです。

それは国連の予算を見れば、無理もないことだと思われます。

千葉県程度の予算しかないのに、世界中の紛争や環境問題などに適切な対応が取れるわけはないのです。

国連というと、世界各国から一段上の立場で、国際問題を調整する機関というイメージがありますが、実際はまったく違うのです。資金力がまったくないので、まともな活動などはできません。また金がないから加盟国からも舐《な》められるわけです。

さらに国連は、分担金をたくさん払っている国の発言力が強いという弊害もあります。

分担金は、各国のＧＤＰや国民一人当たりの所得などをもとに計算されています。

その結果、アメリカが一番多く、22％を占めています。その次が中国で約12％です。日本は第3位で約8・6％の分担金を支払っています。長らく日本が第2位の座にいたのですが、２０１８年に中国にその座を明け渡したのです。

たくさん稼いでいる国がたくさん払うという制度は、妥当なものだと思われます。

しかし、やはり分担金に応じて発言力が強くなるというのは、否めない事実です。

ＷＨＯのパンデミックへの対応が遅れたのは、中国が第2位の分担金拠出国だったことが大きな要因だといえるのです。

主要国の国連通常予算の分担割合

	国名	**2019～2021年**
1	米国	22・000％

2　中国　12・005％
3　日本　8・564％
4　ドイツ　6・090％
5　英国　4・567％
6　フランス　4・427％
7　イタリア　3・307％
8　ブラジル　2・948％
9　カナダ　2・734％
10　ロシア　2・405％

しかも先進国は「国連の分担金を払うよりは、独自の国際支援をしたほうが、自国のためになる」という考えを持つようにもなっています。

たとえば日本の分担金はＰＫＯ費を含めても１０００億円もありませんが、政府開発援助（ＯＤＡ）には毎年５０００億円以上を支出しています。

政府開発援助であれば、支援をした相手国は当然、感謝します。そして国同士の良好な関係を築くことができ、今後のビジネスに発展することもあります。しかし、国連の分担金をいくら出したとしても、支援を受けた国が出資国に直接、感謝することはありません。だから支援する側としては、国連に拠出するよりも、政府間で直接支援をしたほうが費用対効果があるということになるのです。

しかもコロナ禍では、各国が環境問題などに割ける予算はさらに厳しくなってくるはずです。したがって国際機関などへの拠出も、かなり厳しいものになっていくでしょう。

温暖化にも何の手立ても打てない

コロナ禍により「国際機関の無力さ」が露呈してしまいましたが、それ以前から国連などは機能不全の状態にありました。

新型コロナが発生する前から、人類は「地球規模」の課題をいくつも抱えていました。その最たるものは、地球温暖化です。

ご存じのように、昨今、地球の平均気温は上昇しています。この19世紀末から20世紀末までの100年間で1度程度上昇していると見られ、21世紀になってからはさらに上昇のスピードが加速していると推測されています。

日本人の大人の多くは、地球の温暖化を肌で感じているはずです。

30年前、40年前と比べれば、夏の暑さが全然違います。

筆者が子供のころは、夏休みに子供は外で遊ぶのが基本でした。またクーラーがある家などは少数でした。

しかし、昨今では、夏に子供を外で遊ばせるのは危険だとさえいえます。そして日本中のほとんどの家庭でエアコンは必須のものとなりました。エアコンがないと熱中症で死亡する可能性もあります。

夏の異常な暑さに出くわすたびに、「このまま行けば世界はどうなってしまうだろう」と心配になる人も少なくないはずです。

地球の気温が上昇すれば、人への被害は「猛暑」だけにとどまりません。南極の氷が解けて海面が上昇するなど、地球環境に大きな影響があると考えられています。

実際に海洋国家であるツバルは、標高の高いところでも海面との差が4~5メートルしかなく、このまま地球温暖化が進めば近いうちに沈んでしまうと見られています。すでに今までになかった高波にたびたび襲われるなど、被害が出始めているのです。

この地球温暖化に対しても、国連はさほど重要な役割を果たせませんでした。それはもちろん、そこまでの財政力がないからです。

そのため世界各国は国際会議を開き、温暖化の原因となっている二酸化炭素の排出量を削減するなどの取り組みを始めました。

しかし、この国際環境会議は、アメリカのトランプ大統領が一時離脱をするなど、各国の足並みがそろわないことも多くありました。また発展途上国は経済発展が先決であり、なかなか二酸化炭素排出削減に取り組む余裕がないなど、さまざまな問題を抱えています。

途上国から見れば、これまでさんざん環境を破壊してきたのは先進国なのだから、この問題は先進国が解決すべきという言い分です。

確かに、これまでは欧米や日本などの先進国が環境破壊を行なってきました。現在でも国民一人当たりの二酸化炭素排出量は中国、インドなどよりも、日本や欧米のほうが多いのです。

先進国は率先して環境問題に取り組んでいますが、自分たちの過去に行なってきたことに対する弁済としては、まだまだ足りていないというのが現状なのです。

しかも環境問題は先進国や途上国の区別なく、世界中の人々の生活に影響を与えるのです。

格差社会

また現代の世界は、貧富の格差という大きな課題も抱えています。

２０１９年の国際支援団体オックスファムの発表によると、世界の貧しい人たちの富と、世界のお金持ち上位たった26人の富が同じだそうです。つまり、たった26人の富裕層が、世界の約40億人分の富を独占しているということです。

そして世界の富の半分は、たった１％の富裕層が握っています。

しかも富裕層の富のシェアは、毎年拡大しているということです。つまり貧富の格差は、年々広がっているのです。

フランスの経済学者、トマ・ピケティの研究によると、「18世紀から20世紀にかけて貧富の差は拡大したが、第二次世界大戦後から１９９０年ごろまでは貧富の格差は解消に向かっていた、しかし90年代以降に、また貧富の格差が急激に拡大し始めた」ということです。

特に、経済成長の止まった先進国では、株主の富の蓄積が進み、労働者の取り分よりもはるかに多くを取っているとのことです。

しかも今回の新型コロナ禍で、さらに貧富の格差が広がったと見られています。

前述のように経済停滞を防ぐために、先進国をはじめとした世界各国の政府は大規模な財政出動をし、金融緩和を行ないました。

しかし世界各国の人々は、自粛生活を強いられているために、消費活動をあまり行なえません。その結果、世界で「金あまり」が起こり、巨額のお金が金融市場に流れ込みました。おかげで世界的に大不景気にもかかわらず、先進国の株式市場はかつてない活況となりました。アメリカのニューヨーク株式市場は史上最高値を更新し、日本の東京株式市場もバブル以降の最高値を更新しました。

そのため、株などの金融資産を大量に持つ富裕層の資産ばかりが膨れ上がったのです。

この貧富の格差は、世界各国でさまざまな軋轢《あつれき》を生んでいます。

２０１１年には、アメリカで市民運動「ウォール街を占拠せよ」が起きました。「アメリカでは１％の人間が国の資産を独占している」として、資本家の象徴であるウォール街を99%の国民に解放せよ、という趣旨の運動でした。約１５００人がウォール街の主要金融機関などに向かってデモ行進をし、世界中のニュースで取り上げられました。

また世界中で頻発しているテロや紛争も、貧困が大きな要因になっていることが多いのです。

にもかかわらず、この格差社会の解消にも、国際社会は何ら有効な手立てを打てずにいます。

国連なども格差社会への警告は発しますが、具体的には何もできないのが現状なのです。

富裕層はタックスヘイブンで税金を逃れる

貧富の格差を解消するためには、富裕層からしっかり税金を取り、それを貧困層に還元することがまず第一の方法です。

それも国連が金持ちから直接、税金を徴収し、それを貧困対策に充てるのがもっとも効率的です。

しかし、金持ちから税金を取るというのは容易ではありません。各国の政府でさえ、金持ちからなかなか税金を取れないでいます。ましてや法的な拘束力が弱い国際機関などが、金持ちから税金を徴収するのは至難の業だといえるでしょう。

そもそも金持ちというのは、税金をなかなか払いたがりません。


昨今では富裕層は「タックスヘイブン」を使って巧妙に税金を逃れるようになり、各国では富裕層から税金を徴収するのがなかなか難しくなっています。

最近、ニュースなどでたびたび話題になるタックスヘイブンは、「税金天国」と訳しがちですが、直訳すると「租税回避地」となります。

つまりタックスヘイブンというのは、税金が極端に安い国、地域のことです。

ケイマン諸島、パナマ、南太平洋諸島の国々や、広義では香港、シンガポールなども含まれます。

タックスヘイブンに住居地を置けば、個人の税金はほとんどかかりません。

また各国を股にかけている多国籍企業が本拠地をここに置いておけば、法人税も逃れることができます。タックスヘイブンに本社を置いて、各国には子会社を置きます。そして各国の利益は、タックスヘイブンの本社に集中するようにしておくのです。

そうすればその企業グループ全体では、税金を非常に安くすることができます。だから、本社をタックスヘイブンに置いている多国籍企業も多いのです。

特にヘッジファンドと呼ばれる投資会社の多くがそうしています。投資会社の場合、世界中のどこに籍を置いていても、事業に差し支えがないからです。

投資会社の中には、籍だけでなく、実際に会社をタックスヘイブンに置くケースも多いです。村上ファンドで世間を騒がせた村上世彰氏が、シンガポールに移住していたのをご記憶の方も多いでしょう。ブルドックソースの買収を仕掛けた、投資ファンドのスティール・パートナーズもケイマン諸島に所在していました。

そしてタックスヘイブンには、もうひとつの性質があります。

それは「守秘性」です。

普通、先進国同士というのは、租税条約などで怪しいお金に関してはお互い情報を交換しあったりしています。また犯罪にかかわるお金に関しては、要求があれば当事国に開示する取り決めをしています。しかしタックスヘイブン地域の多くは、この取り決めに参加していませんでした。

だからタックスヘイブンは、自国内に開設された預金口座、法人などの情報をなかなか他国に開示しないのです。たとえ犯罪に関係する預金口座、企業などであっても、よほどのことがない限り、部外者には漏らさないのです。

そのため世界中から脱税のための資産隠しをはじめ、麻薬などの犯罪に関係する金、汚職など不正な方法で蓄えた資産が集まってくるのです。

つまりタックスヘイブンは、脱税をほう助するとともに、犯罪マネーの隠し場所にもなっているのです。

しかも、このタックスヘイブンのたちの悪いところは、企業や富裕層を誘致するだけじゃなく、「名義貸し」も行なっているということです。

その結果、富裕層や大企業が名義だけタックスヘイブンに置いて税金を逃れたり、銀行口座をつくって資産を秘匿したりするようになったのです。

世界中がタックスヘイブンの被害者

このタックスヘイブンには、世界各国が頭を痛めています。

企業はちょっと大きくなると、すぐにタックスヘイブンに行ってしまうようになったからです。

そして本社をタックスヘイブンに置かれたら税金が取れなくなり、税収が不足してしまうのです。

またちょっとお金を貯めた個人は、すぐにタックスヘイブンに資産を隠します。そうなると、母国での相続税での課税などは非常に難しくなります。

このタックスヘイブンで一番被害を受けているのは、実はアメリカ政府です。

代表的なタックスヘイブンであるケイマン諸島には、１万８８５７社の企業があります。そのうちの半分は、アメリカの関連企業です。ここでアメリカは、年間１０００億ドル（11兆円）の税収を失っているとみられています。

もちろん、アメリカだけじゃなく、世界中の国々がタックスヘイブンの被害を受けています。

現在、世界の銀行資産の半分以上、多国籍企業の海外投資の3分の1がタックスヘイブンを経由していると言われています。

ＩＭＦの２０１０年の発表によると、南太平洋などの島嶼《とうしょ》部のタックスヘイブンだけで

18兆ドル（１８００兆円）の資金が集められているとしています。

18兆ドルというのは、世界総生産の約3分の1に当たる巨額のものです。

しかも、これは「過小評価と思われる」と付記されているのです。

国際非政府組織（ＮＧＯ）の「税公正ネットワーク」は２０１０年末時点で、21兆〜32兆ドル（２２７０兆〜３４５０兆円）の金融資産がタックスヘイブンに保有されていると分析しています。

またアメリカ会計検査院は、アメリカ大手１００社のうち83社がタックスヘイブンに子会社を持っていると発表しました。

タックスヘイブンを監視するＮＧＯ「タックス・ジャスティス・ネットワーク」は、ヨーロッパの大手１００社のうち99社がタックスヘイブンに子会社を持っていると報告しています。

とにかくタックスヘイブンというのは、世界経済に大きな悪影響を与えているのです。

欠陥だらけの現在の通貨システム

ところで世界の経済社会は、新型コロナや環境問題、格差問題などとは別に、システム上の大きな欠陥も抱えています。

世界中の人々が使っている「お金」というものは、実は非常に不安定でさまざまな矛盾を抱えているものなのです。

詳しくは第2章で述べますが、現在の金融システムというのは、銀行から誰かがお金を借りることによって社会に回るようになっています。

そして驚くべきことに、お金が社会に出るためのルートは、これ一本しかありません。社会で使われているどんなお金も元をたどれば、誰かの借金なのです。

貿易などで得た外貨を自国通貨に交換するときにも、新しいお金が社会に出てくることになります。ただし、その外貨は外国において誰かの借金により社会に流れ出たものなので、煎《せん》じ詰めれば、「誰かの借金」ということになるのです。

このように世の中に出回っているお金というのは、実はすべてが借金なのです。

借金というものは、いずれ返さなくてはならないものです。利子をつけて、です。

しかも銀行が貸し出しているお金は、元金だけです。

社会には元金しか流れていないのに、利子をつけて銀行に返還することは数理学的に不可能です。

なのに、なぜ人々が銀行にお金を返せているかというと、常に誰かが新たに借金をしているからです。借金によって社会に流れるお金が増えつづけているので、とりあえず「そのときそのときの利子」は返せるというわけです。

しかし逆に言えば、我々の社会は常に借金を増加させつづけなくては回っていかないシステムなのです。

そして社会が銀行からあまり借金をしなくなれば、金回りは非常に悪くなります。

実際にバブル崩壊後の日本の社会では、企業が借入金を減らしたために金回りが非常に悪くなり、不景気がつづきました。

だからといって必要もないのに借金を増やすことは、なかなかできるものではありません。

特に先進国では、それほど大きなインフラ整備や設備投資などは必要ありませんから、企業の借入金は減る傾向にあります。

それを補うためには、政府が借金をしてお金を社会に回さなくてはなりません。

現在、先進国の多くは赤字財政となっています。ある意味、社会にお金が流れるようにするためには、仕方ないことだともいえるのです。

かといって政府の赤字があまり大きくなりすぎれば、政府の信用が揺らぎ、国債の価値が下がり、金融不安を招くこともあります。

新しい通貨を創出せよ

この矛盾を解消するためには、「銀行から借金する」以外の方法でお金が社会に流通するルートをつくらなければなりません。

一番手っ取り早いのは、政府が独自に通貨を発行することです。

「政府通貨の発行」

これは、著名な経済学者の間で有効な経済政策としてたびたび提言されてきました。

たとえばノーベル経済学賞を受賞したブキャナン・ワグナーなども政府通貨の発行を勧めたことがあります。

しかし、この政府通貨の発行というのは、国レベルではなかなかできません。

一国がそれを採用した場合、他国との為替などで問題が生じるからです。

どの国も、「銀行融資による通貨」しか発行していない中で、一国だけが銀行融資によらない政府通貨を発行した場合、果たして他の国がその通貨を認めてくれるかという懸念が生じます。

もしそれを通貨として認めてもらえなければ、その国は貿易などで大きな支障をきたすことになります。

そのため、どの国も踏み込めないでいるのです。

しかし世界の国々が共同すれば、銀行が貸し出す以外の通貨を発行することは可能だといえます。

国際機関が通貨を発行し、それを世界各国が了承したならば、全世界で支障なく使用できるはずなのです。

何の保証も担保もない「仮想通貨」が通貨として流通している現状を見たとき、国際社会が了承した「国連通貨」が流通しないはずはないのです。

具体的に言えば、現在の世界経済のＧＤＰは９０００兆円前後なので、この１～５％を目安に世界通貨を発行します。

世界通貨は、アメリカ・ドルとのペック制にします。

ドル・ペック制というのは、通貨の価値がドルと固定して連動するということです。

そうすることで、これまで世界の中央銀行の役割を担ってきたアメリカのメンツも立つはずです。

そして各国はドルとの交換相場で自国通貨と国連通貨を交換することを保証するのです。

これは何の対価もなく新たに創出される通貨なので、どこの国も拠出金を出す必要はなく、たったこれだけのことで世界ＧＤＰの数％の財源が創出できるのです。

９０００兆円の１％としても90兆円です。

日本の国家予算に匹敵する規模です。

その巨額の財源を世界は得ることになるのです。

またアメリカとしても、このままずるずる中国に国連でのイニシアティブを握られるよりは、今、座長となって新しい世界通貨の発行をしたほうが得策なはずです。

そしてこの世界通貨を国連関係の諸経費に充てたり、貧困国の国民への所得補償を出したりするのです。

あらゆる世界の災厄に役立てる

そうすれば、国連は独自の財源を持つことになり、拠出金のことを気にすることなく、本当に世界に必要な施策を講じられるようになるはずです。

また今回のような世界的な大災厄において、世界各国は予算の制約もあって、なかなか有効な手立てが講じられません。それを国連が独自の財源を用いて、世界規模の対策を講じれば、かなりの効果が得られるはずです。

しかも世界通貨を発行すれば、世界経済に大きな好影響をもたらすことは間違いありません。というのも、貧困層に支給されたお金のほとんどは消費に向かうからです。

貧しい人々、貯蓄をする余裕のない人々というのは、お金をもらえばそのまま消費する傾向が強いのです。

これは発展途上国の産業だけではなく、先進国の産業にも大きな好影響をもたらすはずです。

第2章

現代の「通貨」は矛盾だらけ

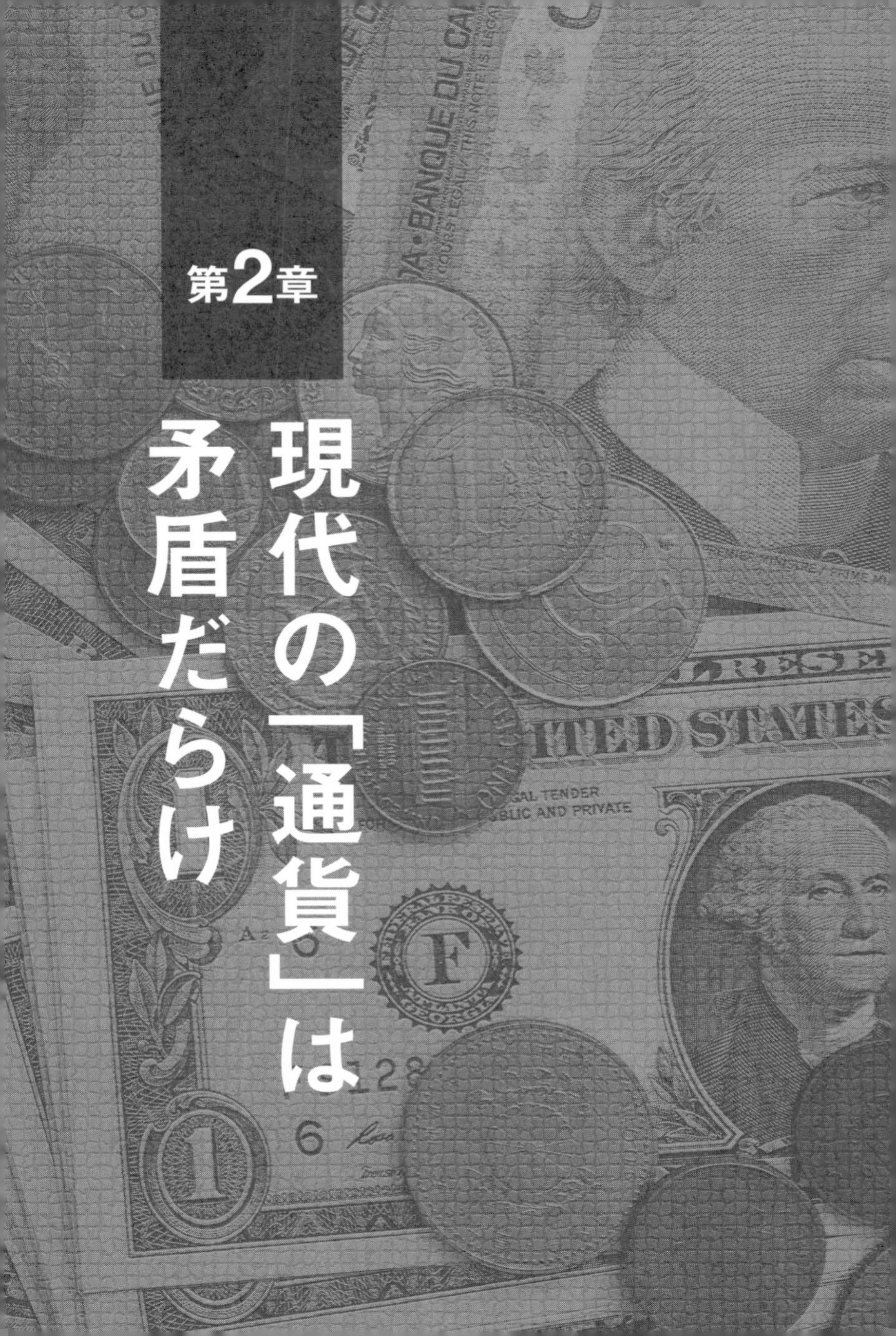

なし崩しでつくられた現代のお金

「新しい世界通貨を発行する」

という話の前に、まず現代のお金の仕組みについて説明しておきたいと思います。なぜなら世界通貨を発行する目的は、国際的な問題の費用を賄《まかな》うだけではなく、「お金の欠陥を補う」ということもあるからです。

お金というのは経済社会の血液ともいわれ、我々が経済生活を営んでいくためになくてはならないものです。

しかし現在、世界中で使われている「お金」は、さまざまな技術を駆使して綿密に制度設計されてつくられたものではありません。最先端の金融工学などに基づいていると思っている方も多いかもしれませんが、決してそうではないのです。

お金というのは、長い人類の歴史の中で偶発的につくられ、なし崩し的に運用されてきたものなのです。

しかも現代のお金には、「絶対的な価値」はないのです。

これは別に「お金には本来、価値はない」という哲学的な話をしているわけではありません。システム上の話をしているのです。現在のお金というのは、いつでもただの紙切れ一枚になる可能性を持っているのです。

我々はお金のために汗水たらして働いたり、命をかけたりまですることもあります。そして世界中の国がお金を得るために躍起になり、場合によっては紛争や戦争まで起こしてしまうこともあります。

しかし肝心のお金というのは、非常に曖昧で不安定な存在なのです。

そもそもお金には、二つの大きな役割があります。

「交換手段としての役割」

「資産としての役割」

の二つです。「交換手段としての役割」というのは、お金があればいろんなものを「買える」ことです。お金のない時代には、人は買い物や交易をする際に物々交換をしていました。自分の欲しいものを持っている相手を探し、相手の欲しいものを自分が用意して交換するのです。

しかし、相手の欲しいものと自分の欲しいものが必ずしも一致するとは限りません。また交換する場合のレートも、物によっていちいち変わってきます。

これは非常に不便なので、お金が登場したのです。お金は、いろんなものと交換できるので、払う側も受け取る側も便利です。お金には、まずこの「交換手段として」という大きな役割があるのです。

お金のもうひとつの「資産としての役割」とは、お金を持っていればそれは資産になるということです。お金のない時代は、自分の資産をためるには現物を貯蔵するしかありませんでした。食べ物や生活必需品などを大量に保管することで、自分の資産を形成していたわけです。

しかし、それでは何かと不便です。現物を貯蔵すると資産の内容に偏りが出ますし、保管場所もとります。

しかし、お金の登場により、お金を貯めることで自分の資産を形成することができるようになったわけです。お金は貯蔵しても場所をとりませんし、いろんなものに変換できるので、自分の資産を形成するうえで非常に便利なのです。

古代から人類は「お金の確保」に苦労した

このように、お金は人類にとって非常に便利な発明だったわけです。ただし、このお金をつくるという作業は、なかなか容易ではないのです。

お金というのは、まず誰もが価値を認めるものでなければなりません。誰かが「これはお金です」と言い張って石ころを持ってきても、ほかの人がその石ころの価値を認めなければ、お金としては成り立たないのです。

そのため古代から貴金属がお金として使われてきました。

金銀銅などの貴金属は「貴重なもの」という認識が多くの人の間に広まっていましたので、これでお金をつくれば、多くの人が価値を認める「お金」として成立しやすかったのです。だから古代から世界中の地域で、貴金属がお金として使われてきたのです。

またお金には持ち運びができて、十分な量が発行できるという要素も必要です。お金が持ち運びもできない大きく重いものであれば、なかなか交換手段としては使いにくいものです。そして、お金の量が少ないと、経済活動が活発になればお金不足になるので、量を十分に確保しなければなりません。

この「量を確保する」というのが、なかなか難儀でした。

経済が活発化して発展すると、たくさんのお金が必要になります。しかし前述したように、お金は貴金属でつくることが多かったのですが、貴金属は無尽蔵に発掘できるものではありません。

そのため古代から世界中の経済社会では「お金の量をいかにして確保するか」が重要な課題でもありました。そして、この問題を解消するために、貴金属の品位を落とすということがよく行なわれました。金銀などの貴金属の量を減らし、ほかのものを混ぜた通貨をつくるのです。この手法は古代ローマ時代から貨幣を増やす方法として採られてきました。日本も江戸時代には、小判に含まれる金の含有量を減らすことで貨幣量を増やしていました。

が、この方法では以前の通貨との価値関係で混乱を招きますし、外国と交易をする際にも、いちいち貴金属の含有量を確認しなければならなくなるなどの不便が生じます。

詐欺的につくられた最初の「紙幣」

このお金の不便を解消するために、貴金属ではない「紙幣」という通貨がつくられるようになりました。

現在の「紙幣」の基本となる仕組みは、何百年も前のヨーロッパの商人が考え出したものなのです。

それは17世紀のイギリスでのことです。

当時のヨーロッパには、金匠（ゴールドスミス）と呼ばれる職業の人がいました。

この金匠という職業は金を加工してさまざまなアクセサリーをつくったり、金を預かったりするのが仕事でした。なぜ金を預けたりするのかというと、金は自宅で持っていると何かと危険です。さらに買い物をするときに、市場に持ち運びするのは重くて面倒でもあります。そのため金匠のもとに預けておいて、必要なときだけ出すのです。

そのうち金匠は、顧客から金を預かるときに「預かり証」を発行するようになりました。

この「金の預かり証」が、やがてお金と同じような使われ方をするようになるのです。

当時、物を売買するときは、貴金属でつくられたコインや、貴金属そのものを使うことが多かったのですが、金匠が「預かり証」を発行するようになってからは、これが金の代わりに使われるようになったのです。

金の預かり証は、金匠のところに持っていけば、金と交換してくれます。

だから貴金属をわざわざ持ち出さずに、「金の預かり証」を貴金属の代わりに差し出して、売買がされるようになっていったのです。

そして、ある金匠が金の「預かり証」に関して、大きな発見をしました。

「金を預けている客の大半は、金を預けっぱなしにしている」

ということです。

預かり証を持って実際に金を引き取りに来る客というのは、全体の数分の一です。

ほとんどの金は、金匠のもとに預けられたままになっています。

つまり金が売買されるときも、金自体の出し入れはなく、金の預かり証だけがやり取りされるのです。

この事実に気づいた金匠が、あることを思いつきます。

「どうせ一部の客しか金の引き換えには来ないのだから、保管している金よりも多くの預かり証を発行することもできるのではないか」

ということです。

発行した預かり証の何分の一しか金の引き換えに来ないのです。だから預かっている金の数倍の預かり証を発行しても、業務に支障はないはずです。

そして余計に発行した預かり証を人に貸し付け、利子をつけて金を返還してもらえば、金儲けになります。そういうことを考えついた金匠がいたのです。

この金匠は預かった金の何倍かの預かり証を発行し、それを人々に貸し出し、利子を得るという商売を始めました。このビジネスは、瞬く間に広がりました。

それが現在の「紙幣（銀行券）」の始まりなのです。この金の預かり証のことをゴールドスミス・ノートと呼んでいたので、「ゴールドスミス・ノートの理論」などと呼ばれることがあります。

中世の中国でも紙幣に似たものはすでにつくられていましたが、現代の紙幣に通じる仕組みは、このゴールドスミス・ノートが起源だといわれています。

世界中の銀行で使われている金匠の金融システム

この金匠の半ば詐欺的商売の仕組みは、現在でも世界中のお金の根本のシステムになっています。

世界の中央銀行が発行する紙幣は、金（もしくは銀）の預かり証という形からスタートしています。保有している金、銀の何倍もの預かり証を発行し、それを通貨として流通させたのです。だから世界の通貨のほとんどは、「銀行券」という名称になっているのです。

現在の通貨は金銀との交換保証はしていないので、金銀の預かり証ではなくなりました。

しかし顧客から集めた預貯金を準備金として、その準備金の何倍もの紙幣を中央銀行から借り入れてそれを貸し出すという根本的な仕組みは変わっていないのです。

つまり現在の金融制度というのは、金融工学の専門家が綿密に制度設計したものではなく、中世のずる賢い金匠たちが考え出した商売方法をそのままの形で使っているのです。

社会のお金は絶対に満たされることはない

この17世紀のイギリス商人が考え出したお金の仕組みは、いくつもの問題をはらんでいました。

そのひとつが、「誰かが借金をしないとお金は生まれない」ということです。

あなたは、お金というものが、どうやって発行され、どうやって社会に流れていくのかご存じでしょうか?

答えは「借金」です。

企業や国などが銀行からお金を借りることによって、お金は社会に回るのです。

日本銀行が発行した紙幣は、貸し出しという形で一般の銀行に放出されます。そして日本銀行からお金を調達した一般の銀行も、貸し出しという形で企業などに流すのです。

そして驚くべきことにお金が社会に出るためのルートは、これ一本しかないのです。

日本銀行が印刷した紙幣を政府が勝手に使うことはできないのです。政府がお金を使う場合は、税金として徴収するか、国債を発行するかしか方法がないのです。

社会で使われているどんなお金も元をたどれば、誰かの借金なのです。

なぜこういう制度になったかというと、現在の世界の貨幣システムは、先ほどご紹介したゴールドスミス・ノートがもとになっているからです。

第1章で述べたとおり、借金というものは、いずれ返さなくてはならないものです。

しかも「利子をつけて」です。しかし世の中に出回っているお金というのは、借金の「元本」だけです。利子をつけてお金を貸してくれる銀行などはないので、元本の分のお金しか、世の中に出回っていないのは当たり前です。

それでも、借りたほうは利子をつけて返さなくてはなりません。ということは、社会全体から見れば、銀行から供給されたお金以上のお金を銀行に返さなくてはならないことになります。

普通に考えれば、いずれ社会は借金を返せずに破綻ということになってしまいます。

それなのに、なぜ社会は破綻していないのでしょうか？

それは、誰かが新たに借金をするからです。

社会は銀行からお金を借りつづけ、社会のお金の量は増えつづけています。だから利子の分が社会に供給されていなくても、とりあえず前の借金の分は返せるわけです。

が、逆に言えば、新たに借金をする人が出てこなければ、今のお金の仕組みは成り立ちません。社会全体が銀行から借りるお金が増えなかったり、借金が減ったりすれば、社会に流れるお金が減ってしまうはずです。

借金が減ったら世界経済は崩壊する

こういうお金の仕組みの中では、借金をした人がお金を全部返してしまえばどうなるでしょうか？

実は、経済は崩壊してしまうのです。

借金をしている人がお金を返すということは、経済活動として普通のことで、しごく健全なことです。

しかし、世の中に出回っているお金はすべて借金なのです。だからその借金が返された場合、世の中のお金はなくなってしまうことになります。

「そんなことはあり得ない」と思う人も多いかもしれません。

しかし、それはあり得ないことではないのです。

というより、実際、そういう現象が起きている国があります。

それは日本です。


日本ではバブル崩壊以降、企業はなるべく設備投資を減らし、借金を返す努力をしてきました。個人も大きな借金を抱えることはせずに、逆に貯蓄に励むようになりました。

バブル崩壊で銀行は不良債権を抱えるのを恐れて、あまりむやみにお金を貸さなくなり、企業もあまり大々的な投資を行なわないようになったのです。

また日本企業は高度成長期からバブル期までの間に、十分な設備投資、事業インフラ整備を行なっていたので、もうそれほど大きな投資は必要ではなくなってきたのです。

しかし、そういう銀行や企業の「堅実な姿勢」は、現代のお金の仕組みのうえで凶となるのです。

企業の借入金残高が前年より減っていれば、その分だけ社会に流れているお金が銀行に吸収されるということです。

日本は、ピーク時よりも１２０兆円近く企業の借入残高が減っているので、現在、社会に流れているお金が１２０兆円も減っているということなのです。

その結果、どうなったでしょうか？

日本は、深刻なデフレ経済に陥ったのです。世の中に流れていた金の流れが収縮し、景気が悪くなったのです。日本社会全体の借金が減ったために、社会の金が銀行に返還され、金の流れが悪くなったのです。

もちろん日本のデフレは、これだけの要因でなったわけではありません。賃金が上昇しなかったことなど、ほかにもさまざまな要因があります。が、企業や国民が借金を減らしてしまったことも、間違いなく大きな要因のひとつなのです。

日本の企業の借入金残高

年度	企業の借入金残高（長期、短期）
平成7	584兆円
平成11	519兆円
平成12	484兆円
平成13	473兆円
平成14	458兆円
平成15	432兆円
平成17	430兆円
平成19	409兆円
平成21	468兆円
平成24	430兆円
平成25	455兆円
平成26	450兆円
平成27	457兆円
平成28	467兆円

企業統計調査より

それを補うように、現在の日本では、政府が莫大な借金をしています。ご存じのように、この莫大な政府の借金は、国家財政を不安にさせる要素となっています。

しかし、もし政府までもが健全

財政となり、借金を返済してしまえば、日本社会からはお金がまったく姿を消してしまうのです。

お金というのは根本的な仕組みにおいて、こういう非常に大きな矛盾、欠陥を抱えているのです。

「企業や人が借金をしなくなれば、社会の金回りが悪くなる」

これが、現在のお金の仕組みの最大の欠陥だといえるのです。

それを体現しているのが現代日本だともいえるのです。

そして世界中に巻き起こっているさまざまな経済問題、社会問題も実は、このお金の欠陥が大きくかかわっているのです。

「金回りの悪さ」は先進国の共通の悩み

実は「金回りの悪さ」は、日本だけの問題ではありません。

先進国共通の問題でもあります。

その国のインフラが整っておらず、国民の生活も豊かでないときには、投資は活発になり、生産や消費の拡充に動きます。しかし、ある程度のインフラが整い、国民の生活も豊かになれば、投資は鈍化し、生産や消費の伸びも落ち着いてきます。これは、先進国がどこもたどってきた道です。

実際に先進国の多くで、企業の投資が少なくなっています。

発展途上国ではまだその道の過程なので、投資は活発に行なわれており、つまり借金は増えています。だから世界経済全体では投資が増加しており、お金の流通量も増えているのです。

しかし発展途上国がそれなりにインフラ整備され、国民の生活も豊かになって、投資が鈍化してきたら、どうなるでしょうか？

世界は新たな借金をしなくなり、必然的にお金の流通量が急速にしぼんでしまいます。

世界経済は停滞し、破綻状態になってしまうでしょう。

つまり我々は「皆が豊かになれば破綻」という、非常に矛盾したシステムの中にいるのです。

金融緩和政策では「金回り」はよくならない

このように今のお金の仕組みでは、先進国はどこもやっていけなくなりつつあります。もう社会はそれほど借金を増やさないので、お金が社会に流通しなくなっているのです。それに対して、世界各国の政府や中央銀行はどういう対策を採れるかというと、金利を低くすることくらいしかないのです。

金利を低くすればお金は借りやすくなります。それでも金利が低いからといって、お金を借りる必要がない人が、そうそうお金を借りるものではありません。

また昨今では中央銀行が金融債権を買い取ることで、市中のお金を増やす試みも行なわれています。しかし金融債権を買い取ったところで、そのお金は、株式市場や金融市場の中でぐるぐる回るだけで、実社会にはなかなか下りてこないのです。

その代表的なものが、アメリカのＦＲＢ（アメリカ連邦準備制度理事会）などが実施していた金融緩和です。

ＦＲＢが行なっていた金融緩和とは、金利を低くしたまま据え置き、ＦＲＢ自身がアメリカの国債や企業の債券などを購入するというものです。

２０１２年９月に行なわれたアメリカの金融緩和ＱＥ３は、月額４００億ドル（約４兆円）もの債券を市場から買い取るというものでした。オペレーション・ツイスト（国債の買い入れ）と合わせて、月額８５０億ドルのお金を市場にばら撒くというものです。

ＦＲＢが市場から債券を買い取れば、金融市場にそれだけのお金が流れます。

お金の仕組みの欠陥を補うという観点から見れば、これは理にかなっているかに見えます。しかし実際は、根本的な問題は解決していないのです。

この金融政策は、アメリカ国債などをＦＲＢが買い取ることで、他の金融機関や投資家などが保有するアメリカ国債は減り、その分、余剰資金が生まれるという寸法です。

その余剰資金を、他の分野に投資することで、社会に出回るお金の量を増やそうということです。

しかし、その余剰資金が投資に向かわなければ、お金は金融市場から社会にまで下りてこないのです。「誰かが借金をしないと社会にお金は出回らない」という仕組みは変わっていません。

金融緩和政策とは、あくまで「社会がお金を借りやすくする」というものです。

しかし、いくらお金が借りやすくなったところで、実際に誰かが借金を増やさなければ、社会の金回りはよくなりません。

余剰資金が生まれることによって、確かに社会はお金が借りやすくなりましたが、だからといって、社会の借金が増えるかどうかは別なのです。

結果、どうなったかというと、「金あまり」が生じてしまったのです。

ＦＲＢがどんどん金融市場にお金をつぎ込んでも、お金は金融市場から外には出ていきません。となると、お金は金融市場で滞ったままとなります。金融市場には、巨額のお金が入ってきて、株などの金融商品の購入に充てられることになりました。そのため、株式市場が爆上がりしているのです。

現在、コロナ禍で世界経済は大打撃を受けているはずなのに、アメリカの株式市場は史上最高値を更新しています。

それには、こういう理由があるのです。

日銀の金融緩和政策はなぜ効果がないのか？

日本も2013年から、アメリカの金融緩和を真似た「異次元の金融緩和」を行ないました。いわゆる黒田バズーカです。この黒田バズーカにより株価は劇的に上昇し、景気も持ち直したかに見えます。

しかし、この金融緩和策も、日本経済の根本的な改善にはなっていないのです。

この日銀の大規模な金融緩和策は、デフレ脱却のため2％の物価上昇を目的に始められたものです。当初はすぐにでも目標達成するようなことを喧伝されていましたが、8年たってもまだ達成されていません。

達成する見込みも立っていない、という状況です。

なぜ黒田バズーカのデフレ脱却策は成功しなかったのでしょうか？

これも、「お金の仕組み」の面から見れば、簡単に解けるのです。

デフレというのは、社会のお金の量が減っている状態です。デフレから脱却するには、社会全体の借金を増やさなければなりません。

だから日本の中央銀行である日本銀行が融資のハードルを低くして、社会全体がお金を借りやすいようにしよう、というのが黒田バズーカの趣旨なのです。

そして新型コロナ禍での経済停滞を防ぐために、さらに日銀は金融緩和政策を拡大させました。

つまり日銀の金融緩和をわかりやすく言えば、「お金を借りやすくする」ということです。アメリカのＦＲＢと同じです。

この金融緩和の具体的な内容は、日銀が国債やＥＴＦ（上場投資信託）、ＲＥＩＴ（不動産投資信託）と呼ばれる債券を大量に購入するということです。日銀が国債やＥＴＦ、ＲＥＩＴと呼ばれる債券を購入すれば、いったん金融市場に大量の金が流れます。

しかし、それが社会にちゃんと循環するのかということは、まったくの別問題なのです。

この黒田バズーカは、あくまで「企業が借金をする環境を整えている」に過ぎません。借金しやすくなったからといって、企業が借金を増やすとは限らないのです。

前に述べましたように産業が成熟した国の企業は、そうそうダイナミックな設備投資などは行ないません。だから金融緩和されて金利が安くなったからといって、借入金が急増するようなことはないのです。

たとえば、ある銀行のセールスマンが、「審査基準をゆるくして低利で融資をしますので、お金を借りてください」と言ってきたとします。でも、あなたは当面、お金を借りる必要がありません。

そういうとき、あなたは「お金が借りやすいからお金を借りよう」となるでしょうか？

ほとんどの人はならないはずです。

お金を借りる必要のない人は、どんなにお金が借りやすかろうと、無理やりお金を借りるなどということはないのです。

いくら日銀が金融緩和をしたところで、企業の設備投資が劇的に増えるわけではありません。

前述したように金が社会に出回るためには、企業が借金をするしかないのです。

だから異次元金融緩和をして大量のお金をばら撒いても、それは金融市場までしか届かないのです。そして金融市場から企業が金を借りなければ、社会にお金は回っていかないのです。

現に、日本の企業の借入金というのは大して増えていません。むしろバブル期から比べれば、大幅に減っているのです。

つまり異次元金融緩和によって大量に放出された通貨は、金融市場だけで還流し、一般の社会にまではほとんど流れてきていないということです。

その結果、日銀の金融緩和政策で株価は3倍以上の爆上がりをし、新型コロナ禍にもかかわらず、バブル崩壊以降の最高値を更新しつづけています。

しかし国民生活は、まったく豊かになった気配はありません。日銀がつぎ込んだ金は、金融市場の中だけに滞留し、社会に流れていかないからなのです。

「現代通貨システム」にとって節約は敵

このように現代の金融システムの中では、我々は拡大再生産をしつづけなくてはならないのですが、それはすなわち

「社会は常に消費を拡大しつづけなくてはならない」

ということでもあります。

我々は昨日より今日、去年より今年という具合に、消費を増やさなくてはならないのです。生活するうえで、より高いものを買ったり、より多くの物を買ったりしなければならないのです。

節約をして去年より消費を減らしたりするのは、現代の通貨システムではタブーなのです。もし全世界の家庭がそういうことをすれば、世界の通貨システムはたちまち崩壊してしまうのです。

なるべく無駄な消費は行なわず、「節約」して生活することは、人にとって自然なことでもあり、環境にとっても優しいはずです。

しかし、そういう節約生活というのは、現代通貨システムにとってはもっとも避けるべき「悪」なのです。

国連の食糧農業機関（ＦＡＯ）によると、全世界で毎年13億トンの食料が廃棄されています。これは、全世界で生産される食料の約3分の1に当たるのです。つまり我々の世界は、生産している食料の3分の1を捨てているのです。

しかも食料をつくるためには、莫大なエネルギーを使っています。

この廃棄される食料をなくせば、食料の無駄をなくし、莫大なエネルギーを節減できるわけで、環境への負荷も大幅に削減できます。

当然のことながらＦＡＯは、この廃棄食料の削減を世界各国に働きかけています。

しかし、もし今、廃棄される食料をゼロにした場合、農業をはじめとする世界中の食料産業が大きなダメージを受け、破綻してしまうのです。それは他のあらゆる産業に波及し、世界経済は大混乱し、大不況に見舞われることになるでしょう。

それも「拡大再生産しなければ成り立たない」という、現代の金融システムが大きな要因だといえるのです。もちろん、それだけが要因ではなく、現代の経済活動のさまざまな欠陥が、この現象を生み出すことになっています。

現代通貨システムが環境破壊を引き起こした？

現代の人類は、「環境問題」という大きな課題を抱えています。

「環境破壊」や「エネルギー資源の枯渇」の危険性は、かなり以前から学者などから主張されていたところです。

そして地球温暖化の影響は、実際に世界各地に表れ始めています。昨今の狂気的な夏の暑さに、行く末に恐怖を感じた人も多いはずです。

にもかかわらず、なかなか「環境破壊」「資源の浪費」に歯止めがかかりません。

これも実は「お金の仕組み」の欠陥が大きく関係しているのです。

「環境破壊がすなわち金融システムのせい」

とまでは言いませんが、金融システムも大きな要因のひとつであることは間違いないのです。

何度か触れたように現代の金融システムは常に投資を増やし、生産と消費を拡大しなければ成り立っていきません。

必然的に「開発」「資源の消費」などは拡大の一途をたどることになるのです。

投資を促進させるためには、莫大な投資を呼び起こす「開発」などは、格好のアイテムです。そして、より多くの資源を浪費すれば、それだけ多くのお金が生まれ社会に流れるわけです。

現代の金融システムは、「開発」「資源の消費」が大好物なのです。

必然的に世界全体が、それらを促す方向に動きます。

「開発」を自重することや、「資源の消費」を減らすことは、現代の金融システムのもとでは、「悪」なのです。

つまり我々は「環境破壊や資源の浪費をしてナンボ」という通貨システムの中で生活しているのです。


エコや自然エネルギーの開発にもお金はかかります。だからエコや自然エネルギーを活発化すれば、お金の流れがよくなるかのようにも見えます。

しかしエコや自然エネルギーというのは、投資した金の元が取れるわけではありません。つまりエコでは「商売にならない」というわけです。だからエコや自然エネルギーなどは、政府や国際機関が「商売抜き」でやるしかないのです。必然的に後手後手に回り、環境破壊の速度に追いつけないのです。

その結果が、現在の地球温暖化となって表れているのです。

貿易戦争を起こしやすい

また現代のお金の仕組みは、貿易戦争を引き起こしやすい要素にもなっています。

というのも貿易が黒字になれば、その国には外貨が手に入ります。外貨は自国では使用できないので、為替銀行で自国通貨に交換されます。このときに自国通貨の流通量が増えることになります。通貨の流通量が増えれば経済が拡大します。つまりは景気がよくなるわけです。

だから、どこの国も貿易を黒字にしたいわけです。

そして貿易を黒字にするために、人為的に自国通貨の切り下げをすることもあります。

通貨の切り下げというのは、通貨の価値を下げることです。

たとえば1ドルを100円で交換していたのに、1ドル110円で交換するようにすることです。日本から見れば、アメリカの1ドルの商品が100円で買えていたのに、110円出さなくてはならなくなります。だから自国の通貨の価値を下げることは、一見、損をしているように見えます。いや、実際に損をしているのです。100円で買えたものを110円出すわけですから。

しかし自国の通貨を切り下げれば、貿易黒字は出しやすくなります。アメリカから見れば、日本の100円の商品を買うときに以前は1ドル必要でしたが、今は1ドル払えば10円おつりがもらえるわけです。アメリカは日本の商品を買いやすくなります。

つまり通貨の切り下げを行なうことは、自国の商品を値下げするのと同じ効果があるのです。

だから輸出を増やすために、人為的に通貨の切り下げを行なう国も多々あるのです。

通貨の切り下げをすると、輸出をしてももらえる外貨は増えないので、「実質的な国の富」が増えるわけではありません。しかし外貨を自国通貨に交換したとき、自国通貨の価値が下がった分だけ、もらえる自国通貨が増えることになります。社会に流れる自国通貨の量が増えるわけです。

つまりは自国に流れる通貨の量を増やすために、わざと自国の値下げを行なうわけです。実質的な富は増えないのに、です。

アベノミクスでも日本円の価値が急激に下がりましたので、「人為的に通貨を下げたのではないか」とアメリカから疑いの目を向けられたことがあります。

また逆に輸出が減り輸入超過になった国は、自国通貨の国内流通量が減ることになります。自国の通貨を輸入の支払いで他国に持っていかれることになるからです。そして自国通貨の流通量が減れば、景気は悪くなります。

そして、どこかの国が貿易黒字（輸出超過）になると、必ずその分は、どこかの国が貿易赤字（輸入超過）になってしまいます。どこの国も貿易黒字（輸出超過）になることはあり得ません。

そのため貿易赤字が大きい国は、貿易黒字が大きい国に対して反感を持ちますし、いろんな手を使って、その国からの輸入を減らそうとします。それが貿易戦争です。

ここにも、現代のお金の欠陥が深く関係しているといえます。

今の「お金の仕組み」は人類を幸福にしない

今のお金の仕組みの中では、経済がもっとも発展する状態というのは、「バブル経済」なのです。

人々がどんどん浪費をすることで、物（土地を含む）の値段がどんどん上がります。それに乗じて人々がさらに物（土地など）を購入したり、商売を拡大するために、どんどん借金をします。

すると社会のお金の取引量は加速度的に増え、さらに物の値段が上がるのです。

社会のお金の取引量が増えれば、人々はたくさんのお金を得ることができるので、「景気が良くなる」となるのです。

しかし、お金の仕組みにとっての正解が、バブル経済だと言われると違和感を持つ人も多いでしょう。

バブル時代を思い起こしても、土地の価格が狂乱的に上昇し、それに乗じて土地投機をする者が続出しました。

高級品が飛ぶように売れ、誰もがタクシーを使うためにタクシーがなかなかつかまりませんでした。

「金を持っている者が絶対的に偉い」
「楽をして稼ぐものが偉い」

という価値観が社会に蔓延《まんえん》し、多くの人が投機的な商売に血眼になりました。

あのバブル社会に生きづらさを感じた人も少なくなかったはずです。

またあのようなバブル社会をずっとつづけていれば、もはや日本の地価は高すぎて土地として使用することは不可能になります。そして人々の浪費により社会は、根底から枯渇してしまうはずです。

もちろん、あのままの社会がつづけば、環境への負荷は今よりももっともっと激しいものになっていたはずです。

バブル経済というのは、歴史的に見ても幾多の国や地域で起こっていますが、どこも長つづきはしませんでした。それはバブル経済というのは、やはり人類の生活にとって無理があったからです。

つまり、今の「お金の仕組み」にとっての正解と、人類の幸福というのは、必ずしもリンクしていないのです。

大企業や大金持ちの要求が最優先される

現代のお金の仕組みには、さらに大きな欠陥があります。

それは、大企業や大金持ちの要求が最優先されるということです。

経済社会というのは、強者の言うことが通るものなので、大企業や大金持ちの要求が最優先されるのは、当たり前のように思われるかもしれません。

が、そもそものお金の流れが、大企業や大金持ちが優先されるようにできているのです。

何度か触れたように現代のお金の仕組みでは、中央銀行が民間の銀行に通貨を貸し出し、民間の銀行がそれを企業や投資家に貸し出すことで、お金が流通するようになっています。

もちろん民間の銀行がお金を貸すのは、返済能力のある者です。必然的に対象者は、大企業や大金持ちになりがちです。だからお金というのは、まず大企業や大金持ちに回り、そのあと中小企業や一般市民に流れていくのです。

となると、お金はまず大企業や大金持ちの要望を聞くことになります。一般市民の要望は二の次、三の次なのです。

たとえば高級車を買いたいという大金持ちと、今日の食べ物を買いたいという貧乏な人がいたとします。

銀行は、どちらにお金を貸すかというと大金持ちのほうです。

貧乏な人に食べ物を買うお金が回ってくるのは、その人が大企業や大金持ちの要望に沿って、なんらかの職を得て給料をもらったときだけです。だから大金持ちが高級車を買うよりも、ずいぶん後のことになります。

お金が社会に流れるルート

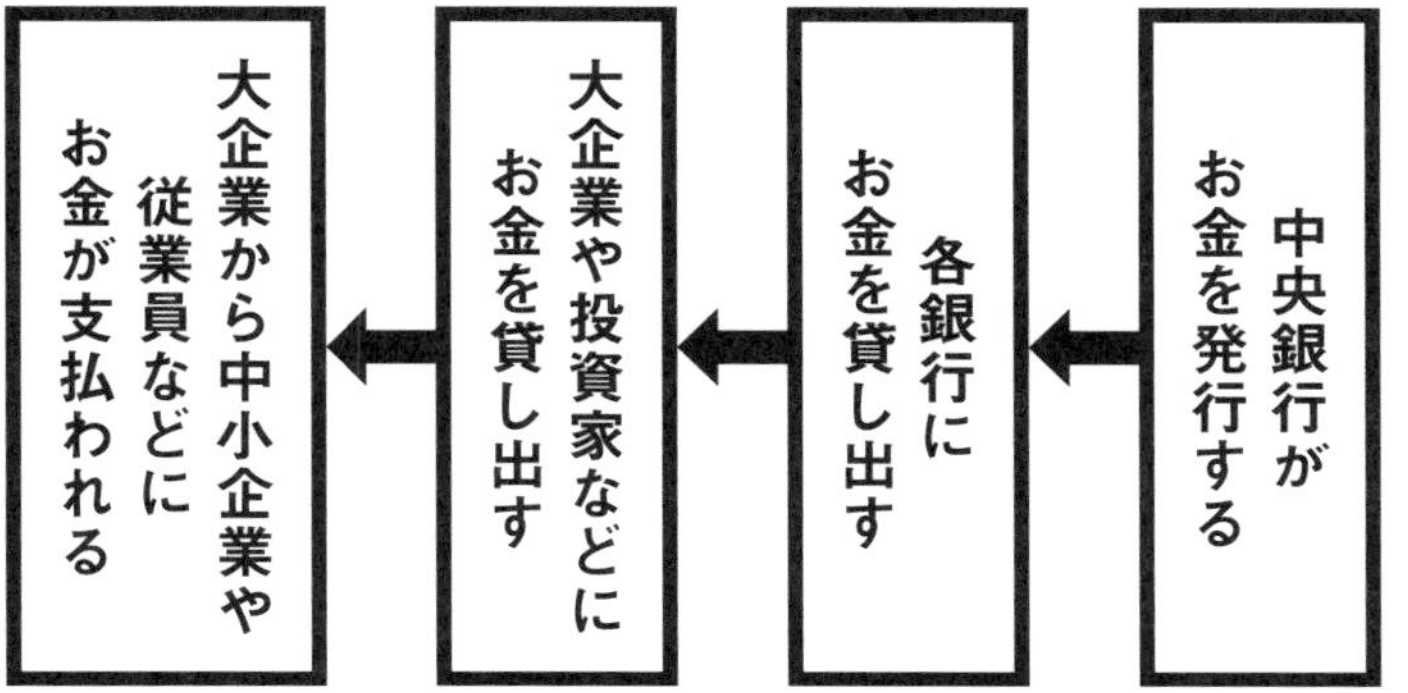

つまり現代の通貨システムでは、お金を持っている人がさらにお金を引き出すのは簡単ですが、「お金を持っておらず切実にお金が必要な人」にお金が回ってくるのは、ずっと後回しにされてしまうのです。

このお金の仕組みは、「環境破壊」にもつながっています。

銀行がお金を貸す事案というのは、「投資家や企業が儲けられること」です。投資家や企業は、お金を儲けるために銀行から金を借りるからです。そして、お金を儲けるためには、投資したお金以上の収益を得なければなりません。

余った食料を買いたいという貧乏人に、銀行はお金を貸さないのです。自然を開発したり、天然資源を採掘しようとする金持ちに、お金を貸すことになります。必然的に、浪費や環境破壊が進むことになるのです。

第3章

貿易戦争は終わらない

現代のお金のさらなる矛盾

前章で現代のお金の仕組みが曖昧で不安定なものということをご説明しました。

さらに、現代のお金には不安定な要素があります。

現代のお金というのは言ってみれば「紙切れ一枚」に過ぎないのです。

というのも以前の通貨は、貴金属との兌換によってその価値が保証されていました。しかし現代のほとんどの国の通貨は、貴金属との兌換ができないようになっています。

しかも、これも綿密な計算でそういう仕組みになっているわけではありません。いわば「なし崩し的」にそうなってしまったのです。

その経緯を説明しましょう。

実は現代の国際金融システムは、アメリカ・ドルを基軸通貨とすることで成り立っています。

世界貿易の決済をする多くの場合、ドルが利用されています。それは、アメリカがまったく関係のない貿易でもそうです。たとえば日本がアラブ諸国から石油を買う、そのときに使われる通貨の多くはドルなのです。

アメリカ・ドルが基軸通貨となったのは、第二次世界大戦後のことです。

それまで世界の基軸通貨は、イギリスのポンドでした。ご存じのように18世紀から20世紀初頭まで、イギリスが世界経済の中心だったのです。イギリスは地球の隅々にまで植民地を持ち、世界で最初に産業革命を起こしました。

世界中から富を集め、莫大な金の保有量を誇っていました。その金を元手にイギリスは、世界で初めて金本位制を導入しました。

そしてこの金本位制は、世界の金融システムのスタンダードとなりました。

イギリスは莫大な金を所有しており、イギリスの通貨「ポンド」は、たちまち世界の基軸通貨となります。

第三国同士の貿易でも（イギリスと直接貿易をしないときでも）、ポンドは使われました。たとえば戦前の日本が外国から物を買うときは、日本円ではなくポンドを使うことが多かったのです。

しかしイギリスは、第一次と第二次の世界大戦で大きなダメージをこうむりました。

その一方でアメリカは、第一次世界大戦中から輸出を急拡大し、世界一の経済大国となります。第二次世界大戦後には、世界の金の７割を保持するまでになったのです。

当時の世界の金融は、「金本位制」が主流でした。

金本位制とは、通貨を金の価値と結びつける金融制度のことです。各国の通貨に金との兌換義務を負わせ、各国の通貨は金の保有量に応じて発行されます。

しかし１９２０年代以降、この金本位制はほころびかけていました。各国が金の保有量の減少に苦しみ、通貨と金との兌換を停止したのです。

そこに第二次世界大戦が勃発し、ヨーロッパや日本などはさらに金の保有量を減らし、もはや金本位制をつづけるのは無理な状況でした。

そんな中、アメリカは唯一、自国通貨ドルと金の兌換を認めていました。アメリカは世界の金の７割を保有していたので、金の兌換が可能だったのです。

必然的にアメリカのドルが、世界経済の中心となっていきました。

アメリカのドルは金と交換してくれるので、価値が保証されています。それに比べて他の国の通貨は、金との交換がされないので、価値の保証がない状態となりました。

当然、貿易決済などでドルが使われるようになっていったのです。

アメリカを苦しめる西側諸国の経済復興

ところが、です。

アメリカ経済は、第二次世界大戦後、急激に落ち目になっていきます。

1950年代後半から西側のヨーロッパ諸国（特に西ドイツ）や、日本が経済復興してきて、アメリカ製品のシェアを奪うようになりました。

これまで無敵の強さを持っていたアメリカの輸出力は大きく鈍り、1971年には貿易収支で赤字に転落することが確実の状況になってしまいました。

輸出力が鈍るとともに、アメリカの金は急激に流出するようになります。

また第二次大戦後、アメリカが世界中で経済支援をしたり、いくども軍事行動をしたことも金の流出を加速させました。アメリカは、経済支援や軍事行動のために世界中にドルをばら撒きました。

このドルが金と兌換され、アメリカの金が急激に流出し始めたのです。

いったんアメリカの金が流出し始めると、ドルを保有している誰もが危機感を抱き、金との兌換を急ぐことになります。金の兌換が停止される前に、ドルを金に換えておこうとする動きです。

アメリカの金流出は、１９５０年代からすでに始まっていました。１９５８年の一年間だけで、約２０００トンが国外に流出しています。

60年代に入ると、アメリカの輸出の不振などで、さらに流出が加速しました。１９７０年ごろにはアメリカの金の保有量は８０００トン程度になってしまっていたのです。

第二次大戦終結時、アメリカの金保有量は約2万２０００トンだったので、25年程度で60%が流出したことになります。

このままの勢いで流出がつづけば、アメリカの金は枯渇してしまいます。

１９４４年のブレトン・ウッズ会議では、ドルは金との兌換に応じるということで、世界経済の基軸通貨にドルを用いることになっていました。

「ドル＝基軸通貨」というのが、戦後の国際経済のレジームであります。もし、このまま金の流出がつづけば、このレジームが根本から崩れることになります。

そのため１９７１年、アメリカのニクソン大統領（当時）は、ついにアメリカ・ドルと金の一時的な交換停止を発表しました。

これがいわゆるニクソン・ショックです。

しかも、それから現代に至るまで、ドルと金との兌換は再開されず、事実上のドル・金の兌換の停止となったのです。

貴金属との交換保証がない現代の通貨

このようにして1971年に、アメリカはドルと金の兌換を停止しました。

そのため世界中の国々の通貨は事実上、金との結びつきがなくなったのです。

しかし不思議なことにアメリカ・ドルは、そのまま世界の基軸通貨として使用されつづけました。そして世界中の国の金融システムも、そのまま使いつづけられました。

なぜでしょうか？

簡単に言えば、ドルに代わる適当な基軸通貨がなかったからです。

ドルが金との兌換をやめたからといって、では金と兌換してくれる有力な通貨がほかにあるかといえばそうではありません。

またアメリカ以外の国の通貨は、ドルほどは世界で信用されていません。イギリスのポンドも、日本の円も、ドイツのマルクも、ドルに比べれば信用は低いし、流通もしていません。

また第二次世界大戦後、アメリカは世界中に経済支援をしてドルをばら撒いていました。必然的に世界中で、ドルを使う機会が多くなっていました。

そのため国際決済においては、世界中で「ドルを使用することが普通」という状態になっていたのです。

だから消去法としてアメリカ・ドルは、世界の基軸通貨の地位を維持しつづけたのです。

このニクソン・ショック以降のアメリカ・ドルというのは、実は通貨の歴史を変えたものなのです。

通貨というのは、古来から貴金属などの価値と結びつけられるのが通例でした。

通貨がつくられた当初は、貴金属そのものが通貨として使用されていました。

また紙幣が登場してからも、その紙幣は「貴金属との引換券」だったのです。貴金属と引き換える権利を持っているから、通貨としての価値を保持していたのです。

貴金属などとまったく結びつけられていない紙幣は、これまで歴史上、登場したことがほとんどありませんでした。一時的に貴金属との兌換を停止した紙幣はありましたが、「貴金属や資産との兌換をしない」ことを前提にした紙幣が、これほど広範囲で使用されることはなかったのです。

なぜ紙幣は常に貴金属などと結びつけられていたのかというと、そうしないと誰も信用しないからです。

紙幣は、その物質自体は、ただの紙切れであり、金銭的な価値はほとんどありません。それを誰も価値のあるものとしては認めません。そして価値が認められなければ流通しないのです。

だからこそ、これまで紙幣は、「貴金属と交換できる」という価値の裏づけがされてきたのです。

ニクソン・ショックまでは、それが世界の常識だったのです。

ニクソン・ショック以前にも、通貨と貴金属との兌換を中断した国は多々あります。イギリスなどのヨーロッパ諸国や日本なども、第二次世界大戦前には金不足に陥り、軒並み、金との兌換を停止しました。

しかし、それは一時的な方便に過ぎませんでした。いずれは、金との兌換を再開するということで、通貨の価値は維持できたのです。

第二次世界大戦後、ほとんどの国で通貨と金との兌換は再開できませんでした。しかしドルと自国通貨をリンクさせることで、自国通貨の価値を維持してきたのです。ドルは金との兌換に応じてくれる、そのドルとレートを定めてリンクしておけば、間接的に金の価値を結びつけることができるのです。

第二次世界大戦後の世界の金融は、そういうシステムによって各国の通貨の価値を維持してきたのです。

しかしニクソン・ショックによって、その前提条件が崩れてしまいました。ドルが金の兌換に応じないとなったので、各国の通貨は間接的な貴金属との結びつきを失ってしまったのです。

つまり貴金属と結びつけられていない、ただの「紙切れ」の通貨が各国で使われることになったのです。

それでも不思議なことに各国の通貨は、大きな支障をきたさず普通に使われつづけたのです。多少の混乱はありましたが、通貨がまったく流通しなくなり物々交換が始まるような事態は起きませんでした。

これまで通貨はあまりにも広範囲で使われてきたために、貴金属との結びつきがなくなっても、そのまま使われることになったのです。

この時点で18世紀のヨーロッパ金匠の悪だくみから始まった現代のお金のシステムは、「貴金属との兌換」という条件がはずれることになったのです。

お金の仕組みの矛盾を象徴する〝アメリカ・ドル〟

「貴金属との交換をしなくても通貨として流通しているのであれば、それでいいじゃないか」と思う人もいるでしょう。

確かに貴金属との交換がなくても、通貨として安定して流通しているのであれば、それでいいわけです。

しかし現在のアメリカ・ドルを中心とした通貨システムは、決して安定したものではないのです。むしろ、いつ崩壊してもおかしくないような、薄氷の上を歩むような不安定さの中にいるのです。

アメリカ・ドルが世界の基軸通貨となっていることは、実は大きな矛盾をもたらしています。そして、その矛盾はいつか爆発してしまうかもしれない、大きな不安要素となっているのです。

現在、アメリカという国は、貿易収支が長期間、赤字がつづいており、世界一の借金大国です。

ニクソン・ショックでドルを金と兌換しなくなったことは、かえってアメリカの財政をゆるくしてしまいました。

アメリカは、ドルと金を兌換しなくてよくなったため、輸入の制限がなくなったのです。今までは輸入超過（貿易赤字）になれば、その分の金が流出してしまっていました。だから金の保有量をにらみつつ、輸入を制限する必要がありました。

しかしニクソン・ショック以降は、輸入超過がつづいても輸入代金としてドルを渡せばいいだけです。

そのドルは金と兌換しなくていいので、アメリカの金はいっこうに減らないのです。

アメリカにとって輸入を制限するためのリミッターがはずれたようなものです。

もちろんアメリカ政府としては、むやみやたらに輸入が増えることは歓迎していませんでした。輸入超過があまりに大きくなれば、ドルの信用力が低下するかもしれません。そうなると、それ以上の輸入ができなくなります。

それを懸念し、輸入超過に対しては一応、目を光らせていました。

しかし、いくら輸入超過が増えても、アメリカ・ドルの信用が落ちる気配がありません。ドルに代わる有力な通貨は出てこないし、世界でたびたび紛争が起きるので、その都度、戦争に強いアメリカの通貨は信用を増すのです。

そのためアメリカは、貿易赤字を累積することになったのです。

借金大国の通貨が世界の基軸通貨になるという矛盾

そして世界の金融システムは、「世界最大の借金国の通貨が世界の基軸通貨になる」という巨大な矛盾を抱えることになったのです。

現在アメリカの対外債務は約22・5兆ドルです。

日本円にして約2500兆円です。

またアメリカは、対外債権から対外債務を差し引いた対外純資産も約８兆ドルの赤字です。日本円にして９００兆円ほどです。つまりアメリカは８兆ドルを外国から借りている状態なのです。

この８兆ドルの対外純債務というのは、世界最大なのです。

もしこの８兆ドルを金で支払おうとした場合、アメリカの所有する金は完全に枯渇してしまいます。

というよりアメリカの所有している金で８兆ドルを清算しようとしても、焼け石に水程度の返済額にしかならないのです。現在アメリカが所有している金は８０００トン前後であり、金相場から見れば50兆円程度にしかなりません。10分の１も払えない計算になるのです。

このアメリカの対外債務は、ドルが金と兌換していないからこそできた借金なのです。

金本位制の時代ならば、アメリカはとっくに破産している状態なのです。

この破産状態のアメリカの通貨であるドルが、いまだに世界の基軸通貨となっているということは、世界経済において大きな矛盾なのです。

通常、世界貿易で使われる通貨などというものは、もっとも信頼のおける、もっとも安定した通貨でなくてはならないはずです。

なのに現代の国際経済では、世界一の借金大国の銀行券が世界の基軸通貨として使用されているのです。

アメリカが赤字だからこそ世界経済は回っている

しかもアメリカの国際収支（経常収支）は、よくなる気配がありません。

アメリカの２０１９年の輸出入額を見てみると、輸出額が約１兆７０００億ドルに対して、輸入額が約２兆５０００億ドルもあるのです。

輸出額の１・５倍の輸入をしているのです。

そしてアメリカは、この状態がかなり長くつづいています。

１９９２年以来、20年以上にわたって国際収支（経常収支）が赤字をつづけているのです。

こういう状態がつづけば、いくら何でも国は破綻してしまうはずです。

というより今のアメリカは、いつ破綻してもおかしくない状態だといえます。

このアメリカ以上に対外債務を増やした国は、いまだかつてないのです。ほかの国はアメリカほど借金はできないし、これほど借金が膨れ上がる前にデフォルトを起こしています。

つまりアメリカは世界最悪の借金国であり、史上最悪の借金国なのです。

しかし前述したようにアメリカは世界の中央銀行の役割を果たしています。その史上最悪の借金国の通貨であるドルが、世界の基軸通貨となっているのです。

借金まみれの国が、世界の通貨の総元締めを担っているのです。

これほどの矛盾はないだろうし、中央銀行としては、これほど危なっかしいことはありません。もしアメリカがデフォルトなどを起こせば、世界経済は崩壊します。

だからといってアメリカの貿易収支が改善されれば、世界経済は安定するかというと実はまったく逆なのです。

もしアメリカの貿易が赤字じゃなく黒字だったら、世界中が不景気になるのです。

「貿易が黒字になる」ということは「他国に払う通貨が減り、他国の通貨が増える」のです。

となるとアメリカ・ドルの他国への支払いが減り、他国の通貨がアメリカに入ってきま

アメリカ・ドルの矛盾

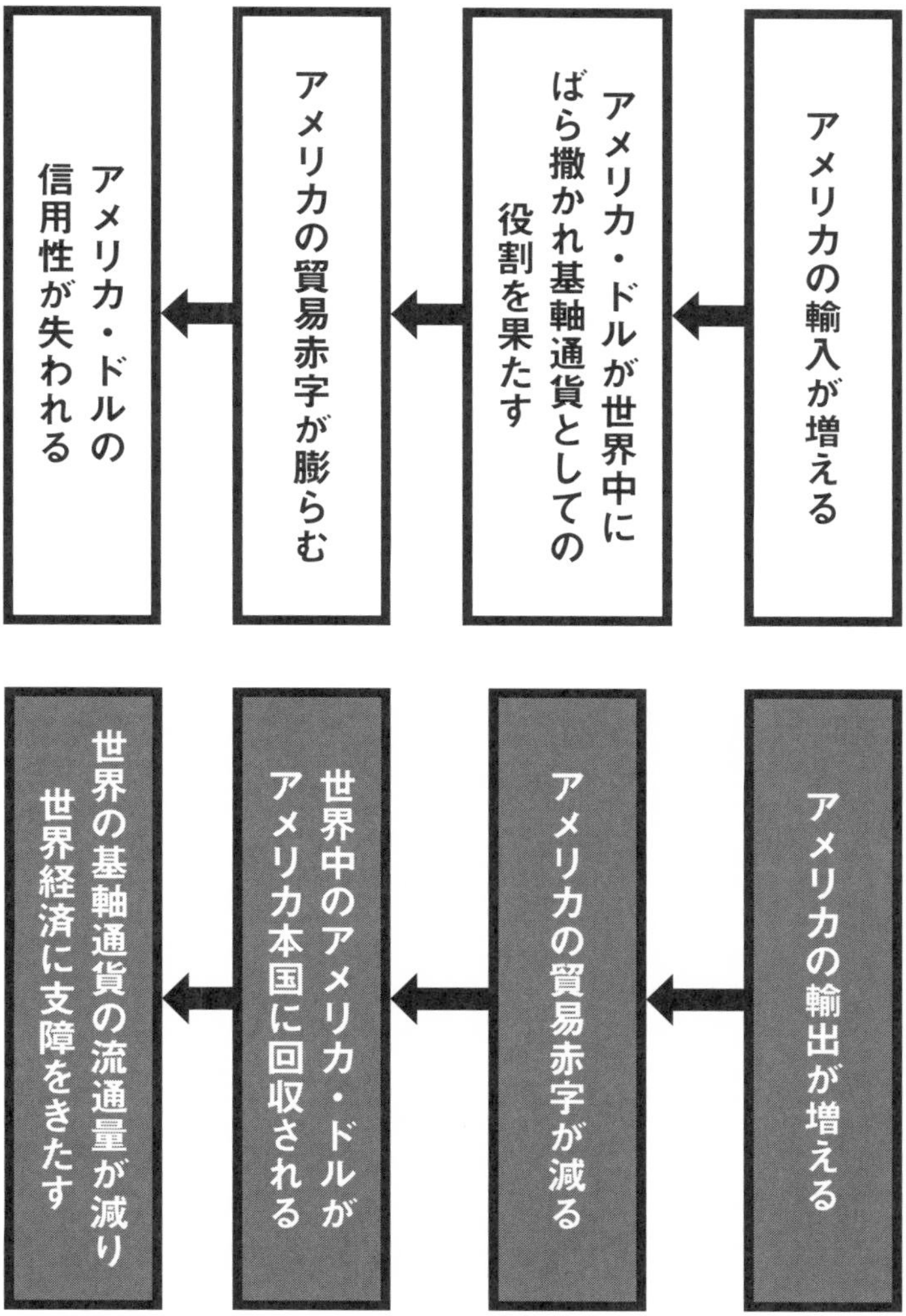
アメリカの輸入が増える
アメリカ・ドルが世界中にばら撒かれ基軸通貨としての役割を果たす
アメリカの貿易赤字が膨らむ
アメリカ・ドルの信用性が失われる
アメリカの輸出が増える
アメリカの貿易赤字が減る
世界中のアメリカ・ドルがアメリカ本国に回収される
世界の基軸通貨の流通量が減り世界経済に支障をきたす

す。

つまりアメリカ・ドルが世界からアメリカ本国に回収され、逆に他国の通貨がアメリカに入ってくることになります。

当然、世界全体の通貨量は減り、世界経済は停滞してしまうのです。

そのためアメリカは、ドルを世界に供給しつづけなくてはならないのです。アメリカの国際収支は、常に赤字になっていなければならないのです。

そうしないと世界はドル不足に陥り、貿易決済ができなくなるからです。

ようするにアメリカが貿易赤字をつづけないと世界経済は停滞してしまう、しかしアメリカが貿易赤字をつづけると世界の基軸通貨の安定性が失われていく、という巨大な矛盾を抱えているのです。

基軸通貨の座を狙う者たち

このような状態では、

「借金大国のアメリカ・ドルが世界の基軸通貨になっているのはおかしい」

と思う国も当然出てきます。

そしてアメリカ・ドルの基軸通貨の座を狙う者たちも生じてきました。

具体的に言うと、ユーロと人民元です。


まず出てきたのがユーロです。

ユーロというのは、ＥＵ共通の通貨のことです。

１９９３年、ヨーロッパで歴史的な大改革が行なわれました。

ＥＵの誕生です。

ＥＵとはヨーロッパ連合のことであり、１９９３年に結成され、現在ドイツ、フランス、イタリアなどヨーロッパ27か国（英国は離脱）が参加しています。

ＥＵでは、域内での労働者の移住の自由化や関税の撤廃など、画期的な施策が満載でした。あたかもヨーロッパ全体がひとつの国家になったような感があります。

そして、このＥＵ発足の最大の目玉は、実は「通貨の統合」だったのです。

ＥＵの発行するユーロという通貨により、ＥＵ域内の通貨は原則として統合されました。

これにより、ＥＵ内ではすべてひとつの通貨で買い物ができるようになったのです。

国内外の人々にとって、これほど便利なことはありません。

もちろん各国の通貨を統合するというのは、そう簡単にできるものではありません。各国の経済事情、物価などはまったく違うし、経済政策、国家戦略も違います。通貨を統合するためには、そういうさまざまな国家間の相違をすり合わせなければなりません。

たとえば、日本と中国、韓国が通貨統合することを思い浮かべてください。おそらくそういうことはまず不可能だと、誰もが思うはずです。今の日中関係、日韓関係の険悪さを見ると、とても通貨統合などできる状況ではないからです。

もちろんヨーロッパ諸国も、決して良好な関係だったわけではありません。ヨーロッパ諸国は、ここ数百年、戦乱を繰り返してきました。特にＥＵの中心となっているフランスとドイツの仲の悪さは、目も当てられないほどだったのです。今の日中関係、日韓関係の比ではないのです。

しかし、そういう国家間の確執を乗り越えて、ＥＵ諸国は通貨統合に踏み切ったのです。

このユーロには、ある野心が秘められていました。

ユーロをアメリカ・ドルに代わる世界の基軸通貨にしようということです。

前述したようにアメリカは貿易赤字、財政赤字がつづいており、世界最大の対外負債国

郵便はがき

料金受取人払郵便

牛込局承認

9410

差出有効期間
2021 年 10 月
31 日まで
切手はいりません

162-8790

東京都新宿区矢来町114番地
神楽坂高橋ビル5F

株式会社ビジネス社

愛読者係行

ご住所 〒

TEL: ( ) FAX: ( )

フリガナ お名前	年齢	性別 男・女

ご職業	メールアドレスまたはFAX メールまたはFAXによる新刊案内をご希望の方は、ご記入下さい。

お買い上げ日・書店名

年 月 日 市区町村 書店

ご購読ありがとうございました。今後の出版企画の参考に
致したいと存じますので、ぜひご意見をお聞かせください。

書籍名

お買い求めの動機

1　書店で見て　2　新聞広告（紙名　　　　　　　　　）
3　書評・新刊紹介（掲載紙名　　　　　　　　　）
4　知人・同僚のすすめ　5　上司・先生のすすめ　6　その他

本書の装幀（カバー），デザインなどに関するご感想

1　洒落ていた　2　めだっていた　3　タイトルがよい
4　まあまあ　5　よくない　6　その他(　　　　　　　　　)

本書の定価についてご意見をお聞かせください

1　高い　2　安い　3　手ごろ　4　その他(　　　　　　　　　)

本書についてご意見をお聞かせください

どんな出版をご希望ですか（著者、テーマなど）

でもあります。にもかかわらずアメリカのドルは、相変わらず世界の基軸通貨の地位を保持していました。

ドルは、ニクソン・ショック以来、金との交換をやめているので本来は紙切れ同然です。しかしその紙切れは、世界の基軸通貨であるために、世界中の国が欲しがるのです。世界中の国が自国の通貨や金を拠出して、ドルを買うのです。

アメリカは輪転機でドルを刷りさえすれば、世界中の通貨や金が手に入るのです。アメリカが長い間、双子の赤字をつづけているのに、経済や財政が破綻しないのは、このシステムがあるからです。

アメリカ・ドルが基軸通貨として使用されているのは偶然というか、なし崩し的にそうなってしまっただけです。決して世界中の国が納得して今のシステムになったわけではありません。

特にヨーロッパ諸国は、そうです。ヨーロッパ諸国はアメリカよりもはるかに長い歴史があり、「アメリカの先輩」という自負があります。

借金大国アメリカのドルをいつまでも貿易の決済として使わされるのは、メンツにもかかわることでした。

そのためドイツやフランスは、「ヨーロッパ全体で結束し、共通通貨をつくり、ドルの基軸通貨の地位を追い落とそう」と考えたのです。

ユーロはアメリカ・ドルよりも強みがあり、ドルに代わって世界の基軸通貨を狙うには格好の位置にありました。

まずユーロは、ＥＵという巨大な市場を一手に担うことができます。そしてＥＵ諸国と、域外の国との貿易でもユーロの使用が期待されました。

ユーロの導入当初は、順調に世界基軸通貨への道を歩み始めました。

ユーロは部分導入だった１９９９年の時点で、すでに世界の外貨準備高の17・９％を占めていました。しかもそれが２００９年には27・６％にまで増加したのです。

逆にアメリカ・ドルは１９９９年には71・０％だったのが、２００９年には62・１％にまで低下しました。

ユーロの失敗

しかしその後、ユーロは大きく躓《つまず》きます。

ユーロは発足当初から、域内での格差が大きいという弱点を抱えていました。ユーロの中には、経済基盤の強い国もあれば、弱い国もあります。弱い国に対しては、ユーロ全体でカバーしていかなければならないのです。そのカバーのシステムが、まだきちんとつくられていなかったのです。

それが、ギリシャ危機として表面化しました。

ギリシャは、もともとドイツなどと比べればはるかに経済基盤が弱いうえに、財政も思わしくない状態でした。そこでＥＵに参加して、経済を向上させようともくろんだのです。

ＥＵに参加すれば、ＥＵの信用を利用して、自国だけでは発行できないような巨額の国債が発行できます。ギリシャはその仕組みを利用して、自国の財政の体力を超える国債を発行しました。しかし、その国債が重石になり、財政危機に陥ってしまったのです。

このギリシャの財政危機に対し、ＥＵは自力では救済できず、こともあろうにＩＭＦに救済を求めたのです。

ＩＭＦは「国際通貨基金」という名称ではあるものの、アメリカが最大の出資国であり、アメリカを中心につくられた機関です。ＩＭＦの議決に関しては、参加国中アメリカだけが拒否権も持っており、事実上、アメリカが支配している機関だといえます。

このIMFに頼ったということは、アメリカに頼ったということと同義語なのです。

この一件で、まだEUにはアメリカに代わって国際経済を取り仕きるだけの実力がないことを世界に露呈してしまいました。

ギリシャ危機の後、世界の外貨準備におけるユーロのシェアは急激に下がり、2016年時点では、外貨準備のユーロ比率は20％前後に落ち、ドル比率は64％前後に回復しています。

人民元の挑戦

そして、その次に中国の人民元が、アメリカ・ドルの基軸通貨の座に挑戦してきました。

中国は現在、アメリカに次いで世界第2位の経済大国です。

しかも中国はアメリカと違って、純債務国ではなく、純債権国です。つまり他国から借りている金よりも、他国に貸している金のほうが多いという状態です。

「他国を支援する経済力」は、すでにアメリカを抜いているかもしれないのです。

中国は世界最大の約14億人の人口を抱えています。その多くは、ある程度の教育を受けています。この莫大な人口がまともに稼働すれば、生産力で他国が太刀《たち》打《う》ちできるものではないのです。

しかも中国の強さというのは、いまだに「発展途上」であるということです。ようするに、先進国に比べて、はるかに大きな「ノビシロ」があるのです。

中国人の平均収入は、今でも日本人の４分の１しかありません。

中国人の収入は急激に上昇していますが、それでもまだ先進国に比べれば全然低いのです。

中国人の給料が今の倍になると、ＧＤＰも２倍に近くなるでしょう。アメリカをはるかに引き離す、超巨大な経済大国になっているはずです。しかも、それでも、まだ日本人の平均給料の半分程度なのです。

中国経済は、これまでのような高成長は鈍ったとしても、経済成長自体が止まるようなことは、しばらくないはずです。

そして現在、中国は世界中に経済支援を行なっています。

たとえば最近、話題になっているＡＩＩＢ（アジア・インフラ投資銀行）です。

ＡＩＩＢは、１０００億ドルを出資金として集め、それをアジア各地の開発に投資するという目的を持っており、中国版マーシャル・プランとも呼ばれています。

第二次世界大戦後、アメリカがヨーロッパ諸国に大規模な支援をしたように、中国もアジア各国に大規模な経済支援、経済協力をしようということです。

中国が金を出し、その金を参加各国の開発投資に使おうという趣旨を持っています。そして開発地域は、歴史的にシルクロードが通っていた地域が重点的になるとされています。

前述したように中国は現在、世界第2位の経済規模になっています。

その中国が主に中国の金を使って経済支援や経済協力をするというのだから、世界各国にとっては悪い話ではありません。

このＡＩＩＢでは、今のところ主にドルが使用される予定です。

が、中国はゆくゆくは人民元を導入しようという考えを持っているようです。特に中国と関係の深い地域の開発などでは、元が使われるようになる可能性は高いのです。

このＡＩＩＢは、中国が元を世界経済に普及させるという目的も持っていると見られています。ＡＩＩＢが本格的に始動し、事業が成功すれば、人民元の認知度が急激に上がることも考えられます。少なくとも中国の国際的な信用度は、かなり高まるはずです。

中国の脅威

ＡＩＩＢに限らず、中国の世界経済における影響力は近年、急激に大きくなっています。中国はＡＩＩＢをつくるかなり前から、すでに世界各地で相当な規模の経済支援や経済協力を行なってきました。

中国がアジア地域で強い影響力を持ちつつあることは、すでに知られていますが、実はアフリカでもかなりの影響力を持つようになっています。

中国は２０００年から、アフリカ諸国53か国の首脳を集めて「中国・アフリカ協力フォーラム」を開催しています。これは中国からアフリカ諸国に経済支援をする代わりに、石油などの資源を中国に優先的に輸出することを協議した会議です。

この会議は3年ごとに開かれており、開催地は北京とアフリカの都市が交代で担っています。

このフォーラムでは毎回、中国からの桁違いの支援が約束されています。

２００６年11月に北京で開かれた第３回会議では、中国はアフリカ諸国に対して50億ドル拠出、２００９年の第4回会議では3年で１００億ドル、２０１２年の第5回会議では同じく２００億ドルと額を増やしていき、２０１５年の第6回会議ではなんと６００億ドルもの巨額の拠出をすることになったのです。

６００億ドルは、日本円で7兆円近い額です。日本のＯＤＡ予算が５０００億円から６０００億円なので、その10倍以上のお金をアフリカ地域だけで拠出するというわけです。

まさに「桁違い」の国際支援です。

中国の国際経済における影響力が大きくなるとともに、人民元が世界で使われる頻度も増してきます。もしかしたら、近いうちに中国の人民元がドルに代わって世界の基軸通貨になるかもしれません。

人民元が基軸通貨になると世界経済は大混乱する

前述しましたように中国はアメリカのような借金大国ではありませんし、対外債務よりも対外債権のほうが大きい「純債権国」です。

だからといって人民元が世界の基軸通貨となった場合、それで世界の金融システムが安定するかというと、そうではありません。

現在の世界経済システムは、あらゆる部分がアメリカ・ドルを中心にしてつくられています。もしアメリカ・ドルが基軸通貨ではなくなったら、世界経済は大混乱をきたしてしまうのです。

そして、もっとも被害を受ける国はどこかというと、日本ということになるでしょう。

日本の外貨準備高は1兆３０００億ドルをはるかに超えています。

これは、ＥＵ全体の倍以上という巨額さです。国民一人当たりにすれば、１００万円以上の外貨準備高を持っている計算になり、断トツの世界一です。これは、中国の3倍以上にもなります。

この巨額な外貨準備高というのは、日本の国際的な信用力にもなっています。

ところが、この外貨準備高のほとんどを日本は、アメリカ国債で保有しているのです。

日本はアメリカ国債を1兆２７７０億ドル（約１４０兆円）保有しており、昨今、保有量で中国と1位、2位の座を争っています。

つまり日本はアメリカ政府に対して、世界で一番か二番目に多くお金を貸しているということです。

もしアメリカ経済が破綻したり、アメリカの財政がデフォルトを起こしたりすれば、もっともダメージを受けるのは、「アメリカにもっともお金を貸している日本だ」ということになるのです。

しかも日本の場合、借金が踏み倒されるだけではありません。

国家経済の運営が成り立たなくなる恐れがあるのです。

日本経済は、アメリカへの依存度が非常に大きいのです。

2019年の日本の貿易収支は約1兆6000億円の赤字でしたが、アメリカとの貿易に限定してみてみると、約6兆6000億円の黒字なのです。アメリカ以外の国々との貿易は赤字なのですが、アメリカとの貿易で収支を合わせている計算になっているのです。

ざっくり言えば、日本は石油などの輸入代金を稼ぐために、アメリカに物を売りつけてドルを調達している、ということになります。

こういう状況が、もう何十年もつづいているのです。

日本はアメリカ相手の商売で稼いでいるのだから、もしアメリカが破綻すれば大きな打撃を受けることになります。最悪の場合、石油などのエネルギー資源の輸入に事欠くようになるかもしれません。

日本はアメリカよりもダメージが大きい

アメリカが基軸通貨の地位を失った場合、むしろアメリカよりも日本のほうがダメージは大きいかもしれないのです。

アメリカの場合、基軸通貨の地位を失っても一時的に経済がダメージを受けるだけで、すぐに回復すると考えられます。

なぜなら基軸通貨の地位を失っても、アメリカでダメージを受けるのは金融産業くらいです。現在、アメリカの経済は金融産業が引っ張っているので、一時的には失速するでしょう。また破綻状態になることで国際的な信用を失い、これまでのように無制限に輸入したりということができなくなるでしょう。

しかし、そもそもアメリカという国は資源大国であり、農業大国であり、工業大国なのです。

アメリカは、いつでも国民が必要な物資のほとんどを自国で賄うことができるのです。

石油などのエネルギー資源は他国に大量に売るほどあるし、もともと工業国としてのレベルも高いので、もし中国や日本から工業製品が入ってこなくても、自国で生産できるのです。

しかも、それは失業者を吸収することになります。

そして広大な農地を持ち、国民を食べさせるくらいの食料は十二分に確保できます。

だから、そもそもアメリカは国際経済の信用を失っても、貿易が不自由になってもやっていける国なのです。

しかし、日本はそうではありません。

日本経済の貿易依存率はそれほど高くありませんが、しかし日本は資源がないので、国家の運営自体を貿易なしではやっていけないのです。

もし日本経済が破綻し、輸入ができなくなれば、経済が停滞するどころか、国民生活がたちまち窮地に陥ってしまいます。食料の確保なども難しくなるでしょう。下手をすれば、戦後の食糧難に逆戻りなどということもあり得るのです。

中国も大きな打撃を受ける

またアメリカを追い落とす最右翼にいる中国も実は、アメリカが破綻すると大きな打撃を受けるのです。

というのも現在の中国も、貿易をしていないと成り立たない国です。そして日本と同様に、アメリカにたくさん物を売りつけることで経済を回しているのです。

2015年の中国の対アメリカ貿易では、輸入額が1168億ドルに対し、輸出額は4844億ドルでした。実に3676億ドルの黒字なのです。日本円にすると、だいたい40兆円です。日本の国税の税収に匹敵するくらいの額なのです。

このような途方もない貿易黒字を毎年、アメリカからせしめているのです。

もちろん中国にとって最大の貿易相手はアメリカです。アメリカが破綻すれば、中国経済はたちまち大混乱に陥るはずです。

そして中国も日本と同様、輸出なしではやっていけない国なのです。

中国にもアメリカと同様に広大な国土がありますが、アメリカのように大量の石油がとれるわけではありません。それなりに石炭はとれますが、それも国全体のエネルギーを賄えるほどではないのです。

現在の中国は資源輸出国ではなく、資源輸入国なのです。

そして何より、中国は14億人という途方もない人口を抱えています。この人々を養う食料を確保するためには、中国の国土だけでは無理なのです。だから中国は現在、食料も大量に輸入しています。

しかも中国人の生活レベルは急激に上がっており、現在の生活レベルを維持するためには大量の中国製品を輸出し、エネルギーや食料を輸入しなければならないのです。

そのためには、アメリカが大量に中国製品を買ってくれなければならないのです。

また、もし中国がアメリカに頼らずとも経済的に自立し、人民元がドルに代わって世界基軸通貨の座についたとしても、今のドルと同じような問題が必ず生じてくるのです。

基軸通貨は世界中で利用されるものです。

今度はドルに代わって人民元が世界中にばら撒かれなくては、世界の貿易は回らなくなるのです。

そして人民元を世界に流通させるには、中国の貿易は常に赤字になっていなければなりません。中国の貿易が黒字になると、人民元は中国に戻ってくるので、人民元が世界に普及しないからです。世界の国々は基軸通貨を欲するために、必然的に中国に貿易赤字になることを要求することになっているのです。

戦後、アメリカが担ってきたことを、今度は中国が担わなくてはならないのです。しかし中国が世界中に巨額の支援を行なったり、世界中から大量の輸入をしたりすれば、中国の対外収支は悪化します。

今のアメリカと同じように対外債務が溜まってしまうでしょう。もし中国が今のように、輸出が輸入よりもはるかに多いという状態であれば、人民元は世界に普及しません。人民元が基軸通貨の役割を果たすためには、中国は輸入を増やしたり、国際支援を増やしたりする必要があるのです。

そうなると、中国は今のアメリカと同じように国際収支が悪化してしまいます。つまり、再び「国際収支が悪化した国の通貨が基軸通貨になる」という矛盾が生じるのです。

現在のお金の仕組み、国際金融システムの中では、どこの国の通貨が基軸通貨になっても必ずそうなってしまうのです。

この矛盾を、もう70年以上前に指摘していた人物がいます。

かの経済学者ケインズです。

第二次世界大戦後の国際経済の新しい枠組みを議論するために１９４４年に開かれたブレトン・ウッズ会議に、ケインズはイギリス代表として参加していました。

アメリカはこの会議において、「ドルを金と兌換させ、ドルを世界の基軸通貨とする」と強行に主張しました。ケインズはこれに猛反対していたのです。

「世界経済は今後、急速に拡大することが予想され、一国の通貨を世界の基軸通貨とするのは無理がある」と主張したのです。

そしてケインズは、アメリカ・ドルを基軸通貨とするのではなく、バンコールという貿易の決済用の国際通貨をつくろうと提唱したのです（詳しくは第6章）。ケインズの案は一部採用されたものの、肝心の部分では採用されませんでした。アメリカの主張に押し切られ、ドルが基軸通貨とされたのです。

もしケインズの案が採用されていれば、借金大国アメリカの通貨が世界の基軸通貨でありつづけるという矛盾はなかったかもしれません。

とにもかくにも現代のお金の仕組みや国際金融システムを新しく構築しなおさなければ、この矛盾は解決しないのです。

第4章

MMTと仮想通貨

ＭＭＴ（現代貨幣理論）とは？

ところで最近になって、

「政府はもっともっと国債を発行して財政支出を増やすべき」

「政府は財政赤字など気にしなくていいのだ」

という主張をよく見かけます。

本当に財政赤字など気にせずに国債をバンバン発行できるのであれば、政府は財政に困ることなく、新型コロナ対策や社会の諸問題にガンガンお金を投じることができるわけです。

これまで述べてきた「お金の仕組みの矛盾」も解消され、財政問題、経済問題はすべて解決ということになります。

しかし、実際にそんなことがあり得るのでしょうか？

この「政府は財政赤字など気にしなくていい」という論は、ＭＭＴ（現代貨幣理論）と言われる新しい経済学説を根拠としています。

MMTとはざっくり言うと、

・自国通貨で国債を発行している国は、財政赤字を気にすることなく国債を増発することができる

・国債の発行量を適切に調節していれば異常なインフレも起こらない

ということです。

このMMTは、アメリカのバード大学教授のランダル・レイなどが90年代から唱えはじめました。最近、アメリカや日本で大きくクローズアップされているので、ご存じの方も多いはずです。

なぜ自国通貨で国債を発行していれば、財政赤字を気にしないでいいかというと「自国の通貨建てで国債を発行している国は、国債を償却（返済）するには自国の通貨を増刷すればいいだけである、政府は事実上、自国通貨を発行する権利を持っているのだから、国債はいつでも償却（返済）できる」からです。

他国の通貨建てで国債を発行している場合、たとえば日本がドル建てで国債を発行したとしたら、日本は国債を償却（返済）するために、その分のドルを用意しなければなりません。

もし円安ドル高になれば、ドルを用意するのにたくさんの円が必要になるわけです。そのため外国通貨建てで国債を発行している国は、自国の通貨が安くならないように配慮しておかなければなりません。

また自国の通貨が安くなったばかりに国債が償却できなくなり、デフォルトを起こす国もたびたび出ています。

しかし、現在の日本のように、自国通貨の円で国債を発行している国は、円を払えばいいだけですから、他国の通貨を用意する必要がありません。円が安くなって支払いに苦労するということはないのです。だから国債は自由に発行できるというわけです。

このMMT論はケインズ理論のさらに先を行っているとも言われています。

ケインズ理論の場合は、

「不況のとき政府は財政赤字を恐れずに公共投資を行ない、失業を減らすべし。好況になってから財政赤字を取り戻せばいい」

MMTの場合はこれを一歩進めて、

「そもそも政府は財政赤字など気にせずに財政投資を行なうことができる」

と述べているのです。

そして「政府は税収をあてにすることなく公共投資を行なうことができる」とまで述べています。要は、「本来、政府は財政赤字に縛られることなく、通貨を発行することができる」「税収ではなく通貨発行により、歳出を賄うことができる」というわけです。

MMTは荒唐無稽か？

一方で、この現代貨幣理論は、従来の経済学者などからは「荒唐無稽」だと批判されることもあります。

「国債の残高を気にせずに国債を発行していいなどというのは、もってのほかだ」

というわけです。

しかし資産的な裏づけが何もない仮想通貨が世間に流通していることや、現代の各国の通貨のほとんどが貴金属との交換権を持っていない「ただの紙切れ」だということを見れば、政府が返す見込みのない国債を発行し紙幣を増刷させても大丈夫という理論は、あながち荒唐無稽だとは言い切れないと思われます。

また前述したように現代の通貨の仕組みとは綿密に制度設計されたものではなく、時代の波にもまれながらなし崩し的につくられたものです。だから、「現在の通貨の仕組みが正しい」とは誰も言えないのです。

むしろ現代の通貨は「誰かが借金をしないと通貨が社会に流れない」「借金が増えつづけないと世間の金の流れが滞ってしまう」という巨大な矛盾を抱えています。

ＭＭＴは、その矛盾を解消するための大きなヒントを与えてくれているのです。

求職している人すべてに仕事を与える社会保障

またＭＭＴでは、「無制限、無分別に国債を発行していい」と言っているわけではなく、不要な公共投資がないように厳しく監視し、その代わり有効な公共投資は思い切って行なうべきということも述べています。

そして行なうべき公共投資として、「求職している人すべてに仕事を与える社会保障プログラム」の創設を提言しています。

これは政府が休職している人すべてに、その人に合った仕事を与えるという社会保障制度を新たにつくるというものです。この社会保障制度をつくれば、事実上、失業というものがなくなるわけです。

またこの「求職している人すべてに仕事を与える社会保障プログラム」は、ニューディール政策のように政府が公共事業を行なうことによって「間接的に雇用を増やす」のではなく、政府が直接、就業希望者に職を与えるということです。

90年代日本の狂乱の公共事業を税務署員として間近に見てきた筆者としては、この提言は非常に意味があるものだと思います。

なぜなら公共事業というものは政治家の利権に結びつきやすく、失業対策としては極めて非効率です。政治家とコネクションのある特定の土木事業者ばかりが潤い、末端の労働者にわたるお金は微々《びび》たるものなのです。

「公共事業で間接的に失業を減らすのではなく、政府が直接、全失業者を雇用する」というのは、お金がかかるように見えて、実は効率的な失業対策なのかもしれません。

MMTの欠陥

ただこのMMTにはツッコミどころも多々あり、経済理論としてまだよく練られていない部分があるといえます。

たとえばギリシャと日本を比較し、「日本はギリシャよりも国債残高のGDP比が高いが、日本はギリシャのように金融危機に見舞われていない。それは日本が自国通貨によって国債を発行しているからだ」と述べられています。

だから「自国通貨で国債発行している国は、金融危機や財政破綻は気にしなくていい」という論法になっているのです。

しかし日本とギリシャの経済の違いは、「自国通貨で国債を発行しているかどうか」だけではないことは、新聞を読める程度の知識があれば誰でも知っています。

日本は、世界第3位の経済大国であり、世界一の純債権国であり、国民一人当たりの外貨準備高も世界一です。この経済力があるからこそ、自国の通貨で国債を発行できるわけです。

またアメリカも巨額の財政赤字、世界一の国際債務を抱えていながら、毎年さらに巨額の国債をアメリカ・ドルで発行しつづけています。

これは従来の経済学の観点から言えば、非常に危険な状態です。アメリカはいつ崩壊してもおかしくないといえます。

なぜアメリカが今も国債を発行しつづけられているのかというと、アメリカ・ドルの威力によるものが大きいと思われます。

アメリカ・ドルは、１９７１年まで世界でほぼ唯一の金兌換紙幣であり、そのため世界の国際貿易などで広く使われてきました。

しかもアメリカは第二次世界大戦後、世界中の国々に経済支援、軍事支援という形でドルをばら撒いてきました。そのためアメリカ・ドルは、今でも世界貿易における決済通貨として使用されています。

アメリカの場合、その強大な軍事力も、アメリカ・ドルの価値を保証している要因だといえます。アメリカは世界最強の軍事国家であり、戦争や国際紛争で経済が破綻する可能性は低いです。だからアメリカ・ドルは安全な通貨であり、アメリカの国債は安全な資産だということです。

そういうさまざまな要因が重なりあって、アメリカは巨額の国債を発行しつづけられているはずです。

ＭＭＴでは、その辺の追及や分析はあまり行なわれず、「アメリカは自国通貨で国債発行しているから、財政赤字が溜まっても国債を発行しつづけられている」という点ばかりが強調されています。

このことは、多くの経済学者の非難を浴びても仕方のない部分だと思われます。

つまり、ＭＭＴはまだまだ練りきっておらず、突っ込もうと思えばいくらでも突っ込める部分があるのです。

さらにＭＭＴには、もうひとつ大きな問題点もあります。

そもそも「国家が自由に通貨を発行して財政を賄う」ということは、ＭＭＴを待つまでもなく、古今東西の国家が試みてきたことです。古代から国家が通貨の発行権を持つことは決して珍しいことではなく、というより、もともと通貨は国家が発行していたものなのです。

そういう通貨制度のときは当然、通貨の発行が国の重要な財源となっていました。

しかし国家（政府）が通貨を発行すると、財政不足を賄うために通貨を発行しすぎて、経済社会の混乱を招く事態がしばしば生じました。古代ローマ帝国しかり、モンゴル帝国しかり、中世のヨーロッパ諸国しかり、です。

そして国家に通貨の発行権を持たせると、経済社会が安定しないということがわかったので、現在の中央銀行による通貨発行システムに行き着いたのです。

だから国家が通貨発行権を持つ場合、一番、懸念されることは通貨の発行しすぎという点です。この問題点について、ＭＭＴでは具体的な対処法は語られていません。「インフレに注意していればいい」だけで済まされているのです。

通貨を発行しすぎればインフレ（物価の上昇）が起きることは、古今東西の国家も知っていたはずです。知っていたにもかかわらず「通貨の発行しすぎ」を止めることができなかったのです。

だからＭＭＴの「インフレに注意していれば大丈夫」という理屈は、問題の対処法としてはあまりに弱いものだと思われます。

日本はいくら国債を発行しても大丈夫？

またＭＭＴと似たような論で「日本はいくら国債を発行しても大丈夫」と主張する人もいます。

その要旨は「日本の国債を購入しているのはほとんどが日本人。国債の売買は国内でお金のやり取りをしているだけなので大丈夫」ということです。

しかし、この論にも危《あや》うい部分はけっこうあります。

国債を買っているのが日本人だからといっても、国債の保有者たちから政府が国債を取り上げるような真似はできません。相手が日本人だからといって、普通に借金の貸し手であることは変わりないのです。

もし国が国債を償還できないようになった場合、何事もなく済ませられるかというと決してそうではありません。国債を買っていた日本人たちは非常に困りますし、日本に留め置かれていた資産は急激な勢いで海外に流出してしまうでしょう。

また「国民が巨額な国債を購入できるほどの資力を持っているのだから、いざというときには国債分を税金として徴収すればいい」と主張する人もいますが、これも現実的ではありません。

前にも述べましたように金持ちというのは、あの手この手を使って税金を逃れようとするものなのです。もし日本政府が金持ちから税金を取れるのであれば、とっくに取っているはずなのです。金持ちから税金を取れなかったからこそ、先進国で最悪の財政状態になっているのです。

だから、「日本では国債はいくら発行しても大丈夫」というのは、相当に危うい論であることは間違いないのです。

仮想通貨は人類のための新しい通貨か？

ＭＭＴとともに昨今、世界を席巻している新しい金融理論として、「仮想通貨理論」というものがあります。

「ＩＴ技術を駆使した仮想通貨（暗号資産）は安全で透明性が高く、国家機関がコントロールしない、本当の人類のための通貨である」

この仮想通貨の理論は、２００８年にサトシ・ナカモトという人物がネット上で発表した論文がその起源になっているとされています。

ブロックチェーンという技術により、安全で透明性の高い「ネット上の通貨（仮想通貨）」をつくることができる、というその論文は一部で反響を呼びました。またサトシ・ナカモトは仮想通貨の創設と管理のためのソフトウェアを公開し、多くの人々に仮想通貨プロジェクトへの参加を促しました。

これまでの通貨は国家が発行と管理の責任を担っていました。

ただし、これは国家の恣意的な運用が行なわれるため、真に人々に必要な通貨ではないというのが理論の真髄《しんずい》でした。つまりは仮想通貨を創出することにより、真に人々のためになる通貨を発行できる、ということです。

そして世界中で仮想通貨が普及すれば、為替のリスクなどを心配することなく、世界中で商取引ができるようになるのです。

この高尚な精神性、安全性、透明性などの謳《うた》い文句により、仮想通貨は２００９年に「ビットコイン」の運用が開始され、その後、急速に発展しました。

そしてビットコインに追随して、さまざまな仮想通貨が創出されました。

ちなみにサトシ・ナカモトという人物は日本人とされることもありますが、いまだ正体は不明です。個人ではなく、開発グループではないかという説もあります。

この仮想通貨理論は、正直、さまざまな問題があります。

仮想通貨理論はＭＭＴと違って実際に運用が開始されていますが、仮想通貨の内在している問題は、これまでに幾度も表面化し、社会問題にすらなってきました。

それでも、この仮想通貨理論は、新しい金融システムへのヒントを与えてくれたものでもありました。

仮想通貨は、

「何の保証もない通貨が場合によっては、世間に通用する」

ということを実証してくれたからです。

仮想通貨に内在する問題とは？

仮想通貨に内在する問題から順に説明しましょう。

まず第一に仮想通貨とは、幻想通貨といえるものです。その通貨の価値には、実体の裏づけがありません。また誰も価値の保証をしてくれないのです。

〝正規の通貨〟は、そのほとんどが国家もしくは国家の委託を受けた機関が運営管理をしています。

現在の通貨には貴金属などとの交換保証はなくなっていますが、価値の保証は国家が威信をかけて行なっています。各国の中央銀行は、相当の貴金属や金目の物を保有しています。もし通貨の信用がなくなりそうになれば、国家は国の資産を使うなど最大限の努力をして、信用維持につとめます。

しかし仮想通貨の場合は、誰も信用保証の努力などはしてくれません。価値がゼロになる可能性も往々にしてあるのです。

また仮想通貨は現在、価値が乱高下して、通貨としては使えるものではありません。たとえばビットコインは２０１７年の初頭には10万円程度だったのが、年末には２００万円以上の値をつけました。しかし２０１８年の初頭には、半値以下に下がってしまいました。その後、２０１９年には１５０万円程度まで上昇し、すぐに半値以下に落ちました。そしてコロナ禍の金余りを背景にして、２０２０年に４００万円にまで値が上がりました。

これほど価値が乱高下する通貨は、通貨としては使えません。仮想通貨を使えるショップなどもありますが、日々、価値が大きく変動するので、払うほうも受け取るほうもリスクが大きすぎます。

現在、仮想通貨を通貨として使おうと思って保持している人は、ほとんどいないはずです。仮想通貨を保持している人のほとんどは投機目的です。

「国家機関がコントロールしない、真に人々のための自由な通貨」という崇高な目的とは裏腹に、実際には一攫千金を夢見る人たちが群がっているだけなのです。

安全性にも大きな問題

さらに仮想通貨は安全面においても、かなり重大な問題を抱えています。仮想通貨は創出されて間もないのに、すでに何度も大規模な流出事件が起きています。ブロックチェーンという技術自体は、安全で画期的ものだとして評価されていますが、通貨運営の全体的な仕組みは不安定なこと、この上ないのです。

通常の銀行の電子取引と比べても、はるかに危険が大きいわけです。

銀行の電子取引は仮想通貨よりもはるかに多くの取引があり、莫大な金額が毎日毎日動いているわけです。それなのに仮想通貨のような大きな資金流出事件などは、これまで起きていません。

また仮想通貨は理論的には、「ネット上で取引のすべてを多くの人が監視できるため、不透明な取引は生じない」ということになっていました。しかし実際は、流出事件が起きたときに、誰が盗ったのかさえ判明しないケースが多かったのです。

つまり仮想通貨の技術というのは実用面において、まったく高いとは言えず、むしろ不安定で危険なものなのです。

また仮想通貨は、「国家機関によらない、人類のための自由な通貨」となっていますが、実際は発行量などの決定は一部の運営者が行なっており、参加者などが関与する余地はまったくありません。また仮想通貨の創設メンバーたちが、莫大な富を手にしているだろうことは確実です。

つまり貧富の格差を助長しているだけなのです。

仮想通貨の示した新しい可能性

それでも仮想通貨の「実証実験」は、新しい通貨システムの大きなヒントを与えてくれました。

仮想通貨と、これまでの通貨とは大きく違う点が二つあります。

・誰かが借り入れることで生まれる通貨ではない
・国家や銀行が価値を保証している通貨ではない

仮想通貨は通貨が「製造」された時点で、その通貨は通貨としての価値を持たされています。そして製造された通貨は融資ではなく、売買によって世の中に流れ出ていきます。だから仮想通貨は、今までの通貨のように銀行に返す必要がないのです。

しかも仮想通貨というのは、貴金属との兌換などの保証もないのです。「価値の保証」は誰もしてくれないのです。

一般の通貨は発行国の中央銀行がメンツをかけてその価値を保証しようとしますが、仮想通貨にはそういうことが一切ないのです。

仮想通貨の価値は、完全に市場に任されています。つまり仮想通貨の信用とは、「人が信用するかどうか」だけなのです。

にもかかわらず仮想通貨は宣伝活動等により、世間の人の信用をある程度得ることに成功しました。

仮想通貨は価値の乱高下はあるものの、現在も流通しています。ということは、「人が信用しさえすれば、通貨は流通する」のです。

仮想通貨の理論を使えば「世界通貨」も発行できる

「ＭＭＴ」と「仮想通貨」は危うい部分を抱えていますが、新しい世界の金融システムのヒントを与えてくれるものでもあります。

前に述べましたように現代のお金というのは、

「社会が借金を増やしつづけなくてはお金の流通が枯渇してしまう」

「お金の流通量は、誰もコントロールできない」

という社会にとって非常に危険で不合理なものなのです。

その不合理を解消するヒントを、ＭＭＴと仮想通貨は提示してくれていると思われます。

「政府は恣《し》意《い》的にお金を増やすべし」

というＭＭＴの考え方は、「借金が減れば社会のお金の流通は途絶えてしまう」というお金の矛盾を補完しているものです。それほどインフラ投資などが必要なくなった先進国では、もうあまり投資は増えません。つまり人も企業も新たな借金をあまりしなくなります。そうなると、社会に流れるお金はたちまち枯渇してしまいます。それを補うために政府が恣意的にお金を使い、社会のお金を増やすというのは理にかなっているといえます。

そして仮想通貨が「融資という形じゃなくても通貨は流通する」ことを体現したことも、大きな意味がありました。

仮想通貨が通貨における新しい可能性を示したという面は確実にあるのです。

貴金属や資産などの裏づけなどがまったくなくても、一定の人が「価値があるもの」という認識をすれば、通貨というものは流通するのです。

このことは、金融の歴史の中である程度はわかっていたことでもあります。

実際、現在の世界の通貨というのは、ほとんどが貴金属との結びつきはないので本来は紙切れに過ぎません。現在の世界の通貨は、各国が保有している資産や経済力が間接的な裏づけとなり、流通しているだけなのです。

だから仮想通貨のような純然たる「創造通貨」が流通しても、おかしくないといえばおかしくないはずでした。

仮想通貨は、それを明確に証明したといえるのです。

逆に言えば、現在の仮想通貨のような不安定なものでさえ、ある程度の流通はするのだから、もし世界各国が協力して国際経済に本当に役に立つ「世界通貨」を発行すれば、世界中に信用され流通されることは間違いないのです。

世界各国が協調して新しい通貨を発行し、世界的な災厄の費用に充てたり、国際機関の財政に充てる……ＭＭＴと仮想通貨理論を応用すれば、それは十分に可能なことだといえます。

そして、それにより現代のお金の持つ矛盾も解消されることになるのです。

第5章

新しい国際通貨をつくれ！

新世界通貨とは？

筆者はこれまで現代のお金がいい加減につくられたもので、非常に欠陥だらけであると述べてきました。

それが世界全体を自転車操業にさせ、貧富の格差拡大や環境破壊を進行させているのです。

そして、なぜこの問題点が今まで改善されずにきたのか。そもそもお金の仕組み自体が綿密に制度設計されたものではないからです。

我々は、ここでちゃんと制度設計されたお金を創造する必要があるのです。

というより、これほど明らかな欠陥があるのに、今まで基本的なシステムが何も変わらずにきたことが不可思議なくらいです。

もはや我々は、

「拡大再生産しなくてもお金が回る仕組み」

「借金に支配されないお金の仕組み」

を早急につくらなければならない時期にきているといえます。

そして新しいお金をつくるのは、決して難しいことではありません。

前章で述べた仮想通貨やMMTのいい面を抽出すれば、現代のお金の欠陥を修正した「新しいお金の仕組み」をつくることができます。

簡単に言えば、世界各国が協調してお金を発行するのです。そのお金は貴金属と兌換する義務もなく、ただただ無から創出するのです。貴金属と兌換しなくても、世界中の国がお金だと認め、価値を保証しあえば、お金として成り立たないわけはないのです。

誰も価値を保証していない「仮想通貨」でさえ、世界に流通しているのです。世界中の政府が公認している通貨が流通しないわけはないのです。

そして銀行からの融資という形ではなく、創出したお金を世界の人々に配布するという形で流通させるのです。

貸し出しではない形で通貨を創造する

新しいお金の仕組みをつくるうえで一番大事なことは、

「融資以外でお金が社会に流れる仕組み」

をつくることです。

中央銀行が紙幣を発行してそれを融資し、いずれ回収するのではなく、発行者がそのまま使用することで、社会に流すのです。

つまり、「銀行に返す必要のないお金」をつくるのです。

何度も述べたように、現在のお金の仕組み（中央銀行の発券システム）では、借り手が少なくなったり貯蓄が多くなれば、必ず金の流通量が不足してしまう弊害があります。

その弊害をなくすために新しい通貨は返す必要がないようにする、つまり通貨自体に価値を与えるのです。

なぜこれまでお金の創出は、銀行からの「貸し出し」と結びつけられていたかというと、ざっくり言えば、お金の価値を保持するためです。

現在のお金というのは、高額通貨はだいたい紙幣です。紙幣は、その原材料の価値だけから見れば、無料同然です。

その無料同然のものを「価値があるもの」とするには、「借用書」という形を取るのがもっとも容易であり、信用がおけるものだったのです。

だから、お金は「貸し出し」と結びつけられてきたのです。

しかし、逆に言えば、お金の価値さえ保持されれば、必ずしも融資と結びつけなくてもいいわけです。

お金は融資と結びつけられていなければ、信用されないのかというと決してそうではありません。

近年、仮想通貨というものが、急速に世の中に出回ったことをご存じのはずです。

この仮想通貨の成長を見たとき、決してそれが不可能ではないとわかるはずです。

何度も触れましたが、仮想通貨というのは、これまでの発券銀行と大きく違い、融資で流通しているわけではありません。

仮想通貨は通貨が「製造」された時点で、通貨としての価値を持たされているのです。

そして製造された通貨は、融資ではなく、売買によって世の中に流れ出ていきます。だから仮想通貨は、今までの通貨のように銀行に返す必要がないのです。

しかも仮想通貨というのは、貴金属との兌換などの保証もありません。それでも人々がその価値を認めていれば、価値は生じるのです。

貴金属や資産などの裏づけなどがまったくなくても、一定の人が「価値があるもの」という認識をすれば、通貨というものは流通するということです。

実際、現在の世界の通貨というのは、本来は紙切れに過ぎません。現在の世界の通貨は、各国が保有している資産や経済力が、間接的な裏づけとなり、流通しているだけなのです。だから世界各国が協調してその通貨の価値を認めさえすれば、通貨は立派に通用するのです。

現在の仮想通貨は、国家や公的機関、有名企業等の後ろ盾がまったくないのに、一応、ある程度の価値を保持しています。世界各国が協調して通貨を発行するとなれば、「通貨として信用されないはずはない」のです。

「金融の安定」と「国際問題の解決」の一石二鳥

そして世界各国が協調して発行した通貨を、新型コロナなどの世界的な災厄、国連などの国際機関の費用や、貧富の格差の解消、環境問題などに使うのです。

そうすれば、世界のお金の矛盾が解消され、安定した世界金融システムが築けると同時に、世界の抱えているさまざまな問題も解決に向かうのです。

この世界通貨の発行は、どこの国も腹を痛めることはありません。だから、どこの国も反対する理由はないはずなのです。

また企業や人に負担を求めるものでもありません。だから一部の人々が強硬に反対するようなこともあり得ないでしょう。

つまり、世界中の誰もがＷＩＮ－ＷＩＮになれるのです。

「世界各国が協調してお金を発行し、それをさまざまな世界的課題の費用に充てる」

これは、もっと早く行なわれてしかるべきことだったかもしれません。むしろ今までなぜ、そういうことをしてこなかったのか、という話になります。

新世界通貨の発行手順

新世界通貨の発行の方法は、非常に簡単です。

新世界通貨の発行の手順

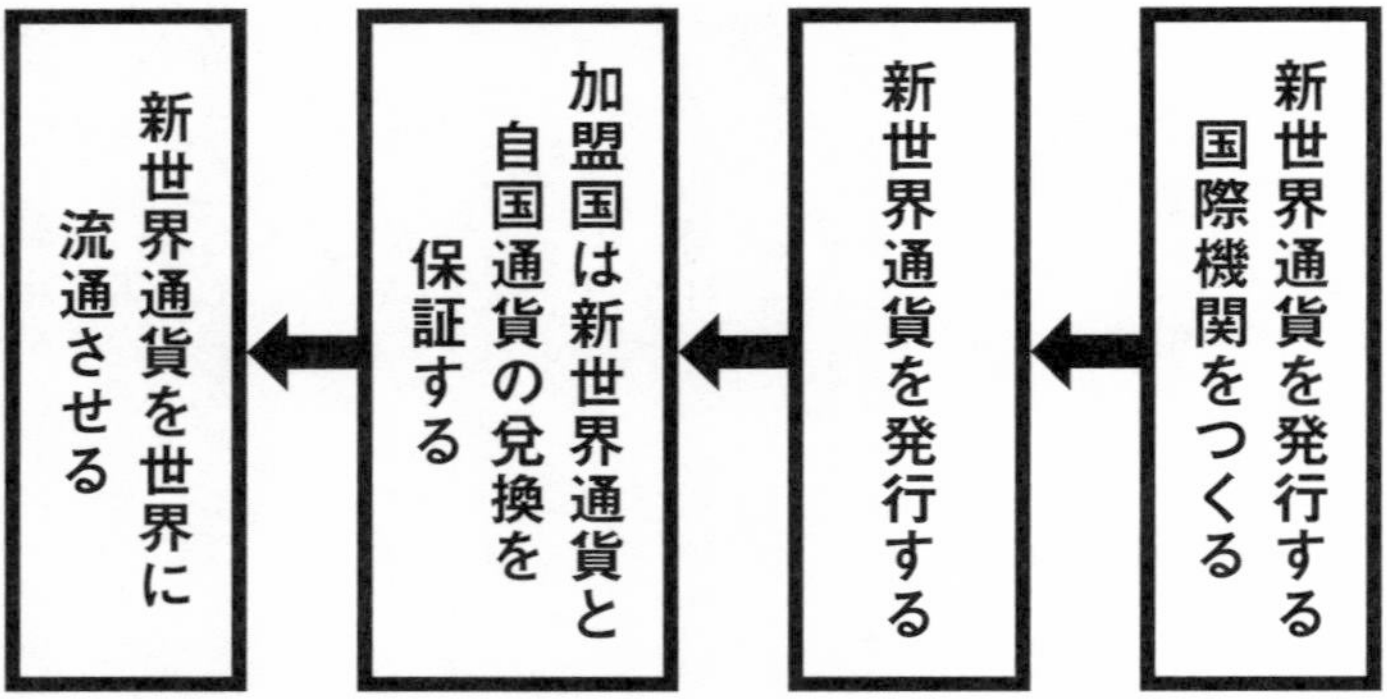
新世界通貨を発行する国際機関をつくる
新世界通貨を発行する
加盟国は新世界通貨と自国通貨の兌換を保証する
新世界通貨を世界に流通させる

この発行のための国際機関をつくります。国連の中でもいいし、国連とは別に設けてもいいわけです。

そしてその国際機関が通貨を発行します。

その国際機関の加盟国に課せられるのは、「新世界通貨と自国通貨の兌換に応じること」だけです。拠出金などはまったく必要ないのです。

だから加盟国は、まったく腹を痛めることはないのです。

それだけで、新世界通貨が世界に通貨として通用するのか疑問に持つ人もいるかもしれませんが、必ず通用します。

加盟国が自国通貨との兌換に応じることで、加盟国が新世界通貨の価値を認めることになるからです。

各国政府が兌換の保証をしていなかった仮想通貨でさえ、価値が認められているのです。

各国政府が兌換の保証をしている通貨が、世間に認められないわけはないのです。

もちろん新世界通貨発行のための国際機関には、ある程度の国の参加が必要となります。

それでも極端な話、アメリカと日本が参加すれば、新世界通貨は十分に成立すると思われます。経済規模が世界一のアメリカと、世界第3位の日本が共同で新しい通貨を発行し、自国通貨との兌換を保証するのであれば、その通貨が世界で流通しないわけはないのです。しかもその通貨は、環境問題や貧富の格差解消など、世界中の苦しい人々のために使われるのです。当然、受け取る側も喜ばしいですし、「困る人はだれもいない」のです。

発行額と使途は厳重な監視が必要

この世界協調通貨を発行するにあたって、もちろん留意する点はあります。

もっとも留意しなくてはならないポイントは「発行量」と「使途」です。

むやみやたらに発行すると通貨は信用されなくなり、インフレを誘発する可能性があります。

だからインフレが起きない程度の発行額を、世界中の専門家によって算出しなければなりません。ただこれは、それほど難しいことではないでしょう。現在は、インフレの計算や予測が、かなり正確に行なえるようになっているからです。

その計算によって算出された新世界通貨を発行するのです。

理論的に言えば、経済成長した分の通貨の発行は可能なはずです。

というより拡大再生産のループから逃れるために理論上は、世界経済の成長分以上の通貨を補給しなければなりません。

経済成長した分だけ世界の抱える借金が増えたことになり、その借金を返すために、また新たな借金をしなければならなくなります。このループを断ち切るためには最低でも、経済成長分の通貨を世界経済に補給しなければならないのです。

それよりも注意が必要なのが、その「使途」です。

もし世界中の国に適当に配布することになれば、大きな混乱が生じることになるでしょう。また一部の加盟国だけが有利になるような配布をすれば、ほかの諸国から反発され、通貨としての信用が得られなくなる可能性もあります。

各国の政府に配布すると、各国政府はそれをあてにして浪費をするようになるかもしれません。

歴史上、「通貨発行の自由」を手にした政府は、だいたい野放図な財政運営をして通貨の信用を失わせています。

だから、この新世界通貨は、「絶対に必要な部分」だけに支出されなければなりません。

まずひとつ挙げられるのが、国連などの国際機関の経費への支出です。

現在、国際機関の経費は、加盟国の拠出によって賄われています。それは加盟国の大きな負担になっていますし、拠出金の額が大きい国の発言力が強くなるなどの弊害も生じています。

真に公平な国際機関をつくるためには、国際機関自らが費用をねん出する仕組みをつくるべきだといえます。

そのために新世界通貨を使用するのです。

新世界通貨は、環境問題や貧困対策のためにも非常に役立つはずです。

現在、この対策のための国際機関は費用が足りずに満足な活動が行なわれていません。

しかし新世界通貨をこれらの国際機関に配布することにより、財源不足で満足な活動が行なえないという状態が解消するのです。

もちろん国際機関の収支に関しては、全部公表され、世界各国の厳しい監査を受ける必要があります。

全世界の人々に新通貨を直接配布する

そして、この新世界通貨の次なる使途として、世界の人々に一律で支給するのです。

なぜかというと、貧富の差をなくすと同時に、「銀行からの貸し出し以外のルート」で世界に通貨を流通させるためです。

今までのお金は、

銀行
⬅
投資家
⬅

企業

↓

一般の人々

という形で流れていました。

だから銀行から一般の人々にお金が流れ着くまでには時間がかかります。さらに一般の人々が手にするお金は相当部分、削られてしまっていました。

それが、貧富の格差の要因でもあります。

その長いお金の流れをショートカットし、お金を創出したら、そのまま一般の人々に配布するのです。

そうすれば、「長い道筋をたどらなければ一般の人には届かない」という今のお金の欠陥を是正できるというわけです。

もちろん配布される額は、慎重に検討されなければなりません。

が、一人１００ドルくらいであれば、年間支給してもまったく問題ないといえます。

ＩＭＦの発表によると、２０１７年の世界経済のＧＤＰ総額は約80兆ドルでした。日本円にして約８８００兆円です。そして経済成長率は、だいたい３％台で推移しています。新型コロナの影響で若干、増減はありますが、世界経済の成長率はおおむねこのくらいです。

だから３％程度の通貨を増やしても、大したインフレは起きないはずです。80兆ドルの３％というと２・４兆ドルということになります。日本円にして約２６０兆円です。

毎年、この２・４兆ドル（２６０兆円）の世界通貨を発行し、全世界の人々に支給したり、国際機関の費用に充てるのです。現在の世界人口が約79億人なので一人当たり約３０４ドル程度、日本円にすればだいたい３万３０００円程度になります。

だから１００ドル程度であれば、世界中の人々に支給しても、インフレ等にはまったく影響はないのです。

１００ドルというと、現在の日本円で約1万円ちょっとです。

先進国の人々にとって年間1万１０００円もらっても、それほど大した恩恵はないかもしれません。でも、ただで1万１０００円をくれると言われて、喜ばない人はいないはずです。

そして、この全世界一律支給制度は、貧困層にこそ大きな恩恵があります。今でも1日1ドル以下で生活している人は、世界に10億人近くいると見られています。また世界の約7億人が、1日2ドル以下で生活しているのです。

彼らに年間100ドルを支給すれば、数か月から半年近くの生活費を賄えることになります。彼らとしては、「ビッグボーナス」が毎年支給されることになるのです。

彼らにしてみれば毎年ビッグボーナスをもらえるとなると、これほど喜ばしいことはないはずです。

しかも全世界の人々に年間100ドルを支給したところで、その総額は7900億ドル程度です。日本円にして約87兆円です。世界のGDPの総計は約8800兆円（80兆ドル）なので、その1％以下です。

世界経済規模の1％以下の支出をしても、経済に支障をきたすようなインフレが起きる可能性はまったくないといえます。

なぜ「世界の人々への直接支給」に限定されるのか？

世界通貨の給付は、なぜ「国民への直接支給」に限定されるのでしょうか、なぜ各国政府への支給はしてはならないのでしょうか。まず各国政府に支給すれば、その国の現有政権の力を強くすることにつながりかねないからです。

極端な話をすれば、独裁政権の政府に支給すれば、その政権が長引く恐れがあります。

また日本を例にとっても、日本政府がさまざまな利権にまみれていることは周知のとおりです。コロナで困った人を救うはずの「持続化給付金」や「アベノマスク」でさえ、巨額の利権と化していたことは記憶に新しいところです。

だからもし日本政府に世界通貨が直接支給されれば、そのまま利権となってしまう恐れがあります。

だから各国政府への支給は、行なわないようにします。

各国政府への支援は、これまでどおり国際支援機関を通すか国同士によるものとするのです。

また貧富の格差を解消し、貧困をなくすためのもっとも効果的な方法は、「各個人への直接支給」なのです。

各国政府を通じて支援した場合、どうしても「本当に困っている人」「本当に貧しい人」に届かない可能性が高いのです。

現在のお金の仕組みでは、「貧しい人にお金が行き渡るのは一番最後になる」という現状があります。

何度か触れてきましたように、これまでのお金というのは、「富んでいるもの」「力のあるもの」が銀行から借り受け、彼らが経済活動をしている過程で、庶民にも流れていくという仕組みになっていました。

いわば、「山頂から流して平地に行き渡らせる」という仕組みになっていたものです。この仕組みの中では、どうしてもお金が行き渡らない地域も出てくるし、山頂付近ばかりが潤うことになります。

世界の貧富の差が生じた要因のひとつに、この「山頂から流すお金の仕組み」があります。

貧富の差を解消するには、山頂からだけではないお金のルートをつくる必要があるのです。

「金持ち⬇小金持ち⬇庶民」という流れではなく、最初から庶民が手にできるお金のルートをつくることです。

山頂から流れてくるのではなく、大地全体から湧き出るお金をつくるということです。

これは〝新世界通貨〟の信用にもつながることです。

もし、〝新世界通貨〟がこれまでの通貨と同様に、一部の富裕層や有力企業にまず流されるのであれば、世界全体の信用を得ることはできないはずです。

「どうせまた、一部の国、一部の者が潤う仕組みなのだろう」

ということになり、敬遠する国や人々が数多く出てくるはずです。

「世界の人々にもれなく一定額を支給する」ということで、「世界の人々が信用できる通貨」にするということです。

各国民に行き渡っているか査察する権利を持たせる

そして、この新世界通貨の支給を受けられる条件として、発行当局がそれぞれの国に対し「国民にちゃんと支給されているかどうか査察できる」ようにするのです。

もしこの査察を拒むような国には支給しないと決めておくのです。

またその国の徴税システムなども査察します。国家が国民に支給された新世界通貨を吸い取るような税金をつくっている場合も、支給停止することにします。

そうすれば独裁政権に横取りされたり、支給されても各個人が自由に使えない状況を回避できるはずです。

このことは、間接的に独裁政権や人権侵害政権の解消にもつながるはずです。

支給条件を満たさず、新世界通貨が支給できないような国や地域は、住民の不満も高まります。

国民としては「なんで我が国の指導者は、新世界通貨を受け入れてくれないのか」という話になるはずです。そういう地域はだいたい貧しいので、支給される新世界通貨の購買力も大きいはずだから、それがあるのとないのとでは国民生活に大きな影響が出ます。

ほかの国の国民はもらっているのに自分たちの国はもらえないとなると、国民は大きな不満を持つはずだし、指導者としてもいたたまれないはずです。

だから独裁政権も「新世界通貨」へ向かうでしょう。自国の環境を整えて、「新世界通貨が各個人に支給され、各個人がそれを自由に使える」という条件をクリアしようとするはずです。

そうなれば、住民の人権の確立や民主化の基盤整備の早道にもなるのです。

また世界中で起きている地域間格差の解消にもつながると思われます。世界の紛争の多くの根本原因は、貧しい地域の利権争いです。

貧しい国や地域では、国民はわずかなお金を得るために兵士になったり、犯罪に手を染める例も少なくありません。

新世界通貨が支給されるようになれば、貧しい地域では「生活資金」が得られることになります。

もちろん、それだけで世界から紛争や犯罪がなくなるわけではないでしょう。しかし、その減少に大きく寄与することは間違いないはずです。

貧しい人の欲求が世界経済に反映される

この「全世界一律支給方式」の恩恵は、貧しい人々が救済されるだけではありません。世界経済が、今とは別の方向に動くのです。

これまでの世界経済は、投資家や大企業の意向が反映されてきました。

それはお金というものが、投資家や大企業が銀行から借りることで、初めて社会に流れるものだったからです。必然的にお金は投資家や大企業が儲けるための動きをすることになります。

つまり今までのお金は「大金持ちがさらに大金持ちになる方向」に向かっていたのです。お金を借りた投資家や大企業も、そのお金を返すためには、それなりの儲けを出さなくてはなりません。

そのため我々は無理に拡大再生産を強いられ、やみくもな開発、無駄な消費を行なってきました。その結果が深刻な環境破壊をもたらしたのです。

しかし「全世界一律支給方式」を採れば、多少とも「貧しい人の欲求にこたえる経済」に方向転換されるはずです。

世界の人々に一律にお金が支給されるということは、貧しい人も世界経済においての決定権を持てることになるのです。

これまでの世界では余った食料があっても、それが金儲けに結びつかなければ廃棄されることが多々ありました。食料の生産者や流通業者も、金を持っていない人には売ることはしないからです。

しかし、これからは貧しい人々は余った食料を自分で買うことができるようになるのです。

世界の無駄が大幅に省けるようになるはずです。

本当の意味での「民主化」

また、この世界の人々への一律支給は、本当の意味での「民主化」の一助にもなるはずです。

現在、世界の多くの地域では、一応「民主政治」が行なわれています。普通選挙によって、指導者が選ばれるような仕組みは一応、つくられています。

しかし実際には、金を持つ人間の言うことが通りやすく、金を持たない人間の要望は無視されがちです。

途上国だけじゃなく日本をはじめ先進諸国でも同様です。

それは市民が「本当の権力」を持っていないからです。きれいごとを抜きにして、「本当の権力」というのは、やはりお金の力に左右されるものです。残念ながら社会の権力というのは、お金の力に大きな影響を受けるのです。

つまりは市民がお金を持っていないからです。お金が金持ちから市民に流れていく仕組みになっているために、市民がなかなか真の権力を持ちえなかったのです。

市民が金持ちから供給されるのではないお金を持てるようになれば、この権力関係は多少とも変わってくるはずです。

市民は選挙で投票する権利を有するとともに、世界経済の一定部分の利潤を受け取る権利を有することになります。そうなれば、各国の政権はおのずから一般市民の要望を無視できなくなります。

それで本当の意味での「民主化」が達成されるのです。

世界経済の景気が大きく刺激される

この「全世界一律支給」を行なえば、世界経済に大きな好影響をもたらすことは間違いありません。

というのも、全世界の人々に支給された87兆円のほとんどは消費に向かうからです。

年間１００ドルというのは、先進国の裕福な人たちにとってなんてことはない金額です。が、世界の大半の人にとって、１００ドルは大金です。

貧しい人々、貯蓄をする余裕のない人々というのは、お金をもらえばそのまま消費する傾向が強いものです。世界の大半の人々は貯蓄する余裕がないので、この87兆円の大半は消費に向かうと推定されるのです。

世界の消費がこれだけ増えるとなると、相当に大きなインパクトを市場に与えるはずです。

発展途上国の産業だけじゃなく、先進国の産業にも大きな好影響をもたらします。

先進国の負担が大幅に減る

〝新世界通貨〟の発行は、先進国の負担も大幅に減ることにもなります。

現在、先進国は発展途上国に対して、さまざまな形で援助を行なっています。

また途上国や貧困国の難民や移民が、先進国に入ってくることも多々あります。これも先進国にとっては大きな負担です。難民や移民が大量に入ってくれば、受け入れには多額の費用がかかります。また難民や移民の流入は、治安の悪化などを招きやすく、そういった点での負担も増します。

これらは、経済的な問題で発生するケースが多いものです。途上国の紛争の多くは、経済的な背景があるのです。

〝新世界通貨〟は、世界の人々が一律に一定額のお金をもらえるものなので、GDPの低い途上国や貧困国の国民こそ、もっとも大きな恩恵を受けます。GDPが低い地域では、それだけお金の価値は高くなるからです。

〝新世界通貨〟により、生活が安定するという人々も大量に出てくるはずです。そうなると、先進国へ入ってきていた難民、移民も大幅に減るはずです。難民や移民も自分の生まれた地域で生きていけるのならば、それが一番いいはずです。他国で暮らすのは、大変苦労するものだからです。

つまり発展途上国、貧困国に大きな恩恵があり、先進国も大きな負担減になるということです。

〝新世界通貨〟は、まさにいいことずくめなのです。

アメリカのメンツも立てて通貨価値を安定させる

この新世界通貨を現実的に発行させるためには、アメリカ・ドルとペッグ制にすべきでしょう。

前述しましたように仮想通貨は何の価値保証もないのに、価値を生じさせました。しかし通貨としては使いにくいものです。今のように価値が乱高下すれば、通貨として通常の取引に使用することは難しいからです。

だから新世界通貨の価値は、安定させなければなりません。

そのもっとも簡単な方法がドル・ペッグ制なのです。

ドル・ペッグ制というのは、ドルと価値を連動させるということです。

仮に新世界通貨の1単位を1ユニオンとします。この1ユニオンは1ドルと同価値を持つという価格づけをするのです。ドルの価値が増減すれば、それに連動して世界通貨の価値も増減するのです。

つまりドルの価値を基準にして、新世界通貨の価値が決められるということです。

このドル・ペッグ制というのは、発展途上国などで時々使用されている制度です。自国の通貨とドルをリンクさせることによって、自国の通貨を使いやすくするのです。また通貨価値の保証にもなるのです。

その仕組みを新世界通貨にも導入するということです。

そして新世界通貨のほかの国の通貨との交換レートは、ドルとの交換レートと同額にするのです。

新世界通貨が発行されるとなると、基軸通貨のドルを持つアメリカは多少なりともメンツをつぶされた感があるはずです。

それを払拭するためにも、新世界通貨とドルをリンクさせるのです。

アメリカとしても、基軸通貨としての立場を中国などに脅かされるよりは、新世界通貨の発行に一役買ったほうが、世界経済での存在感を維持できるはずです。前述したようにアメリカは巨額の貿易赤字を背負っているにもかかわらず、ドルを無理やり世界の基軸通貨としているので、反発する国は今後も増えると思われます。

その不安定な立場を解消するためにも、新世界通貨に協力したほうがいいとなるでしょう。

また新世界通貨の価値がドルとリンクしていれば、世界中の国々で使われやすいはずです。世界中の国際取引で使用されている通貨と同額ということは、わかりやすいし、安心感があるからです。

中国も大きな利を得る

新世界通貨がアメリカ・ドルのペッグ制を敷けば、中国の気分を害すのではないかという懸念を持つ人もいるかもしれません。

しかし、それは杞憂《きゆう》です。

というのも、この新世界通貨は、各国民に一定の金額を直接支給するというものです。もっとも直接的な利を得るのは、「人口の多い国」です。ご存じのように中国は世界最大の人口を擁する国です。14億人という人口は実にアメリカの4倍以上です。つまり中国は、世界でもっとも新世界通貨の給付を受けられる国であり、アメリカの4倍ももらえるのです。

それで文句を言うはずはないのです。

また中国にそれだけのお金を支給すれば、中国の国力が増大し軍事力が増すのではないかという危惧を持つ人もいるでしょう。

そういう心配もいりません。

新世界通貨は国民に直接的に給付されるものなので、中国政府がそれをもらうわけではありません。

また新世界通貨の国民への給付については、「いつでも監視団を受け入れる」という条件がついているわけです。すべての国民がちゃんと給付を受けているかどうか、発行当局が査察することができるのです。

だから中国が一部の人たちに給付をさせていなかったり、迫害していたりすれば、査察がそれを知ることになります。つまり、その国の人々の人権を守ることにもつながるのです。

世界の通貨量をコントロールできる

〝新世界通貨〟には、さらにもうひとつ大きな長所があります。

それは、「世界の通貨の量をある程度、調整できるようになる」ということです。

これまでの世界の通貨の量は、各国の中央銀行の方針に基づいた金融政策によって調整されることになっていました。

何度か触れたように、中央銀行ができることというのは、「社会が借金をする条件」を調整することだけです。お金を借りやすくしたり、借りにくくしたり、ということまでしかできません。

実際に社会に流れる通貨の量というのは、「その社会がどれだけ借金をするか」に委ねられているのです。だから人為的に社会の通貨の量を増やそうと思っても、なかなかできるものではないのです。

しかし〝新世界通貨〟を発行し、それを世界の人々に直接支給するようになれば、通貨の量をある程度、調整できることになります。

「世界の人々に直接支給する金額」は、すなわち世界の通貨量の増加額となるので、「世界の人々に直接支給する金額」を増減することにより、世界の通貨量を調整することができるのです。

たとえば世界経済が失速傾向にあるときは「世界の人々に直接支給する金額」を増やし、世界全体がインフレ気味でバブル傾向にあるときは減らせばいいのです。

また世界経済が失速傾向にあるとき、一番困るのは経済基盤の弱い貧しい人たちです。その人たちに直接支給する金額を増やすわけですから、これ以上の救済策はないといえます。

もちろん「世界の人々に直接支給する金額」をあまり大きく増減させれば、人々の生活に大きな影響を与えることになるので基準額は設けておき、ある程度の幅の中で増減させるのです。

この通貨量の調整をうまく使えるようになれば、リーマンショックや世界大恐慌のような金融災害はほとんどなくなるはずです。

日本の役割は大きい

新世界通貨を導入する場合、日本の役割は非常に大きいといえます。

世界通貨を導入するには世界をリードする大国たちの理解を得なければなりませんが、日本は、そのための絶好の位置にいるといえます。

日本はアメリカ、中国に次いで、第3位の経済大国です。

しかもこれまで世界中で経済支援、経済協力を行なってきており、世界経済における発言力は、それなりに大きいものがあります。

そして日本とアメリカの関係は、アメリカとEUのような「水面下での対抗意識」のようなものはありません。

またEU諸国に対しても、対立の火種などはまったくありません。

中国との関係も良好とまではいえませんが、決して悪いものではありません。というより中国が改革開放政策を敷いたときに、西側諸国の中でもっともはやく手を差し伸べたのは日本なのです。また日本は、西側諸国の中で一番初めに中華人民共和国政府と国交を結んだ国なのです。近代中国の経済の歩みは、日本がもっとも知っているのです。だから中国を説得する役割としても、アメリカと中国の橋渡し役としても、打ってつけなのです。

新世界通貨を導入するためにはさまざまな障害をクリアしなければなりませんが、ぜひ日本にはその役割を果たしてほしいものです。

ここで挙げた新世界通貨の「システム」は、私の研究の範囲で出したものです。世界中の専門家が知恵を出し合えば、もっといいアイディアが出てくるでしょう。が、「新世界通貨」そのものについては、絶対につくるべきだと思われます。

新世界通貨があれば、現在の世界経済の矛盾や深刻な問題の多くが解決されるのは間違いないからです。

というより、なぜ今まで世界通貨創出の動きが積極化してこなかったのか、不思議なくらいです。世界通貨は概念としては昔からありましたが、夢物語としてしか扱われてこなかったのです。

しかし世界通貨が導入されれば、世界経済は今よりもはるかに安定し、国際紛争なども起こりにくくなるはずなのです。

しかも現代の世界は新型コロナでの経済疲弊《ひへい》や環境問題など待ったなしの問題を多々抱えています。それらの問題に対処するためにも、一刻も早い世界通貨の導入が求められているのです。

第6章

新世界通貨が世界を救う

かつてケインズが世界通貨の構想をしていた

この世界通貨の構想は、かの有名な経済学者ケインズが発案していたものでもあります。ケインズの世界通貨の構想は、国際貿易の決済にアメリカ・ドルではなく、世界各国が認定した通貨「バンコール」を使用しようというものでした。ケインズの構想では、まだ世界通貨を国際的な財政支出に使うことまでは考えていなかったのです。ケインズの時代では今ほど国際機関は発達しておらず、国際機関の支出もそれほど多くなかったのです。だから当時の世界経済において最大の懸案であった「世界の金融システムの脆弱さ」を是正するために、世界通貨の発行を構想したのです。

第二次世界大戦の終盤の1944年にアメリカのブレトン・ウッズで今後の国際金融の枠組みを決める国際会議が開かれました。

このブレトン・ウッズ会議にケインズは、イギリス代表として参加しています。

この会議の中でケインズは、貿易の決済を金や一国の通貨では行なわず、バンコールという国際決済のための通貨を使うことを提案したのです。

つまりケインズは、国際経済を金本位制から切り離し、金に拠《よ》らない決済方法を提案したのです。

この国際通貨「バンコール」というものの骨子は次のようなものです。

- **各国の過去三年間の貿易額の75%の「バンコール」が、あらかじめ自動的に各国の「持ち分」として割り振られる**
- **各国は輸出と輸入の差額を、このバンコールのやり取りで調整する**
- **貿易黒字国は黒字分のバンコールを受け取り、赤字国は赤字分のバンコールを支払う**

このようにバンコールという国際決済通貨を各国はあらかじめ受け取ることで、国際貿易の最終決済はバンコールの受け渡しを通じて行なうのです。つまりバンコールは、金を使わずに貿易の決済ができる、新しい国際通貨だったのです。

しかし、これは金を大量に保有しているアメリカには絶対にのめない条件でもありました。金を使わずに貿易ができるようになれば、金を大量に保有しているアメリカの優位が失われます。というよりアメリカの保有している大量の金は、宝の持ち腐れになってしまいます。

だからアメリカは、あくまで金本位制に固執しました。

そのためブレトン・ウッズ協定では、ドルを今後の世界経済の基軸通貨とすることが定められました。そしてドルは金と兌換しうる「金本位制」をとることになったのです。

前述しましたように当時のアメリカは世界の金の7割以上を独占しており、その財力の信用を使って国際金融が行なわれることになったのです。

アメリカのドルを基軸通貨とすることは、世界経済がアメリカを中心に回ることになります。

しかしもしアメリカの経済が破綻した場合、世界経済は大きなダメージを受けます。

そういう懸念をケインズは持っていました。そして実際に戦後の世界経済は、ケインズの懸念どおりになったのです。

イギリス、ケインズの反対にもかかわらず、ブレトン・ウッズ協定はアメリカの意見に押し切られた形になったのです。

当時、世界最大の経済力をもっていたアメリカに、戦争で疲弊尽くしていたヨーロッパの各国は対抗できなかったのです。

そしてケインズはブレトン・ウッズ協定が締結された後、精も根も尽き果てたようにして翌年他界します。

ケインズの懸念が現実化した戦後の国際経済

ケインズの懸念していたことは、戦後の国際経済の中で次々に現実化しました。

第二次大戦後の国際経済は、「アメリカの一人勝ち」という問題からひとまず解放されました。

あれほど金を集め、国際金融の停滞の最大の原因をつくったアメリカが、第二次大戦後には打って変わって金の放出につとめたからです。

またアメリカは、自国の資本を気前よくヨーロッパ、アジアの復興のために貸し出しました。

しかし戦後の国際経済は、「アメリカの一人勝ち」ではなく「アメリカの一人負け」に混乱させられることになります。アメリカが気前よく金を放出すれば、アメリカ・ドルの信用がなくなり、アメリカからさらに金が流出することになります。

そしてアメリカの金保有量が少なくなれば、アメリカ・ドルを中心とする国際的金本位制の基本条件が崩れてしまいます。

前に述べましたように第二次世界大戦後はアメリカの金流出がつづき、1971年には当時のアメリカ大統領ニクソンがアメリカ・ドルと金の交換停止を発表し、ブレトン・ウッズ体制は崩壊してしまったのです。

ブレトン・ウッズ体制は、わずか27年しかもたなかったのです。

そしてブレトン・ウッズ体制が崩壊してからも、世界は有効な国際金融システムを見つけることはできていません。

ドルと金の交換が停止された後もドルは、世界の基軸通貨でありつづけました。ドルの信用は落ちていましたが、ドルに代わる基軸通貨がなかったからです。それはまた新しい金融危機をもたらすことになりました。

ドルがないと国際貿易の決済ができない、そのため世界各国は嫌でもアメリカのドルを入手しないとならないし、アメリカはすすんでドルを世界中にばら撒きます。

気がつけば、アメリカは巨額の貿易赤字を抱え、経済的信用を失いかけています。

ケインズは1944年の時点で「金本位制からの離脱」と同時に「国際決済通貨の創設」を提案しています。これは、「一国の通貨を国際決済に使用するには無理がある」ことを認識していたからです。

アメリカと日本だけで世界通貨をつくることもできる

現代において世界通貨をつくろうとした場合も、当然、反対する国などは出てくると思われます。

それでも1944年当時のアメリカのような強力な反対者は出てこないでしょう。というのも、反対する理由があまりないからです。

アメリカも当時ならば、世界の金の7割を占めていたので「金とドルによって世界経済を意のままに動かしたい」という欲求を持っていました。しかし現在では金の保有量はEU諸国の合計よりも少ないし、その財政も日本や中国が米国債を買い支えている現状です。到底、1944年のときのような「世界経済を支配する」ような勢いはありません。

アメリカも財政や世界の金融システムを再構築したいという思いはあるはずです。

アメリカも、まだ世界経済への影響力が大きい今のうちに新しい世界の金融システムを率先してつくれば、その存在感を維持することができるのです。

新世界通貨は極端な話、日本とアメリカだけで発行すれば可能だといえます。

アメリカと日本が新世界通貨を発行し、それを自国通貨といつでも兌換すると宣言すればいいだけです。そして、その新世界通貨を世界の人々に配布すれば、それを受け取らないという国はないでしょう。

金持ちから間接的に税を取ることになる

新世界通貨は、格差解消にも作用するものです。

まず、先ほどから述べているように、新世界通貨は世界中の人に〝直接支給〟されるので、貧困層ほどその恩恵は大きいものとなります。貧困層の経済力の底上げになるのです。

そして新世界通貨には、格差を解消するもうひとつの大きな要素があるのです。

それは、「富裕層から間接的に税を取ることになる」ということです。

新世界通貨が発行された場合、損をする人はほぼいないのですが、あえているとすると、それは富裕層です。

なぜなら世界のお金の量がそれだけ増えるのだから、世界のお金の価値が若干、下がることになるからです。

つまり「世界のお金の価値が減る」ことを、世界の人々は甘受しなければならないのです。

お金の価値が減ったときに一番損するのは誰かとなると、富裕層なのです。

しかし、この新世界通貨で金持ちが文句を言うかというと決してそうはなりません。

金持ちというのは、自分の資産が目減りすることには神経をとがらせますが、お金の価値の上下についてはあまり気にしないのです。彼らはお金も物も持っているので、お金の価値が下がれば物の価値が上がるので、あまり損をしないのです。

そして彼らは景気がよくなることを非常に歓迎します。

たとえば日本で日銀が異次元金融緩和をしたら、投資家や金持ちたちは大歓迎しました。

日銀の異次元金融緩和というのは、日銀が金融商品を購入することで社会のお金の流通量を増やすという金融政策です。国全体の富が増えていないのに、お金の流通量だけが増えれば、総体的にお金の価値は下がります。だから本来は、お金をたくさん持っていた人ほど損をしたはずです。

しかし投資家や金持ちは、日銀の異次元金融緩和を大歓迎しました。それは、「株価が上がる可能性があること」「景気がよくなる可能性があること」が要因です。

そして金融緩和をしたところで、金持ちの資産価値にそう影響はないことを知っているからです。

だから新世界通貨を発行しても必ず景気はよくなるとなれば、反対する人はいないはずです。

新世界通貨は誰も損をせず、誰もが得をする〝間接税〟なのです。

新世界通貨は理想の税金

金持ちからはなかなか税金を取れないということを前に述べましたが、新世界通貨はいとも簡単に金持ちから実質的な税金を取ることができるのです。

というのも新世界通貨は、「いい税金」の条件をすべて満たしているからです。

いい税金の条件は、主に次の4つだといえます。

1　国民の負担感が少ないこと
2　税金の徴収が容易なこと
3　多くの税収が見込めること
4　所得の再分配（格差解消）の機能があること

1から4を順に説明していきましょう。

1の**「国民の負担感が少ないこと」**は、すぐにご理解いただけるはずです。国民の負担感が大きければ、国民は不満を抱くし、経済の活性化を阻害することにもなります。

2の**「税金の徴収が容易なこと」**というのは一般の人には少しわかりにくいかもしれませんが、これも重要なことです。税金をかけても、その徴収に手間や費用がかかるのであれば、税としての価値はありません。

たとえば消費税などは未納率が非常に高いのです。未納率が高いということは、税務署員の人件費も高くつくし、税収も計算どおりにいかないのです。そういう税金は、あまりよくないといえます。

3の**「多くの税収が見込めること」**も、すぐにご理解いただけるはずです。税収は多いに越したことはないからです。

4の**「所得の再分配（格差解消）の機能があること」**というのは、税金には税収としての意味のほかに、所得の再分配としての機能があります。所得の再分配とは、簡単に言えば、金持ちのお金を貧しい人に移す機能です。そうすることで経済社会のひずみを修正し、社会の安定をもたらすのです。

だから先進国の所得税などは、高額所得者ほど税率が高く設定されているのです。

しかし富裕層はタックスヘイブンなどを利用するなどして、なかなかまともに税金を払いません。各国とも富裕層からきちんと税金を取るのは非常に難しく、なかなか「所得の再分配」の機能は果たせないのです。

ところが実は、新世界通貨の発行には、この4つの条件をすべて満たしている〝理想的な税金〟の要素があるのです。

新世界通貨の発行が、この4つのいい税金の条件をすべて満たしていることを具体的に説明しましょう。

1の条件である「国民の負担感が少ないこと」は、新世界通貨は、世界の人々が自分の収入や資産から支払うものではないので、負担感はほぼゼロといえます。だから、この条件においては最高値の〝税金〟なのです。

2の条件である「税金の徴収が容易なこと」についても、新世界通貨は発行さえすれば税金としての機能を果たすのだから、誰かから徴収する必要もなければ、未納になる恐れもないのです。徴税費用としては発行費用のみであり、税務官僚の手間もいらないし、納税者が申告をする労力もいりません。

この条件においても満点だといえます。

3の「多くの税収が見込めること」についても、新世界通貨は莫大な税収が簡単に確保できるのだから、この条件においても最高値といえます。

4の「所得の再分配の機能」についても理想的です。

前述したように世界に流通するお金の量が増えて、お金の価値が下がれば、お金をたくさん持っていた人ほど損をすることになります。

だから新世界通貨を発行すれば、お金をたくさん持っている人から間接的に税金を取るのと同じなのです。

しかも新世界通貨はそのまま世界中の人々に均等に配布されるので、これ以上ないというほどの「所得の再分配機能」を持っているのです。

そして新世界通貨は、「経済活動にも害のない税金」だともいえます。現在の税金は、社会に出ているお金を国家が吸い取る形で徴収されています。

これは、社会のお金の流通量を減らすことになります。

なぜなら、人や企業が持っていたお金を国（自治体含む）が取り上げて、それを支出するわけなので、社会全体のお金は増えません。

そして国庫に納められ、それが支出されるまでの間は、増えるどころか減ることになります。

だから税金というのは、社会全体の通貨の量を減らす作用を持っているのです。つまりは、景気を停滞させるのです。

しかし新世界通貨を発行した場合、お金そのものの量が増えるのです。直接税金を取るわけではないので、個人や企業から吸い上げられるお金はなくなります。

しかも全世界に莫大な通貨を流通させるので、大きな経済効果が期待できるのです。

途上国では多少のインフレが起きても大丈夫

経済規模の小さい途上国、貧困国で一人当たり100ドル〜200ドルを支給しても、それはかなりの大金です。

だから、それなりのインフレが起きるでしょう。

しかし、このインフレは国民生活にはまったく影響ないといえます。

インフレで国民が困るのは、「国民の収入が増えていないのに商品の値段だけが上がる」という状態です。

しかし新世界通貨の場合は、国民に直接支給されるわけです。つまりまず国民の収入が増えるのです。そしてその収入増につられて物価も上がるのです。だから国民から見れば物価が上がったとしても、それ以上に収入が増えているはずなので、困ることはないのです。

また国民の収入が上がり経済が活性化することにより、さまざまな新しい仕事も生まれるはずです。

食べることに汲々《きゅうきゅう》としていた人たちも、日頃よりもおいしいものを食べることができるようになったり、洋服をもう一枚買う余裕が出てきたりするはずです。

そうなれば、飲食や衣服の産業で新たな雇用が生まれます。雇用された人は、その給料を消費します。それがまた誰かの収入につながるのです。

だから貧しい国ほどダイナミックな経済発展が見込まれるのです。

国際機関の経費を賄うことができる

新世界通貨は毎年２６０兆円分くらいは余裕で発行できますので、国連などの国際機関の費用もすべて賄うことができます。

前述しましたように現在の国連の予算は、ＰＫＯ費を含めても年間約1兆円です。１兆円など簡単に賄うことができますし、その10倍の予算をつけることもできるでしょう。

国連が今の10倍の予算を使うことができれば、今の10倍の仕事ができるのです。

環境問題、貧困問題、国際紛争などについて、国連はもっと主体的に行動ができるようになりますし、必要な支援をすぐに行なえるようになるでしょう。

また自前で予算を賄うことができれば、分担金を多く拠出している国に忖度《そんたく》しないでよくなるのです。

ＷＨＯは新型コロナの初動で中国に忖度し、パンデミックの宣言が遅れるという大失敗をおかしました。そういう失敗が今後はなくなるということです。

もちろん、これだけの巨額の予算にするわけなので、使途については厳正に透明化し、厳しいチェックを行なわなければなりません。日本の公共事業のように有力者の地元だけが異常に恩恵を受けるようなことがあっては絶対になりません。

そういうチェック機能についても、世界の人々が知恵を出し合えば十分に可能でしょう。これほどメディアや通信手段が発達した現代において、国際機関の会計内容をチェックするのは、それほど難しいものではないはずです。

世界は有効な大恐慌対策を打てるようになる

この新世界通貨は新型コロナのような世界的な厄災、リーマンショックのような大恐慌などにも、新しい解決策を提示することになります。

現在、新型コロナやリーマンショックなどが起きたとき、世界経済は収縮してしまいます。世界中の人々や企業は、お金の余裕がなくなり、物を買わなくなるからです。

現在、世界各国ができる対応策としては、金融緩和をしたり、財政投資をしたりしかできません。しかしこれらの方法では、本当に困っている人を救済するには時間がかかります。

世界的な大恐慌が起きたとき、一番、ダメージを受けるのは貧しい国や貧しい人たちです。輸出が減ったり、産業が停滞することで職を失う人が大勢出てくるのです。日本などでも不景気のときに最初にダメージを受けるのは、大企業ではなく、中小企業、零細企業とその従業員たちです。

そして、そういう人たちには、そのダメージをしのぐだけの蓄えがありません。だから、その日から食べるものにも事欠くというような状況になってしまうのです。

かといって、そういう時期には、どこの国も経済的に苦しくなっていますので、支援の手を差し伸べることもなかなかできません。

が、新世界通貨を用いれば、これは簡単に救済できるのです。

大きな厄災が起きたときには各国で話し合って臨時に新世界通貨を発行し、困窮している人々などに支給するのです。そうすれば、困窮している人々が助かるだけではありません。困窮している人々が食料や生活必需品を購入するので、世界経済の景気を刺激することにもなります。つまり世界経済の復興を早めることができるというわけです。

世界が監視する

新世界通貨を発行するようになると、やはりもっとも懸念されるのは「使途」です。貴金属との交換に応じる義務もなく、返還する必要もない通貨を手にした場合、野放図に使用してしまうことになりがちです。

特に注意しなければならないのは、「力の強いものが自分の有利なように使うようになること」です。そうなってしまえば、従来の通貨と同じです。いや、むしろ従来の通貨よりも制約がない分だけ、弊害が大きくなるといえます。

だから使途については、厳重にチェックをする必要があります。公正で厳格な監視機関を設置するべきでしょう。

また使途については常にオープンにし、世界中の人々からチェックを受けられる状態にしておくべきでしょう。

これだけインターネットが発達した社会なので、使途を完全にオープンにしておけば、監視体制としてはかなり有効だと思われます。

国際機関は、今の数倍の予算を手にすることができるようになります。それをうまく使えば、今よりもずっと存在感のある、世界に貢献できる機関になるはずです。

しかし財政力を増すということは、特権を生みやすくなります。国際機関の幹部になれば、自国に有利なように予算を使えるようになる。このような日本の公共事業になっては絶対になりません。だから今よりももっと厳正に国際機関の収支をチェックしなければなりません。

繰り返しますが、この新世界通貨では、「力の強いものが自分の有利なように使うようになること」だけは絶対に避けなくてはなりません。

「本当に困っている人を助けるための通貨」

この大前提があってこそ、世界中の人々の理解を得られるものだからです。

暴走資本主義のブレーキになる

新世界通貨は、暴走資本主義のブレーキにもなります。

ご存じのように資本主義経済というのは、暴走を起こすことがたびたびあります。

資本主義というのは基本、「目先の利益」を追うという経済システムです。目先の利益のためであれば、どんどん自然を開発していき、将来の環境問題のことなどは考えません。マネーゲームが過熱したあげくに崩壊し、世界中の人々が迷惑をこうむることが多々あります。

そういう資本主義の暴走に対して、今までは世界各国ともあまり有効な手立ては打てませんでした。規制をしても、必ず抜け穴がつくられてきたからです。

しかし新世界通貨の発行量を増やし、底辺の人々の生活を底上げすれば、ブレーキになりえるのです。

新世界通貨の発行量が増えれば、世界の通貨総量が増えることになり、相対的に大企業や富裕層の持っている資産価値が減ることになります。その一方で、世界中の人々に新世界通貨が支給されることにより、貧しい人たちの持ち資産が増加します。

つまり貧富の格差を直接的に是正できるのです。

世界経済における大企業や投資家のシェアが減り、そのほかの世界中の人たちのシェアが増えれば、大企業や投資家の無駄な開発などは行なわれなくなり、世界の人々が欲するものを提供する経済になるはずです。

暴走した資本主義に投入されていたお金も減ることになります。そうなれば、資本主義の暴走は抑えられるわけです。

極端な話、資本主義が暴走したときに、世界のＧＤＰの10％の新世界通貨を発行し、世界中の人々に支給すれば、資本主義の暴走はたちまちに収まってしまうはずです。

世界の産業は、ＧＤＰ10％にも及ぶ新世界通貨を中心に回ることになります。それはつまり世界の人々が本当に欲する食料、衣類、日用品などの充実が、まず図られるようになるからです。

すべての人を平等にする必要はない

「新世界通貨を発行し、世界中の人々に支給する」

というようなことを述べると、決まってこういうことを言う人が出てきます。

「世界の人々をすべて平等にするとでもいうのか？」

「おまえは共産主義者か」

等々です。

筆者は別に、すべての人を平等にするために世界通貨を世界中の人々に支給すべきと述べているわけではありません。

すべての人を平等にすることなどはできません。もしそれができたとしても、人々は勤労意欲を失ってしまうことでしょう。それは20世紀の共産主義という壮大な実験で、実証済みです。

筆者は、現在の自由主義経済の良い部分は尊重されるべきだと思います。

「人々が自由に経済活動を行ない創意工夫によって富を増やし競争によって進化してい

く」

この経済システムは、人類が発展していくうえで非常に重要なものだと思われます。が、これがエスカレートすれば、社会に災いをもたらします。

自由な競争も生きるか死ぬかの極限の戦いになれば、人はありとあらゆる手段を講じることになります。人を騙してでもお金を得ようとする人は、今でもたくさんいます。別に犯罪者じゃなくても、普通の企業でも詐欺同然の手法で金儲けをしているところは多々あります。

そして自由に競争していれば、どうしても負ける人も出てきます。そういう人たちを見捨てれば、社会が殺伐《さつばつ》とし治安の悪化を招きます。世界の治安が悪い地域というのは、ほぼ１００％貧困とリンクしています。また貧困が多い地域では紛争も起こりやすくなります。

だから人類が自由主義経済をつづけたいのであれば、「競争原理のいいところは利用しつつ過熱を防ぐ」必要があるのです。

そのためには具体的に言えば、収入が一番低い層をターゲットにして支援を行なうことです。生活が立ち行かない人たちの生活をまず豊かにすることです。そうすれば、生きるか死ぬかの競争や治安の悪化も防げるはずです。そのうえで自由な競争をすればいいのです。

新世界通貨は、そのもっとも有効な手段といえるでしょう。

おわりに

昨今、ＳＤＧｓということがよく言われます。

ＳＤＧｓとは、Sustainable Development Goalsのことで、２０１５年の国連サミットで採択された「持続可能でよりよい社会をつくるための開発目標」のことです。

これ以上、環境破壊や地球温暖化が進めば人類は暮らしていけなくなるかもしれない、だから環境破壊や地球温暖化をせずに、豊かな社会をつくっていこうというわけです。

たとえば石油や天然ガスなどの化石燃料に依存せず自然エネルギーに置き換えようという試みです。

このＳＤＧｓの観点で経済を見たとき、真っ先に改善しなくてはならないのは、「お金の仕組み」だといえます。

「常に投資や消費を拡大しつづけないと、社会にお金が回っていかない」

「銀行からの借り入れが減ると、たちまち社会に回るお金が不足してしまう」

この現代のお金の仕組みこそ、持続不可能なシステムの最たるものだからです。

このお金の仕組みを改善しなくては、我々は「大量生産」「大量消費」の世界からは抜け出せず、貧富の格差もなかなか解消されないのです。

本文で何度も触れましたが、お金の仕組みというのは、現代の知恵と技術の粋を集めて設計されたものではなく、大昔に偶発的につくられたものをなし崩しに使いつづけているだけなのです。経済の血液である「お金」が、昔からの適当な設計でつくられているのです。

この状態は、一刻も早く改善し、真に人類の幸福とリンクしたものにつくり替えなくてはならないと筆者は考えています。それが新型コロナで疲弊した世界経済を立て直す有効な手段でもあるはずです。

今の世界は、新型コロナ禍が収束したとしても、さまざまな困難を抱えています。

中国やインドなどの多人口国が著しく経済成長しており、今後、エネルギーの消費量は爆発的に増えることが予想されています。

温暖化などの環境問題は、今よりももっと深刻さを増していくでしょう。

世界中の国々が熾烈な資源エネルギー獲得競争を繰り広げることになるでしょう。

それらの対策としても、新世界通貨は有効なツールになりえると思われます。

たとえば人口当たりの資源エネルギー消費が少ない国には、新世界通貨をボーナスとして支給する、というような。

そうすれば、世界の国々は資源エネルギー消費を減らすことでインセンティブを得られるのですから、その方向へのモチベーションが大きくなるのは確実です。そして、そのインセンティブを増加することで、資源エネルギー消費削減のスピードを上げることもできるわけです。

また省エネや温暖化対策への資金については、新世界通貨を低利で融資するという仕組みをつくれば、財政力のない国でもエネルギー削減につとめられるわけです。

筆者としては、そういう世界が一刻も早く訪れることを願ってやみません。

最後に、ビジネス社の唐津隆氏をはじめ本書の制作に尽力いただいた皆様にこの場をお借りして御礼を申し上げます。

２０２１年初夏

著者

著者略歴

大村大次郎（おおむら・おおじろう）

大阪府出身。元国税調査官。国税局で10年間、主に法人税担当調査官として勤務し、退職後、経営コンサルタント、フリーライターとなる。執筆、ラジオ出演、フジテレビ「マルサ‼」の監修など幅広く活躍中。主な著書に『完全図解版　相続税を払う奴はバカ！』『税金ビジネスの正体』『新型コロナと巨大利権』『まちがいだらけの脱税入門』『税務署対策　最強の教科書』『韓国につける薬』『消費税を払う奴はバカ！』『消費税という巨大権益』『完全図解版　税務署員だけのヒミツの節税術』『ほんとうは恐ろしいお金のしくみ』『相続税を払う奴はバカ！』『お金で読み解く明治維新』『アメリカは世界の平和を許さない』『99％の会社も社員も得をする給料革命』『世界が喰いつくす日本経済』『ブッダはダメ人間だった』『「見えない」税金の恐怖』『完全図解版　あらゆる領収書は経費で落とせる』『税金を払う奴はバカ！』（以上、ビジネス社）、『「金持ち社長」に学ぶ禁断の蓄財術』『あらゆる領収書は経費で落とせる』『税務署員だけのヒミツの節税術』（以上、中公新書ラクレ）、『税務署が嫌がる「税金０円」の裏ワザ』（双葉新書）、『無税生活』（ベスト新書）、『決算書の９割は嘘である』（幻冬舎新書）、『税金の抜け穴』（角川 one テーマ21）など多数。

世界通貨を発行せよ！

2021年８月１日　第１刷発行

著　者　　大村 大次郎
発行者　　唐津 隆
発行所　　株式会社ビジネス社
〒162-0805　東京都新宿区矢来町114番地 神楽坂高橋ビル5階
電話　03(5227)1602　FAX　03(5227)1603
http://www.business-sha.co.jp

印刷・製本　大日本印刷株式会社
〈カバーデザイン〉金子眞枝
〈本文組版〉茂呂田剛（エムアンドケイ）
〈営業担当〉山口健志
〈編集担当〉本田朋子

ISBN978-4-8284-2307-4

大村大次郎の本

定価　本体1,430円（税込）

ISBN978-4-8284-2196-4

新型コロナと巨大利権

経済、医療、税金に巣食う4つの強欲集団

大災厄の裏で蠢く闇を元税務官僚が暴く！

なぜアビガンはなかなか承認されなかったのか
日本がＰＣＲ検査を増やせなかった驚愕の理由
なぜこの大不況で10万円しかもらえないのか？
利権でがんじがらめの国に未来はあるのか

定価　本体1,320円（税込）

ISBN978-4-8284-2230-5

コロナ禍でもボロ儲け！

税金ビジネスの正体

本当のワルは壮大なネコババを仕掛けている!!

「税金で儲かる奴ら」が暗躍する日本の悲劇
私たちの１０００兆円はどこに消えた？
コロナ禍でも笑いがとまらない極悪人たち！
「持続化給付金」の不正申告なんて、小さい話だ！